AF279354

110 Años

Museo de Bellas Artes de Jaén

Museo de Jaén

Noviembre 2024 - Mayo 2025

110 Años
Museo de Bellas Artes de Jaén

EXPOSICIÓN

Organiza
Consejería de Cultura y Deporte
Junta de Andalucía

Patricia del Pozo Fernández
Consejera de Cultura y Deporte

José Ángel Vélez González
Secretario General de Innovación Cultural y Museos

Aurora Villalobos Gómez
Directora General de Museos y Conjuntos Culturales

José Ayala Mendieta
Delegado Territorial de la Consejería de Cultura y Deporte en Jaén.

María Pilar López López
Jefa de Servicio de Instituciones y Programas Culturales

Carlos J. Fernández Rodríguez
Director del Museo de Jaén

Comisariado
José Luis Chicharro Chamorro
Carlos J. Fernández Rodríguez

Asesoría Técnica:
Ana Manzano Castillo
Carmen Repullo Roldán
Daniel Ureña Cruz

Diseño Gráfico
Juan Carlos Quesada Garrido

CATÁLOGO

Edita
Consejería de Cultura y Deporte.
Junta de Andalucía

Autores de los textos
José Luis Chicharro Chamorro
Salvador Cruz Artacho
Pedro A. Galera Andreu
Mercedes Simal López
Gabriel Ureña Portero

Responsable de la edición
Museo de Jaén

Fotografía
Estudio Lobo
Archivo Diputación Provincial de Jaén
Archivo Instituto de Estudios Giennenses
Archivo Museo de Jaén

Diseño y maquetación
Secadero. Estudio Creativo

Impresión
Gráficas Aeroprint

© de la edición: Junta de Andalucía. Consejería de Cultura y Deporte, 2024

© **Textos:** autores, 2024

© **Fotografías:** autores, 2024

Depósito legal: SE 2916-2024

ISBN: 978-84-9959-510-8

Impreso en España / Printed in Spain

Sumario

Presentación

Los museos son el espejo de nuestra historia. Su evolución es el resultado de los acontecimientos históricos y del trabajo de un gran número de personas, merced a cuyo esfuerzo y dedicación podemos disfrutar todos hoy de sus colecciones singulares.

Conocer su historia es una forma de hacer comunidad en torno a nuestro patrimonio y nuestras instituciones culturales. Porque el aprecio de la ciudadanía a la que sirve un museo es, sin duda, la mejor estrategia para la conservación, difusión e investigación de sus fondos patrimoniales.

Con este objetivo el Museo de Jaén ha organizado la exposición temporal "110 años del Museo de Bellas Artes", una muestra que recupera la lucha de diferentes generaciones de jienense por la conservación y puesta en valor de su patrimonio artístico. Una lucha que tuvo mucho de desafío y que desembocó en la inauguración de la institución museística en 1914, amparada jurídicamente en la ley que se había promulgado tan solo un año antes.

Los primeros pasos de esta institución se asentaron sobre el trabajo recorrido por diferentes organizaciones, políticos y creadores jienenses. Cabe destacar el trabajo de la Diputación de Jaén que, por aquel entonces, apoyaba a numerosos artistas para que desarrollaran su trabajo en sus estudios de Madrid o de Roma. De este modo, estos creadores incorporaron los mejores trazos del arte europeo del momento a las salas de este joven museo, que tuvo su primera sede, precisamente en el edificio de la institución provincial.

La colaboración entre pinacotecas de diferente titularidad, entre las que es obligado citar al Museo del Prado y al Museo de Arte Moderno, ha sido esencial en el desarrollo de proyectos apasionantes y complejos. Como también lo ha sido el concurso de una galería de personajes, a los que esta exposición rinde homenaje: desde José del Prado y Palacio, su principal impulsor y valedor, hasta sus diferentes directores: entre otros, Alfredo Cazabán, José Nogué, Juan González Navarrete, José Luis Chicharro -comisario de esta magnífica exposición-, o Carlos Javier Fernández, su actual responsable. Sin olvidar la gran nómina de jienenses que, a través de donaciones y distintas colaboraciones, han contribuido decisivamente al sostenimiento de esta institución.

La muestra recorre este pasado centenario, sin dejar de lado los complejos avatares sufridos por la institución, desde su primitivo emplazamiento, hasta su presencia en el actual edificio del Paseo de la Estación, pasando por su dispersión, proyectos fallidos y fusiones. Porque el estudio de nuestro pasado es una palanca de acción para nuestro presente. Sólo echando atrás nuestra mirada podemos dotarnos de instrumentos eficaces para el diseño de las políticas con las que garantizar la salvaguardia, la investigación y el disfrute del patrimonio de todos y para todos los andaluces.

Patricia Del Pozo
Consejera de Cultura y Deporte
Junta de Andalucía

Prólogo

El actual Museo de Jaén hunde sus raíces en los primeros años del siglo XX, con una institución que, fruto de un momento histórico y del esfuerzo de notables ciudadanos y políticos de Jaén, pudo comenzar a gestarse en el mes de enero de 1914. La historia que narra la exposición inaugurada en noviembre de 2024 con motivo del 110 aniversario del Museo de Bellas Artes de Jaén recoge todas las vicisitudes que llevaron a la creación, formación de colecciones y desarrollo en el tiempo de una entidad que acabaría refundiéndose para evolucionar a una institución con una mirada más amplia, que integraría la arqueología a sus colecciones, pero que conservaría las mismas características con las que surgió más de un siglo atrás.

El hilo conductor de la exposición es el de la historia del Museo de Bellas Artes, pero también es la historia de su ciudad, la de un momento que define su nacimiento y evolución al hilo de los acontecimientos del siglo XX. Nacido del Decreto de 1913 promovido por el ministro de Instrucción Pública, el giennense Joaquín Ruiz Giménez, el Museo surge gracias a la dedicación de personajes destacados que lo apoyaron y lucharon para que el proyecto tomara forma. Entre estos personajes destacan muchos artistas, donantes, políticos, literatos y, en definitiva, el conjunto de la ciudadanía de Jaén en el momento, que acogió con entusiasmo la creación del Museo. Pero si hay una figura que destaca y que se puede entender como uno de los principales fundadores de la institución es la figura de José del Prado y Palacio, alcalde que lo fue de Jaén y Madrid, además de ostentar otros cargos desde los que siempre lucharía en favor de la ciudad y las instituciones de la ciudad de Jaén. Merecedor de un mayor recuerdo que el que en

la actualidad conserva, este personaje consigue dar vida a la vida cultural giennense y promover un programa de desarrollo urbanístico y cultural que hoy definen a la ciudad y cuyo referente más palpable es el edificio que actualmente ocupa el Museo de Jaén.

La labor de los directores al frente del Museo de Bellas Artes de Jaén es merecedora, igualmente, del recuerdo que esta exposición les dedica, desde su primer director, Alfredo Cazabán y su moderna mirada sobre la misión educativa del Museo. Ya desde el inicio, la institución se vincula a un modelo de difusión muy adelantado al momento en el que se desarrolla y, desde sus primeros días, aborda tareas de acercamiento de sus colecciones a todos los estratos de la sociedad. La Revista Don Lope de Sosa, esencial para conocer el Jaén de la época, es el verdadero órgano de difusión del Museo, a través del cual podemos conocer algo más a Cazabán y la idea que sobre el Museo desarrolla hasta su fallecimiento.

Esta historia de dedicación y la búsqueda de un continuo incremento de las colecciones del Museo la encontramos también en los directores que suceden a Cazabán: José Nogué, José Martínez Puerta o Isaac Usano, además de Pablo Martín del Castillo, que se incorpora al finalizar la Guerra Civil, dan buena muestra del carácter que ha obtenido esta por entonces aún joven institución.

No podríamos entender la evolución el Museo sin detenernos en las instituciones que la apoyaron desde sus primeros momentos, tanto en la acogida de sus salas, con su primera sede en el Palacio de la Diputación Provincial, como en la creación e incremento de sus colecciones. La donación de Calcografía Nacional inaugura uno de los capítulos más brillantes del futuro museo, la de arte gráfico, que con el paso del tiempo convertirá a la institución en una referencia, a partir de esta primera cesión de 1914. El apoyo continuo del Museo del Prado y del Museo de Arte Moderno, cuyas colecciones hoy se reparten el anterior y el actual Museo Nacional Centro de Arte Reina Sofía, son cruciales en la conformación de colecciones. La presencia de Rafael Hidalgo de Caviedes como subdirector de la Institución facilita la llegada de numerosas obras que permanecen en el Museo hasta la actualidad, al igual que otros depósitos de artistas o particulares, que demuestran el cariño y la proyección del Museo entre los ciudadadanos y las instituciones de nuestro país.

Nuestra historia no ha sido ajena a su contexto y ha sufrido los avatares del siglo, especialmente tras el periodo de la Guerra Civil, en el que la colección sufre una diáspora y el edificio proyectado como museo es ocupado por el ejército. El Museo, así, se plantea como una institución dispersa en la que un activo Patronato seguiría luchando por reunificar sus colecciones y reclamar la reversión del edificio para su uso original, labor en la que destaca la lucha incansable de Inocente Fe y otros giennenses, que obtuvieron finalmente el premio a su dedicación de años.

La historia del Museo de Bellas Artes de Jaén es, por tanto, la consecución de un proyecto en el que se alinea la ciudadanía, las instituciones y los personajes al frente de las mismas para lograr un objetivo común, un museo que evoluciona y es reflejo de su sociedad, un lugar donde canalizar las inquietudes artísticas y las necesidades educativas de su comunidad a lo largo de los años.

El modelo participativo de esta institución primigenia encuentra su desarrollo en el actual Museo de Jaén, que evoluciona en un contexto completamente diferente, pero en el que su misión educativa, la orientación social de sus programas de difusión y la preservación e incremento de colecciones corresponde a una tradición heredada de la institución nacida hace 110 años, al Museo de Bellas Artes de Jaén.

Carlos J. Fernández Rodríguez
Director del Museo de Jaén

Aproximación a la historia del Museo de Bellas Artes de Jaén (1914-1969)

Texto: **José Luis Chicharro Chamorro**
Doctor en Historia
Ex-Director del Museo de Jaén (1989-1992; 1994-2008)

El Museo Provincial de Bellas Artes fue fundado en 1914 y es el fruto del anhelo de un grupo de jienenses del que sin duda emerge por derecho propio el líder de la Restauración, del Partido Conservador en Jaén, José del Prado y Palacio (1865-1926) y, junto a él, Alfredo Cazabán Laguna (1870-1931), primer director del mismo entre 1914 y 1931. Se dio la circunstancia de que unos meses antes Joaquín Ruiz Jiménez, jienense, a la sazón ministro de Instrucción Pública y Bellas Artes había promovido el Real Decreto de creación de los Museos Provinciales de Bellas Artes, de 24-6-1913. En este texto se recogía en su artículo primero que "en todas las capitales de provincias donde no exista un Museo provincial de Bellas Artes se procederá a su creación e instalación con el nombre de Museo provincial de Bellas Artes...". Bajo esta cobertura legal se dio la Real Orden de creación del de Jaén con fecha 8-1-1914. La normativa preveía, así mismo, el nombramiento de una Junta de Patronato, que en este caso se hace con fecha 31-3-1914. Dicha Junta fue presidida, en un primer momento, por Luis Enrique Muñoz-Cobo y Arredondo, director del Instituto General y Técnico, y se constituyó oficialmente el 25-5-1914. En ese acto tomó posesión también el primer director del centro, Alfredo Cazabán, que había sido nombrado por recomendación expresa de José del Prado. La nueva institución cultural se ubicó en unos salones de la planta baja del Palacio de la Diputación, en el ala sureste, de una manera modesta y, sin embargo, sirvió de acicate para un desarrollo posterior.

Una vez fundado el Museo, Prado y Palacio laboró para dotarlo de contenido y de un buen continente desde sus puestos de Madrid.

Recordemos que llegó a Ministro de Instrucción Pública y Bellas Artes en 1919, bajo la presidencia de Joaquín Sánchez de Toca y dejó, en este sentido, rastros de lo que afirmamos. Su papel en la adquisición del terreno del Paseo de la Estación para la construcción del edificio donde hoy se halla es fundamental, así como el encargo al arquitecto que lo había de proyectar, Antonio Flórez Urdapilleta.

Al poco tiempo de la proclamación de la Segunda República el Museo -todavía en la Diputación- pierde el edificio que se estaba construyendo en el Paseo de la Estación. Se le cambia de uso en favor de la Escuela Normal. Incluso se acometieron importantes obras para el nuevo fin, conseguido por varios diputados provinciales con el apoyo del Ayuntamiento y de la Diputación, y el informe favorable del gobernador Civil. Fue un golpe duro para el futuro del Centro. Sin embargo, como las desgracias no vienen solas, cuando terminó la Guerra Civil el todopoderoso Ejército lo ocupó hasta el año 1964.

La Guerra y su incidencia en la necesidad de espacio en el Palacio provincial provocó la orden de desalojo de los espacios que albergaban al Museo. Así nació el Museo Disperso. O, lo que es lo mismo, 30 años con los cuadros depositados en diversas instituciones de la Ciudad. El director de posguerra, Pablo Martín del Castillo, a pesar de estar diecisiete años al frente de la Institución, nunca pudo ver las obras colgadas de las paredes. Como se puede comprender, los esfuerzos del momento se dedicaron a las tareas para la recuperación del edificio del Paseo de la Estación para Museo, con Inocente Fé, presidente de la Junta de Patronato, a la cabeza.

Otro jiennense ilustre que apoyó a nuestra Institución a lo largo del tiempo fue Rafael Hidalgo de Caviedes, subdirector del Museo de Arte Moderno de Madrid, quien promovió estupendos depósitos de obras de arte en el centro museístico de Jaén. Otro personaje que brilla con luz propia en la historia de nuestro Museo fue el director general de Bellas Artes entre 1961 y 1968, Gratiniano Nieto Gallo (1917-1986), a quien le cupo tomar las decisiones precisas para la puesta en marcha del Museo en el edificio del Paseo de la Estación.

La fundación vino precedida de una carta del Sr. Prado dirigida a Cazabán y publicada en la revista *Don Lope de Sosa,* en febrero de 1913. En ese escrito el político conservador le dice a Cazabán que su último empeño importante ha sido la elevación del Monumento a las Batallas en Jaén, y anota: "Ese monumento es más que lo que significa, con ser tanto, un gran símbolo de nuestra vida provincial; es la aurora de una nueva y fecunda época para nuestro adorado rincón... Para que esa hermosa evocación del pasado sea útil al porvenir; para que no resulte un romanticismo estéril; para que la admiración que despierta pueda ser convertida en fértil núcleo de prácticas y honrosas utilidades, es preciso, es indispensable, que en torno del monumento conmemorativo de las heroicas luchas que tuvieron por teatro los campos de nuestra provincia, se agrupen otros monumentos en los que enseñemos al pueblo las grandes armas de combate de las no menos terribles luchas de la vida actual: *Instrucción y Educación".* "...Cuando en torno del monumento de las batallas se levanten esas escuelas públicas y ese internado de *selectos* y aquella Biblioteca, y este Museo, y ese Club -se refiere a los *Boy-Scouts-* y esta Caja de Seguros para la vejez, será cuando consideraré terminada la obra evocativa de "Navas de Tolosa" y de "Bailén"..."

El Museo quedó bajo la tutela del Estado con un director nombrado y costeado por el Ministerio.

Para ser director se necesitaba poseer algunas condiciones, entre ellas, ser correspondiente de las Academias de la Historia o de San Fernando, o haber hecho publicaciones sobre la Historia o el Arte de la provincia.

Los gastos de vigilancia, limpieza y administración correrían a cargo de la Diputación provincial y del Ayuntamiento de la capital. En Jaén será la Diputación la que cedió el local y la que mantuvo una cantidad para esos menesteres. El Ayuntamiento solo colaboró económicamente de manera excepcional.

Hay que reconocer los intensos lazos de unión entre el Museo y el organismo provincial a lo largo de las distintas fases de la vida del centro museístico. La reglamentación aprobada permitió un notable grado de autonomía del Museo junto a su Junta de Patronato. Fue declarado de Utilidad Pública el 10-1-1915, en unión de los de Granada, Castellón, Córdoba, Oviedo y Valencia, y su situación reglamentaria no cambió en lo sustancial hasta la fusión con el Museo Arqueológico Provincial, por Decreto de 16-10-1969 , con el que nació el Museo provincial de Jaén siendo su director, Juan González Navarrete (1927-2010). En 1971, el Museo provincial de Jaén, por fin, y tras un largo y complicado proceso, abría sus puertas al público en el edificio del Paseo de la Estación.

El Museo en la época de Alfredo Cazabán (1914-1931)

Como ya he escrito antes, la figura de **José del Prado y Palacio (1865-1926)** fue esencial para la Institución pues como es sabido este hombre de gran peso político en su tiempo ideó y apoyó sin ambages su fundación. Podríamos decir que fue el impulsor y protector del Museo. Ocupó numerosos cargos políticos a lo largo de su vida. Hombre acaudalado, terrateniente de la Restauración con formación universitaria. Nació en Jaén el 3 de enero de 1866 en el seno de una

1. Retrato de José del Prado y Palacio.

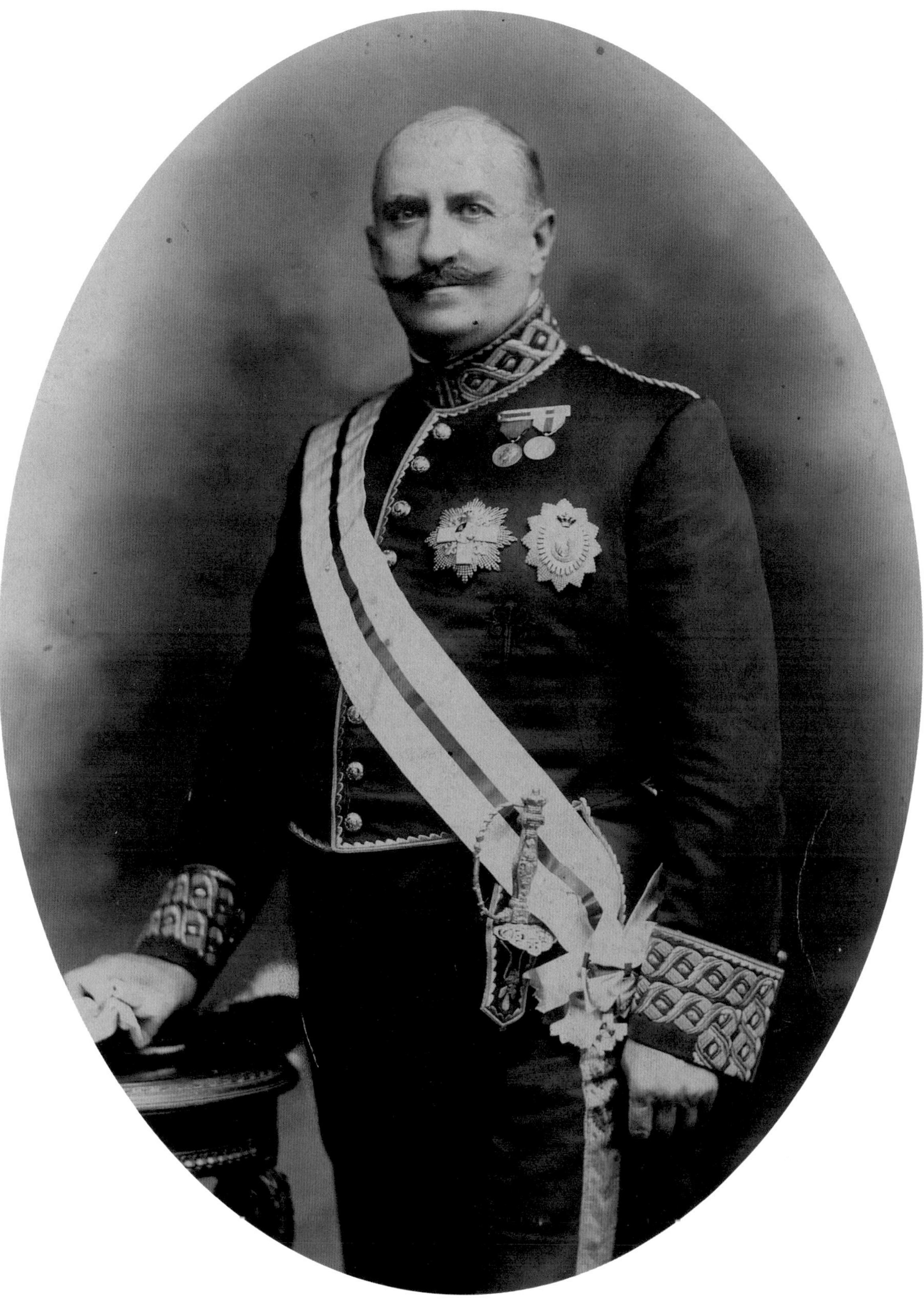

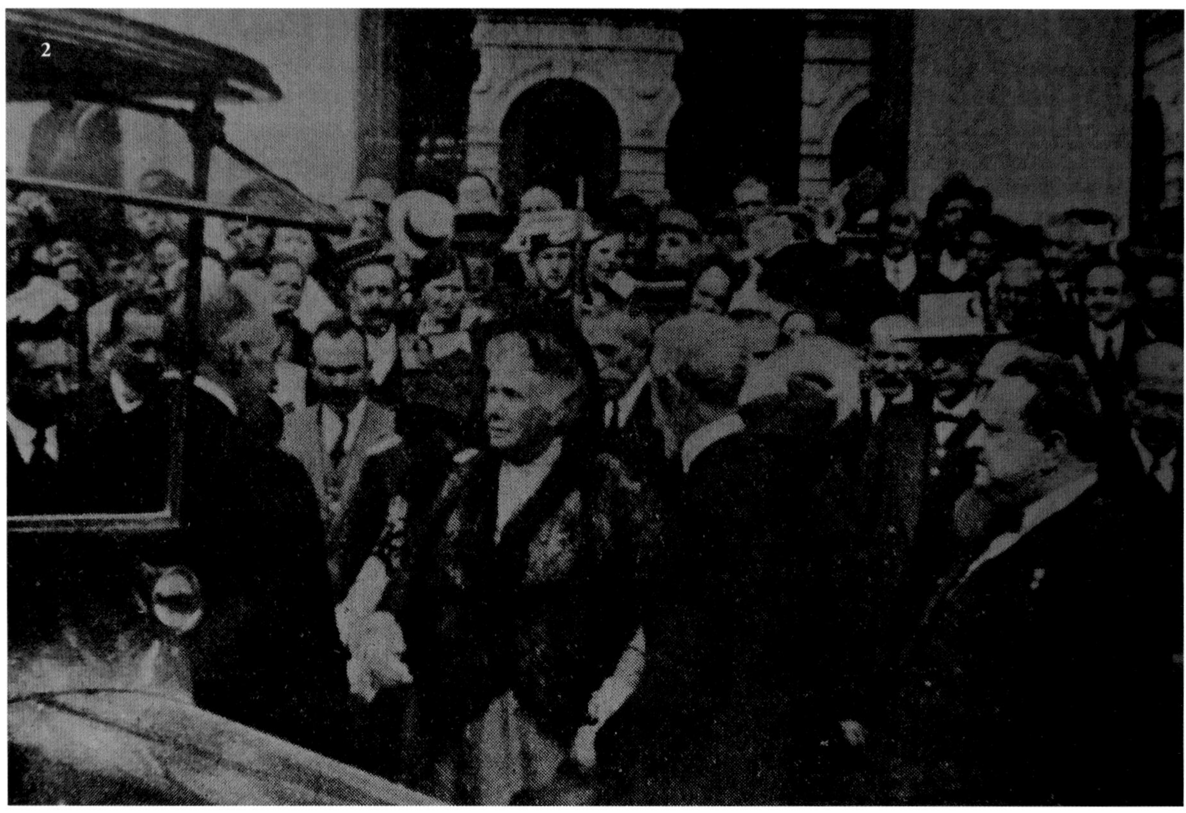

2. Inauguración del Museo de Bellas Artes por la Infanta Isabel de Borbón. Revista *Don Lope de Sosa,* 1915.

familia de abolengo nobiliario, y con el tiempo y como colofón a su brillante carrera política le fue concedido el título de Marqués del Rincón de San Ildefonso por Alfonso XIII, en 1920.

Sus padres Diego y Pilar poseían grandes fincas sobre todo en el pueblo de Espeluy y en Mancha Real. Tenían casa en la calle Ancha de Jaén y una gran residencia en Espeluy, donde fue enterrado el 15 de Febrero de 1926. Después de la Guerra sus restos mortales fueron trasladados por sus familiares al cementerio de San Eufrasio de Jaén.

Estudió bachillerato en los Jesuitas del Puerto de Santa María y Sevilla y los universitarios en la Escuela de Ingenieros Agrónomos de la Moncloa en Madrid. Perteneció desde 1900 al Cuerpo de Agrónomos con la categoría de Jefe de Segunda clase. Fue Director de la Estación Enológica de Rivadabia (Orense) de la que estuvo en situación administrativa de excedente por su dedicación a la política.

El líder conservador estuvo casado con Teresa Fernández de Villalta y Coca, hija única de los Marqueses de Villalta, que eran ricos hacendados y tenían casa en la calle Llana Nº 9 de Jaén.

Prado representa muy bien al político de la Restauración: terrateniente con ideas conservadoras, ganas de triunfar, carácter y deseos de tener una clientela en su tierra, entrega total a la idea de monarquía, y en concreto a la figura de Alfonso XIII y unos usos más bien populistas. Procuró mejoras para la provincia de Jaén desde los diversos puestos que ocupó. Precisamente buscaba un desarrollo económico basado sobre todo en la extensión de la agricultura de regadío en Jaén con la construcción de varios pantanos. En su libro *El porvenir de una región* plantea con datos concretos cómo se podría desarrollar la agricultura irrigada en nuestra provincia.

Comenzó su andadura política como alcalde de Jaén en 1892 de la mano del entonces Ministro de Gobernación, Francisco Silvela. Fue diputado en varias ocasiones por la provincia de Jaén. En concreto, y según certificado de la Secretaría del Congreso de los Diputados lo fue en 1899, 1901, 1903, 1905, 1907, 1910. En 1915 por la circunscripción de Lugo como candidato *cunero*. Director General de Agricultura, Industria y Comercio. En esa etapa se inauguró la Granja Agrícola y la Estación Pecuaria de Jaén gracias a sus gestiones. Otros puestos fueron Vicepresidente del Consejo de Instrucción Pública, Subsecretario de Gobernación desde donde se ejercía el control político de las elecciones y de los gobernadores civiles. Era consejero numerario del Instituto Nacional de Previsión. En 1915 el Gobierno de Eduardo Dato lo nombró alcalde de Madrid.

En 1915, el 20 de Enero fue nombrado por Real Decreto Senador Vitalicio y luego Vicepresidente del Senado. El cargo más importante que ocupó fue el de Ministro de Instrucción Pública, en 1919. Duró prácticamente seis meses pues el 6 de febrero de 1920 *Don Lope de Sosa* da cuenta en el número de esa fecha de la aprobación de un Real Decreto para terminación del edificio que para Museo se estaba construyendo en el Paseo de la Estación. Dicho decreto fue sometido a la firma por parte del nuevo ministro de Instrucción Pública, Natalio Rivas. El importe de las obras aprobadas según el proyecto redactado por Antonio Flórez Urdapilleta era de 523.101,14 pts. El proyecto lo llevó a su último Consejo de Ministros Prado que fue quien lo organizó así como la intervención del arquitecto pero la aprobación definitiva la sometió Rivas. Incluso Cazabán felicitó al nuevo ministro por la aprobación y éste le contestó que nada había de agradecerle a él porque "No he hecho más que dar sanción oficial a lo que mi queridísimo antecesor

Sr. Prado y Palacio tenía hecho y realizado en beneficio de esa tierra, para él tan querida".

La verdad es que en 1916 se inició una suscripción popular para tributarle un homenaje al político conservador por sus acciones en favor de Jaén y éste lo derivó hacia la adquisición de los terrenos que habrían de albergar el edificio del museo actual. En este sentido la Diputación provincial aprobó en su sesión de 12-7-1916 destinar para ese cometido 5.000 pts. como también lo hicieron otras instituciones y por supuesto el propio Prado. Así el 9-3- 1920 se hizo la escritura pública de la parcela de 4.200 m2 por 32.750 pts. en el sitio llamado Puerta del Sol.

El primer Marqués del Rincón de San Ildefonso era como ya queda dicho académico correspondiente de la de Bellas Artes de San Fernando y miembro de la Junta de Patronato del Museo. También estuvo vinculado a la Real Sociedad Económica de Amigos del Pais de la que era Socio de Mérito y cómo no miembro de la cofradía de Nuestro Padre Jesús Nazareno.

En vida se le concedieron numerosos honores. Así Comendador de la Orden de Santiago, Gran Cruz de Isabel la Católica, del Mérito Militar, de San Gregorio el Magno... Incluso en una situación ridícula para el Ayuntamiento de Jaén le dio su nombre a la emblemática Plaza de Santa María en 1905. José del Prado lo apreció como una barbaridad y renunció a ello. El día 1 de julio de 1905 le pusieron su nombre a la calle San Clemente.

Entre los honores debemos citar el recibimiento que se le hizo en Jaén y en Espeluy el día 16 de Octubre de 1919 cuando vino siendo ministro. De todo ello da cumplida cuenta Alfredo Cazabán que incluso editó la crónica de la visita como suplemento especial del número 82 de ese mes de *Don Lope de Sosa*. En éste y en otros artículos se puede observar la devoción

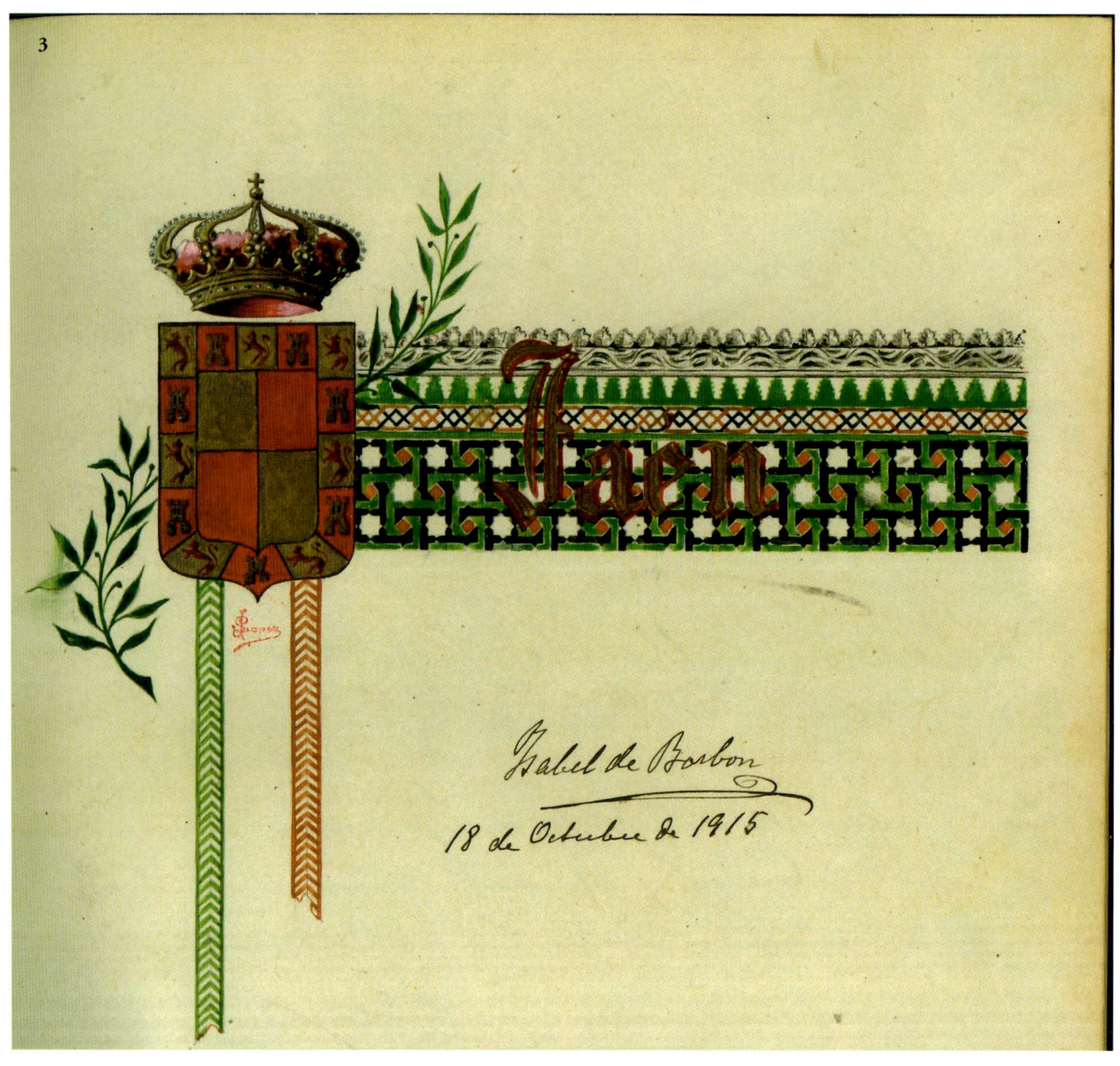

3. Libro de oro con la firma de la Infanta Isabel de Borbón.

de Cazabán por Prado cuando no verdadera acción propagandística del líder conservador. Recordemos en este sentido que Cazabán fue nombrado Director del Museo por indicación de Prado y llevaba el periódico de éste, *La Regeneración*. Así cuando falleció don José el 14-2-1926 le dedicó un espacio espectacular en el periódico pues ahí confluía el amigo personal, el jefe y un hombre conservador pero con grandes proyectos para Jaén. Algunos de los cuales muy bien plasmados.

Quiero recordar que en el Museo actual hay tres obras que lo representan. Dos esculturas en bronce y un magnífico pastel de Maximino Peña. Las tres obras llegaron al Museo sin coste para el mismo y las tres se encuentran expuestas al público.

Alfredo Cazabán Laguna (1870-1931): primer Director, es un personaje esencial en el Jaén de la última década del siglo XIX y de las tres primeras del XX. Su amplia labor, rigurosa y polifacética ha tenido un peso específico en el ámbito de la historiografía, el periodismo y la poesía jiennenses. Su revista *Don Lope de Sosa* se ha convertido en una obra de consulta obligada para todo aquel que se acerca al estudio del pasado jienense.

La persona de Alfredo Cazabán ha sido estudiada por diversos autores y no voy a repetir *in extenso* su biografía. No obstante, citaré elementos significativos de su desarrollo vital. Sin embargo, en cuanto que director del Museo Provincial de Bellas Artes no se ha estudiado lo suficiente y por eso esbozaré su gestión en este centro y sus grandes aportaciones que deben estar presentes en la puesta a punto de su figura y de su obra.

Cazabán fue director desde el día 8 de enero de 1914 en que se firmó la Real Orden de su nombramiento hasta el 14 de enero de 1931 en que falleció. Por lo tanto fue director del Museo 17 años y 6 días.

Cazabán Laguna nació en Úbeda el 13-4-1870 y murió en Jaén el 14-1-1931. Tras conseguir el título de bachiller en Artes estudió Magisterio obteniendo el título con 17 años. Su familia pasó por una situación económica difícil que los obligó a diversos traslados por España e incluso a emigrar a Francia. Pasaron bastantes penalidades en aquellos momentos.

Se estableció en Jaén en 1888 y desde entonces y hasta su fallecimiento se convirtió en su querida ciudad. Estuvo casado en dos ocasiones. La primera, con María Tremedad Serrano y Coello de Portugal, en 1894. Tuvo dos hijos que fallecieron pronto y la propia esposa de salud quebradiza murió en 1897. A los tres años volvió a contraer matrimonio con Rosa Náger López. De este matrimonio nacieron tres hijos: Alfredo, Elvira y Trinidad.

Profesionalmente hay que decir que en 1889 ingresó como funcionario en la Delegación de Hacienda y en 1891 lo hace en la Diputación Provincial en donde ocupa diversos puestos de tipo administrativo. Durante algún tiempo fue profesor en el internado Teresiano de la mano de la profesora María Josefa Segovia.

Su tarea como periodista fue fecunda y publicó centenares de artículos en la prensa de Jaén y de fuera. Así colaboró con periódicos como "ABC", "La Vanguardia", "Pluma y Lápiz", "Tribuna"… en la provincia de Jaén y desde muy joven publicó numerosos artículos en "El Látigo", "El Moscardón", "El Industrial", "Patria", "El Conservador", "El Cid", "El Eco de la Provincia", "El Norte Andaluz", "Diario de Linares", etc. En la capital ocupó varios puestos de redactor-jefe. Así entre 1899 y 1900 lo fue de "La Agencia", en 1901 lo es de "La Unión", de 1904 a 1912 lo es de "La Lealtad". José del Prado lo nombró de "La Regeneración" donde lo fue desde 1913 hasta el fallecimiento de su propietario en 1926.

Su labor como historiador y cronista también tuvo sus buenos frutos. Así muy joven escribió *Apuntes para la Historia de Úbeda* (1887), más adelante *Cosas de Antaño...*(1892), *El reino de Jaén y San Fernando* (1893), *Jaén como base de la reconquista de Granada* (1904). Esta obra dedicada a la Diputación provincial que acababa de nombrarlo cronista de la provincia tras el fallecimiento de Almendros Aguilar.

En 1913 comenzó a publicar su revista cultural *Don Lope de Sosa, crónica mensual de la provincia de Jaén.* Esta publicación se mantuvo ininterrumpidamente hasta su fallecimiento. En ella escribe 1651 artículos, en recuento de Manuel Caballero Venzalá, y es de obligatoria consulta para los historiadores del Reino de Jaén. Así mismo es un lugar básico para el conocimiento del Museo Provincial de Bellas Artes puesto que tienen el mismo director y además coinciden prácticamente en el tiempo. Fue el órgano difusor del Museo, o lo que es lo mismo su Boletín.

4. Sala de Pintura en Diputación Provincial. Revista *Don Lope de Sosa*. 1915.
5. Cazabán explicando una pintura a un grupo, 1915.

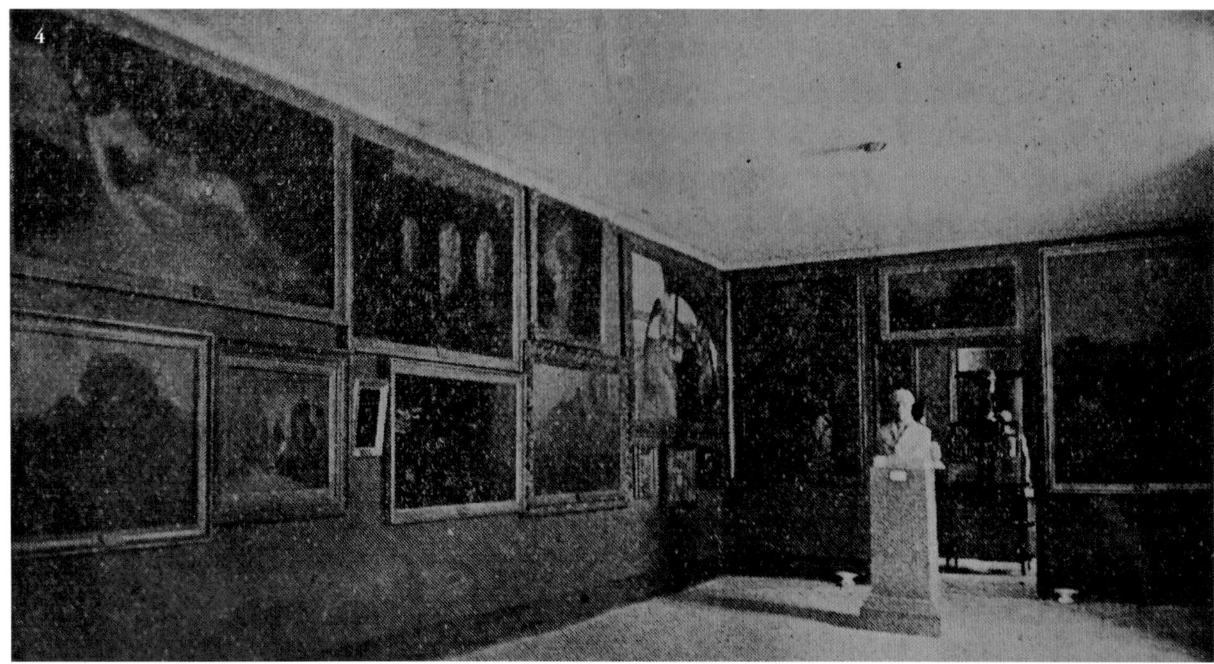

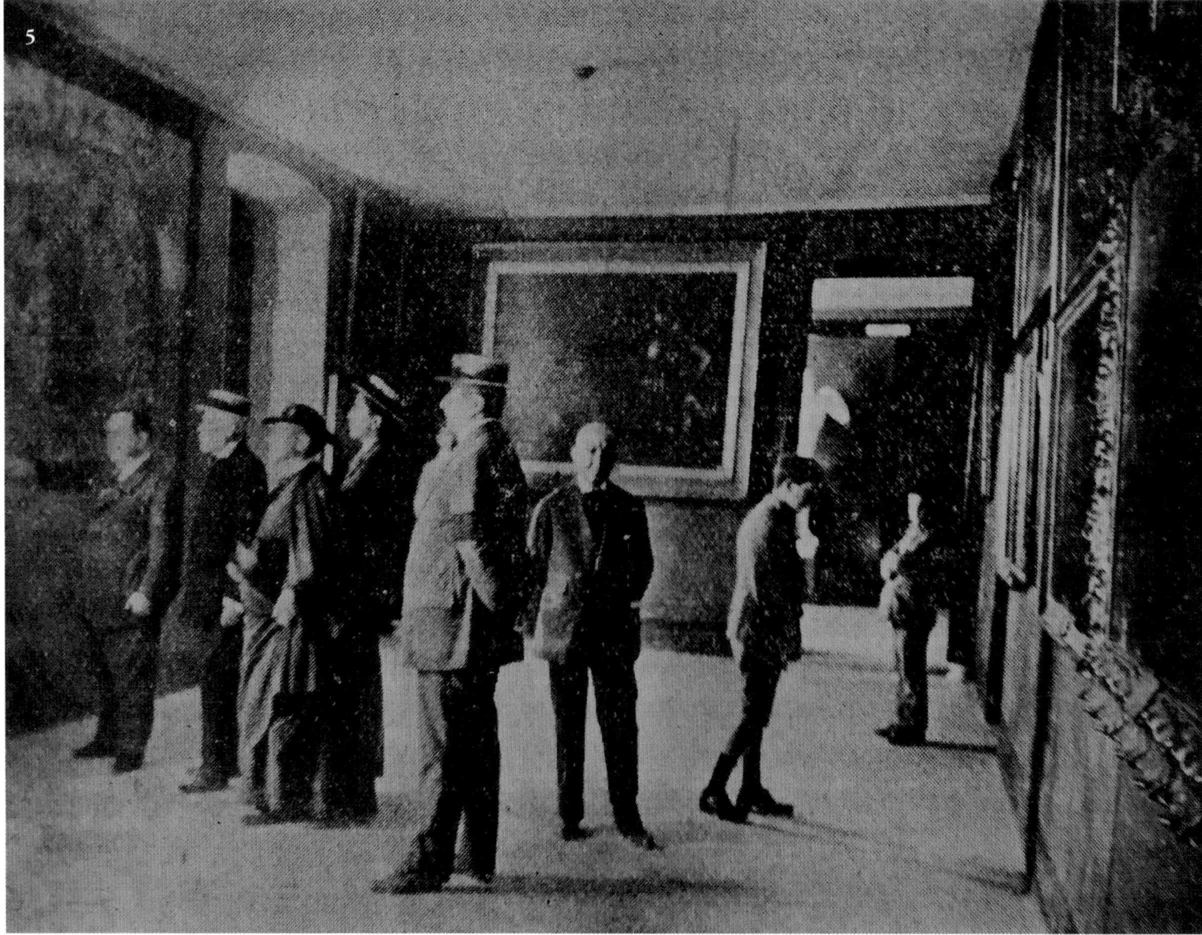

Don Alfredo fue reconocido en su labor en vida pues era académico correspondiente de las de Bellas Artes y de la Historia lo que le facilitó el nombramiento de director del Museo. También en 1914 fue nombrado de la Academia de Bellas Letras y Nobles Artes de Córdoba y, en 1921 fue nombrado de la de Ciencias Históricas de Toledo. En 1926 el gobierno francés lo nombró caballero de la Legión de Honor. Fue nombrado hijo adoptivo de Jaén y, con el tiempo, en muchas poblaciones se colocó su nombre a una calle.

Cazabán durante muchos años fue miembro y presidente de la Comisión provincial de Monumentos y proclamó a su revista *Don Lope de Sosa* como órgano de comunicación de la misma. Desde este órgano el cronista desarrolló una labor notable en la provincia. Cazabán hoy día está considerado el cronista por excelencia de Jaén. En la sesión de la Junta de Patronato de 3 de febrero de 1931 se lamentaban de su muerte "...acordándose por unanimidad constara en acta el sentimiento de la Junta por tan irreparable pérdida, pues notorias son las cualidades de inteligencia y laboriosidad que al Sr. Cazabán distinguían y que tanto hizo para la organización e instalación de este Museo Provincial de Bellas Artes".

El Instituto de Estudios Giennenses con motivo del centenario de su nacimiento en 1970 promovió un homenaje que se reflejó en el nº 51 de su Boletín. Entre otras actividades colocaron una placa conmemorativa en la fachada en la que vivió el cronista con presencia del alcalde y otras autoridades. Así mismo llevaron a cabo una sesión solemne en la Diputación y descubrieron el busto de Jacinto Higueras en el Museo provincial.

La inauguración. Visitas. Conferencias.

Desde que se creó oficialmente el Museo comenzaron las tareas para dotarlo de local y de una colección permanente adecuada.

La Diputación aprobó con fecha 10-1-1914 la cesión de los locales a propuesta del vicepresidente, D. Victor Velasco, estaban en el pabellón bajo en el ala orientada al sureste.

En la sesión de 6-2-1914 se acordó que una vez desalojado el local que ocupaban las oficinas de telégrafos se realizaran las obras necesarias con cargo al capítulo correspondiente para instalar el Museo. En la sesión 10-8-1914 de la Junta del Patronato del Museo se acordó que las obras de adaptación las dirigiera el ayudante del Arquitecto provincial, Sr. López Alcázar. Así mismo en aquella sesión se acordó aceptar el ofrecimiento económico de José del Prado de adelantar una partida para la rápida ejecución de las obras, pintura, etc. En concreto se trataba de 1535,33 pesetas que correspondían al presupuesto previamente elaborado de adaptación del local, mobiliario y electricidad. Las tareas se fueron acometiendo en los meses siguientes y a principios de 1915 ya estaban los locales prácticamente preparados para recibir obras artísticas. La Diputación provincial aprobó conceder la suma de 2000 pts para los gastos del año de limpieza y vigilancia (3-2-1915) y el Ministerio concedió 500 pts. para estas labores de adaptación.

Se van a ir encauzando obras de arte procedentes del Ministerio de Instrucción Pública, del Museo de Arte Moderno, del Museo Nacional de Pintura y Escultura del Prado, de la Academia de Bellas Artes de San Fernando, de la Diputación provincial y de donaciones de particulares. El Dr. Gabriel Ureña en un texto de este catálogo reseña el proceso de llegada de las obras.

Con todo lo anterior, y con la declaración oficial de Utilidad Pública el 10-1-1915 la inauguración se llevó a cabo oficialmente el lunes día 18 de octubre de 1915, día del patrón de la ciudad, san Lucas. El acto fue narrado con toda suerte de detalles por el propio Cazabán en el diario *La Regeneración* y después tomándolo de allí en *Don Lope de Sosa*.

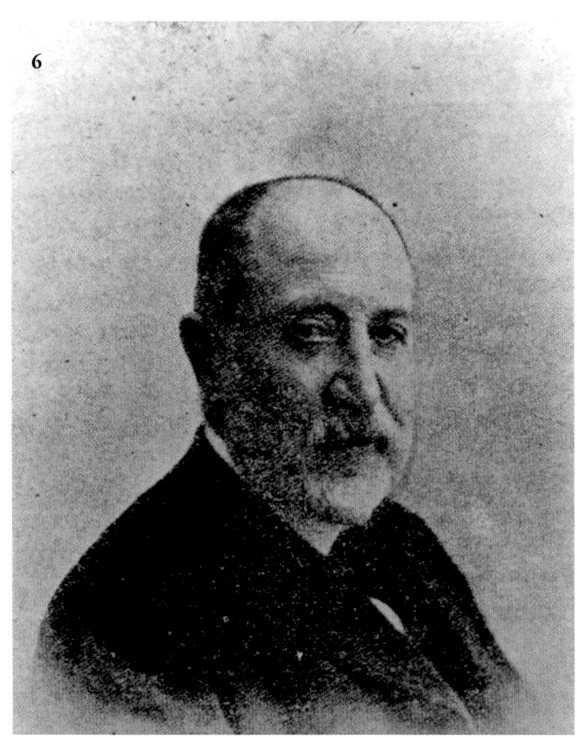

6. Primer Presidente de la Junta de Patronato del Museo de Bellas Artes desde 1914 a 1924, Luis Enrique Muñoz-Cobo Arredondo (1841-1924).

La sesión comenzó a las 12,30 horas y estuvo presidida por la Infanta Isabel de Borbón "La chata" que se desplazó a Jaén en una visita oficial desde el 17 al 23 de Octubre. Era la segunda vez que venía a la ciudad pues en 1862 vino con su madre Isabel II. Estuvo acompañada por un pequeño séquito encabezado por su secretario y tesorero, el jiennense Alonso Coello y Contreras.

Como era de esperar las autoridades estaban representadas al máximo nivel con presencia del presidente de la Diputación, Sr. Retamero, el alcalde Sr. Monge Avellaneda, el presidente del Patronato del Museo, Sr. Muñoz Cobo, el director del mismo, Sr.Cazabán y un largo etc.

La representación del gobierno la ostentaba el alcalde de Madrid, José del Prado y Palacio en quien había delegado el Ministro de Instrucción Pública mediante el envío de un telegrama que fue leído al comienzo del solemne acto. Éste se llevó a cabo en la Sala de Pintura en cuyo centro estaba el sillón de la Infanta sobre un tapiz y "delante una mesa con tapete de terciopelo y sobre ella una escribanía de plata y el álbum del Museo". En su primera hoja -decorada con un dibujo de un friso de azulejos realizado por Jesús López Jiménez- y tras los discursos de rigor anotó la Sra.: "Isabel de Borbón 18 de Octubre de 1915". En las hojas que siguen firmaron los asistentes al acontecimiento cultural. Entre ellos Alonso Coello, José M. Retamero, el Marqués de Villalta, Cándido Nogales...

Prado y Palacio pronunció un discurso en el que alabó a la Infanta pues era la tercera mujer de su nombre y sangre real que pisaba Jaén y en concreto el terreno del palacio mandado edificar por san Fernando tras la conquista de Jaén que luego se convirtió en convento de san Francisco. Las otras dos habían sido la madre de la Infanta, Isabel II e Isabel la Católica. Incluso llegó a proponer la creación de la Sala Infanta Isabel para la que ofreció dos obras de su propiedad, un Murillo y un Zurbarán. Posteriormente y durante algún tiempo se habló en el Patronato y desde la Dirección de la creación de la Sala pero la realidad es que no se llevó a efecto y tampoco ingresaron los dos lienzos citados en su intervención por Prado.

Habló del futuro engrandecimiento del Museo, de la buena gestión de Cazabán, etc.

Después intervino el anciano presidente de la Junta de Patronato, Muñoz-Cobo quien tras rendir homenaje a la Infanta elogió a Prado al que le reconoce la iniciativa y el auxilio del Museo por lo que le envió "un testimonio de gratitud que no sólo nosotros sino Jaén entero y su provincia le rinden gustosísimos en este acto".

Su A.R. visitó las dependencias y en total el acto duró más de una hora. En el mismo estuvo también el escultor Jacinto Higueras.

Las visitas al Museo se podían hacer en teoría todos los días salvo los lunes según la normativa. El horario según disponía el Reglamento, que desarrollaba el Real Decreto de creación, era de 9 a 15 aunque podía aumentarse en una hora si el tiempo lo permitía. Los domingos estaría abierto de 10 a 13 horas. Permanecería cerrado en las fiestas. La entrada era gratuita. Ésto es lo establecido reglamentariamente y en los primeros años se abría todos los días a excepción de los lunes. Sin embargo, más adelante y a juzgar por lo que se vierte en un acta de la Junta de Patronato de 25-2-1918 los días de entrada pública eran los jueves y los domingos. Los martes, miércoles, viernes y sábados se necesitaba una autorización especial.

En el artículo 22 del citado Reglamento se determinaba claramente que en cada Museo y en sitio visible tenía que haber un libro de firmas en el que podían anotar su nombre y firmar los visitantes. Estos libros se conservan en el Archivo del Museo y son en total 4. El número de visitantes era poco más de ochocientos visitantes al año. Cifra corta que nos indica la falta de atención por estos temas en aquella época y el carácter minoritario de la cultura a pesar de algunas tentativas meritorias por atraer al público. Es curioso ver los nombres de los visitantes y sus procedencias. Entre los firmantes del primer libro hay algunas de personas conocidas. Así los pintores Eduardo Chicharro (22-7-1916), Juan Almagro (13-1-1918), Rafael Zabaleta que lo visitó en dos ocasiones con tan sólo 10 años -cuando estuvo estudiando en el Colegio internado de Santo Tomás de Jaén-. La primera vez lo fechó: 1-5-18 (página 91 del libro). Un visitante asiduo desde muy pronto fue el pintor José María Tamayo que estuvo cercano y pendiente del Museo hasta su fallecimiento en los años setenta y del que el Centro conserva varias obras. Solía firmar siempre.

El segundo libro se pone a disposición del público el 24 de julio de 1919 y constaba de 200 páginas.

Entre los visitantes conocidos el escultor Jacinto Higueras en julio de 1921 y también el 5-11-1926 con su esposa Lola Palatín de Higueras (así es como firma), en 1923 el pintor José Nogué Massó con su padre José Nogué Rovira. En 1923 hace varias visitas el profesor de modelado José Martínez Puerta o Isaac Usano. Este libro se retiró el 5 de octubre de 1929 por lo que en 10 años visitaron el Museo no más de 5000 personas. El tercer libro consta de 194 páginas. Se colocó el 5-5-1930 y la última fecha anotada es 15-1-1935. Si seguimos el mismo criterio citado anteriormente visitan el Museo casi 4.000 personas en este tiempo casi 800 visitantes anuales. El 27-3-1932 se reabrió el Museo con tres salas nuevas a iniciativa de Nogué.

Entre los firmantes del libro conocidos podemos citar a Fernando de los Ríos, Rufino Martos, Isaac Usano o D. Antonio Rumeu de Armas (octubre de 1933).

El libro cuarto tiene 200 páginas y comenzó el 11 de Marzo de 1935 y terminan las anotaciones en la página 113. Entre los firmantes, Ramón Mateu en noviembre de 1936 o Cristóbal Ruiz, en 1937. La última fecha anotada es en números romanos, 38 y está debajo de la firma de F.Cerezo. La media de visitantes al año no llega a los 800. A partir de avanzado 1938 el Museo se cierra y se trasladan sus obras a diversos locales de la ciudad y ya no se volverán a ver juntos hasta 1971.

El Real Decreto de 24-7-1913 que regía estos centros recogía en su artículo 71 entre otras cosas que convenía organizar visitas, conferencias y cursos de "vulgarización artística". Incluso en el Reglamento que lo desarrolla se recoge en su artículo 91 algunas peculiaridades de cómo deben organizarse las visitas. Por ejemplo, hace referencia a que algunas se adapten a los niños de las escuelas para que tengan un verdadero valor pedagógico. En eso Cazabán se aplicó bastante al menos en los primeros tiempos del Museo. Precisamente en su archivo se conserva un cuaderno bajo el título "Explicaciones, conferencias, cursos especiales" en donde se anotaban las varias conferencias que él impartía a varios colectivos.

A lo largo del tiempo se organizaron algunas **conferencias** por parte del Museo y la Junta de Patronato del mismo. Alguna de ellas con una gran repercusión en los medios de comunicación de la ciudad.

La Junta de Patronato y sus miembros

En el Real Decreto de creación de los museos provinciales se establece en su artículo 51 que el fomento y la administración de estos centros estaría a cargo de una Junta de Patronato. Se formaría con un presidente, cuatro personas de la Academia provincial de Bellas Artes, y como en Jaén no la había y se formaba con académicos correspondientes de la de Bellas Artes de San Fernando o de la Historia. Un vocal de la Comisión de Monumentos, un representante del Cabildo eclesiástico y como vocales natos estarían el presidente de la Diputación provincial, el alcalde de la capital y el director del Museo, que actuaría de secretario de la Junta.

El reglamento que desarrollaba el Real Decreto establecía de manera más detenida las funciones concretas de la Junta de Patronato que eran muy amplias. Así mismo se determinaba su régimen de funcionamiento.

En esencia los miembros de la Junta de Patronato eran nombrados por Real Orden propuestos en el Ministerio de Instrucción Pública. Los cargos eran gratuitos y honoríficos y se determinaba en el artículo 21 del Reglamento que se debían reunir cuando menos una vez al mes sin menoscabo de otras sesiones extraordinarias cuando fuese menester. Los acuerdos se tomaban por mayoría simple y era suficiente para su validez la asistencia de cuatro miembros. Se establecía la necesidad de contar con un libro especial en el que el secretario que era el director del Museo

redactara el acta de cada sesión que debía contar con el Vº Bº del presidente.

La Junta de Patronato podía adquirir las obras de arte u objetos que a juicio del director tuvieran interés para el Museo. Así en el Acta de 22-3-1934 se refleja la adquisición de un retablo que existía de la antigua cárcel. Se adquirió en 105 pts. (retablo de la Virgen Coronada). Tenía amplias facultades como aprobar o no que las visitas fueran gratuitas o de pago. Aprobaba los presupuestos, nombraban al personal con las indicaciones del Director, se acreditaban ante la Junta los depósitos de obras de arte, etc.

La Junta de Patronato del Museo de Jaén tuvo una historia singular pues pasó por periodos de mayor y menor actividad. De esta manera los dos primeros años de funcionamiento se reunía con una corta periodicidad aunque nunca llegaron a lo establecido de una vez por mes. Más adelante la periodicidad se amplió de manera clara y diríamos que excesiva.

Los nombres de los primeros miembros de la Junta fueron propuestos por el propio Cazabán en escrito remitido al Ministerio con fecha 10-1-1914. Los sugeridos y nombrados a finales de marzo son los siguientes: presidente, Luis Enrique Muñoz-Cobo Arredondo, y vocales, José del Prado y Palacio, Félix García y García, Julián Espejo García (falleció antes de la constitución oficial de la Junta), Eduardo Fernández de Rábago. Junto a éstos se encontraban los miembros natos que se van sucediendo a lo largo del tiempo según va cambiando el representante de cada institución: así el presidente de la Diputación: en aquel momento Ramón de la Higuera, desde el 21-11-1914, Cándido Carrasco y Díaz y, desde junio de 1915, José Retamero. A éste le sucedió en 1916 Manuel Ruiz Córdoba, muy amigo de Prado. El alcalde de Jaén en aquel tiempo era Alfonso Monge Avellaneda y le sucede en 1916, Ramón Espantaleón, y en 1917 el Sr. Guindos; el representante

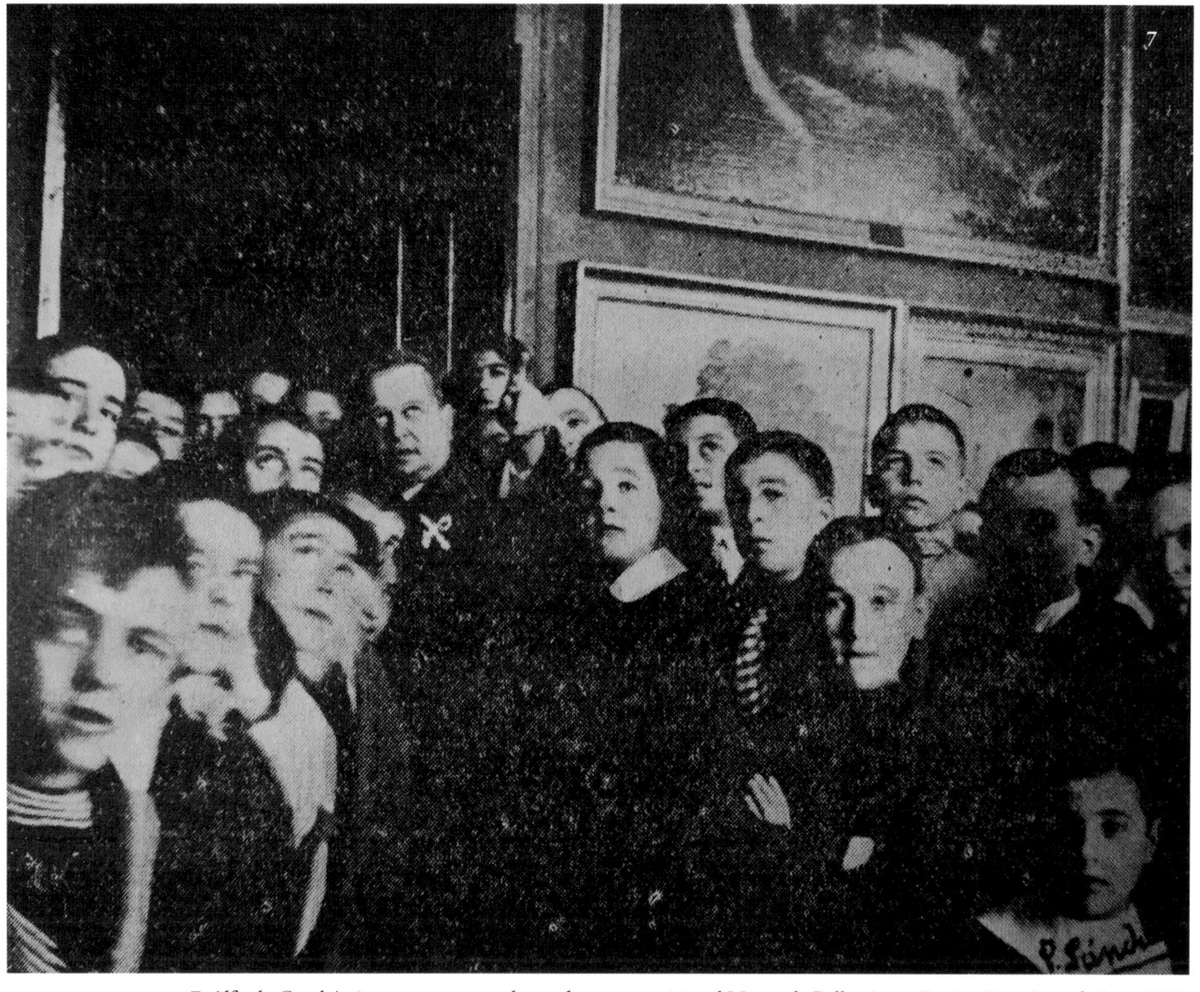

7. Alfredo Cazabán junto a un grupo de escolares en su visita al Museo de Bellas Artes. Revista *Don Lope de Sosa*. 1915.

del Cabildo eclesiástico de la Catedral fue el canónigo Pedro Poveda Castroverde al que le sucede en febrero de 1924, José Martínez Soler. Otros que fueron siendo nombrados: Manuel Montero Garzón, crítico de Arte, tras su muerte en 1918 sustituido por el deán de la Catedral, Saturnino Sánchez de la Nieta. Como vocales suplentes se nombran a José Padial y Vílchez, pintor y escultor y a Enrique Martos Carrillo, catedrático del Instituto provincial. El 24 de noviembre de 1922 se nombra al notario, José Azpitarte Sánchez, como miembro de la Junta en sustitución de Félix García.

El 26-6-1924 es nombrado presidente de la Junta el deán, Saturnino Sánchez de la Nieta,

tras el fallecimiento de Muñoz-Cobo y como vocal Ramón Espantaleón Molina. Otro nombramiento se produce tras la muerte de Prado en favor del pintor y propietario en Villacarrillo, José Pablo García de Zúñiga y Calzada, con fecha 26-2-1926. Sin embargo, por la total ausencia de documentación y de rastros tanto en el Registro de Salidas como en el de Entradas parece que la Junta de Patronato entró en una atonía clara al igual que el propio Museo. De tal manera es así que el presidente de la Diputación se dirige en noviembre de 1928 a Joaquín Pérez del Pulgar, conde de las Infantas que era en esos momentos director general de Bellas Artes. Le explica la situación en que se encontraba la Junta del Patronato y el propio Museo del que dice "es una verdadera pena verlo desmantelado desde hace tanto tiempo en el sitio más visible de la capital". En 1928 la Junta quedó constituida así: Junto a esta ficha le envía otra de cómo él creía que debía quedar constituida la Junta del Museo. En concreto quedaba así: presidente, Manuel Ruiz Córdoba, exdiputado a Cortes, expresidente de la Diputación y exalcalde de Jaén. Vocales, Cándido Milagro García, Ramón Espantaleón Molina, Inocente Fé Jiménez, Antonio Alcalá Venceslada,. Vocal competente, José Nogué Massó, y los vocales natos.

La Junta de Patronato se dedica en estos años de Museo a su gestión. Confirma los nombramientos de personal que hace el Director. Son pocos por la exigüidad del mismo. También la Junta aprueba el nombramiento de restaurador en la persona de Francisco Espinar Barranco. El nombramiento se hace en la sesión de 21-11-1914 como "interino y gratuito como reconocimiento a su constante concurso y valiosos ofrecimientos de ayudas". Espinar estuvo mucho tiempo ligado a la institución museística y realizó numerosas intervenciones.

Desde el día de la inauguración del Centro hubo una especie de compromiso en crear la Sala Infanta Isabel. A este compromiso se unió el acuerdo de la Junta de 27-2-1916 de crear una Sala dedicada al pintor jiennense Pedro Rodríguez de la Torre. No se consiguió entonces pero el Museo en varios momentos ha ido consiguiendo obra del reconocido pintor y ahora está bien representado.

Otro de los asuntos que interesó a la Junta fue el de la ampliación del local pues desde su nacimiento el Museo nacía con poco espacio. Además, después de la inauguración se hicieron gestiones que dieron fruto y la pinacoteca crecía de manera notable.

En el artículo 14 del Reglamento para la aplicación del Real Decreto de 24-7-1913 se determinaba que los directores de los museos tenían que redactar el inventario razonado de los fondos de su Museo. Este inventario habría de rectificarse anualmente para ponerlo al día y debían hacerse tres copias. Una para el Ministerio, otra para la Diputación y la tercera debía quedar en la dirección de la Institución. Pues bien, Alfredo Cazabán lo redactó con fecha 31-12-1915 y de aquel sólo se conserva uno: el que remitió a la Excma. Diputación provincial. Los otros dos ejemplares restantes no se hallan ni en el archivo del Museo ni en el del Ministerio. El primer inventario, ubicado en el archivo de la Diputación es un sencillo cuadernillo de 8 dobles folios rayados y cogidos por un hilo donde viene la relación de obras de arte numeradas, con especificación del título, técnica, medidas, procedencia, fecha de ingreso, etc. Al final va firmado por el director con el visto bueno del presidente de la Junta del Patronato.

La colección inicial estuvo alimentada por la Diputación que cedió no sólo muchas obras de su propiedad sino que también traspasó el depósito de varias obras significativas del Museo de Arte Moderno. Los miembros del Patronato encauzaron donaciones pero en general de poco nivel. El fondo de pinturas lo formaban 47 de las que tan sólo 15 ó 20 tenían calidad. En total el Museo contaba en la fecha del inventario con un total de 159 piezas. Alfredo Cazabán remitió el referido inventario al presidente de la Diputación con fecha 20-3-1916.

Como se infiere era un Museo pequeño que no contaba con ninguna obra procedente de la Desamortización. Es decir, de aquel Museo de Pinturas de 1846. Ésto a pesar de que en el Real Decreto de fundación de los Museos Provinciales (24-7-1913) así lo señalaba. Sin embargo en Jaén las obras de arte procedentes de las órdenes monásticas extinguidas estaban cedidas en calidad de depósito por el Estado a las corporaciones de la provincia.

8. Alumnas del internado de Santa Teresa al salir del Museo. Revista *Don Lope de Sosa*. 1916.
9. Libro de firmas del Museo de Bellas Artes.

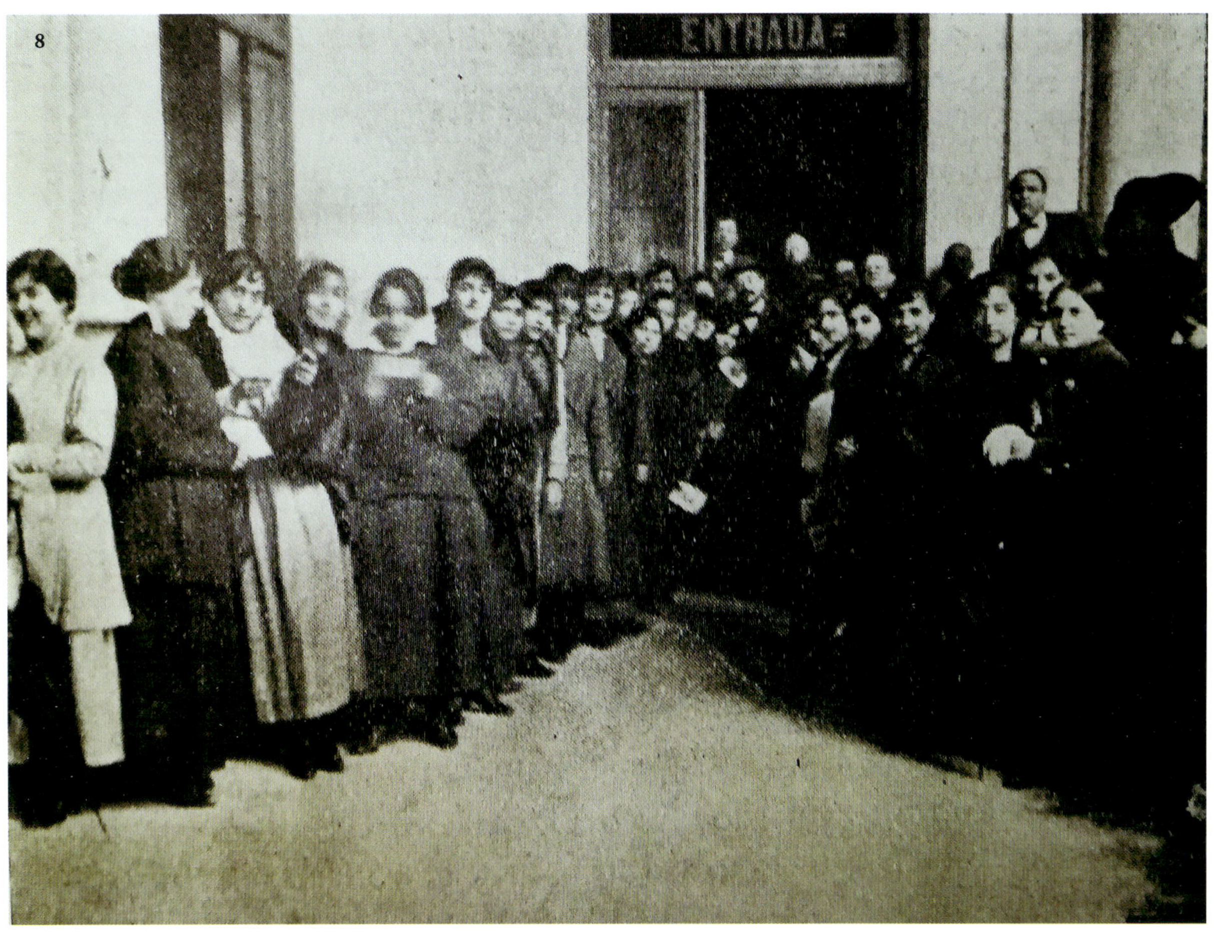

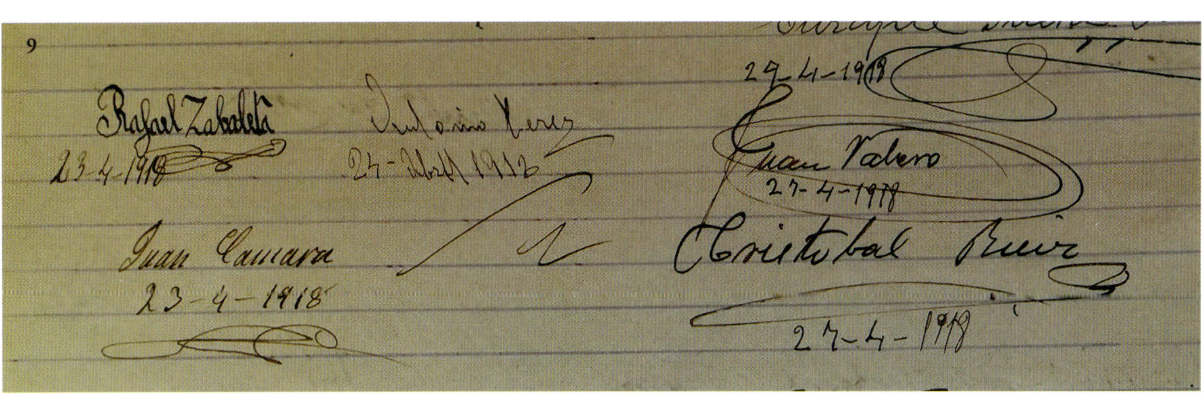

10. Revista *Don Lope de Sosa.*

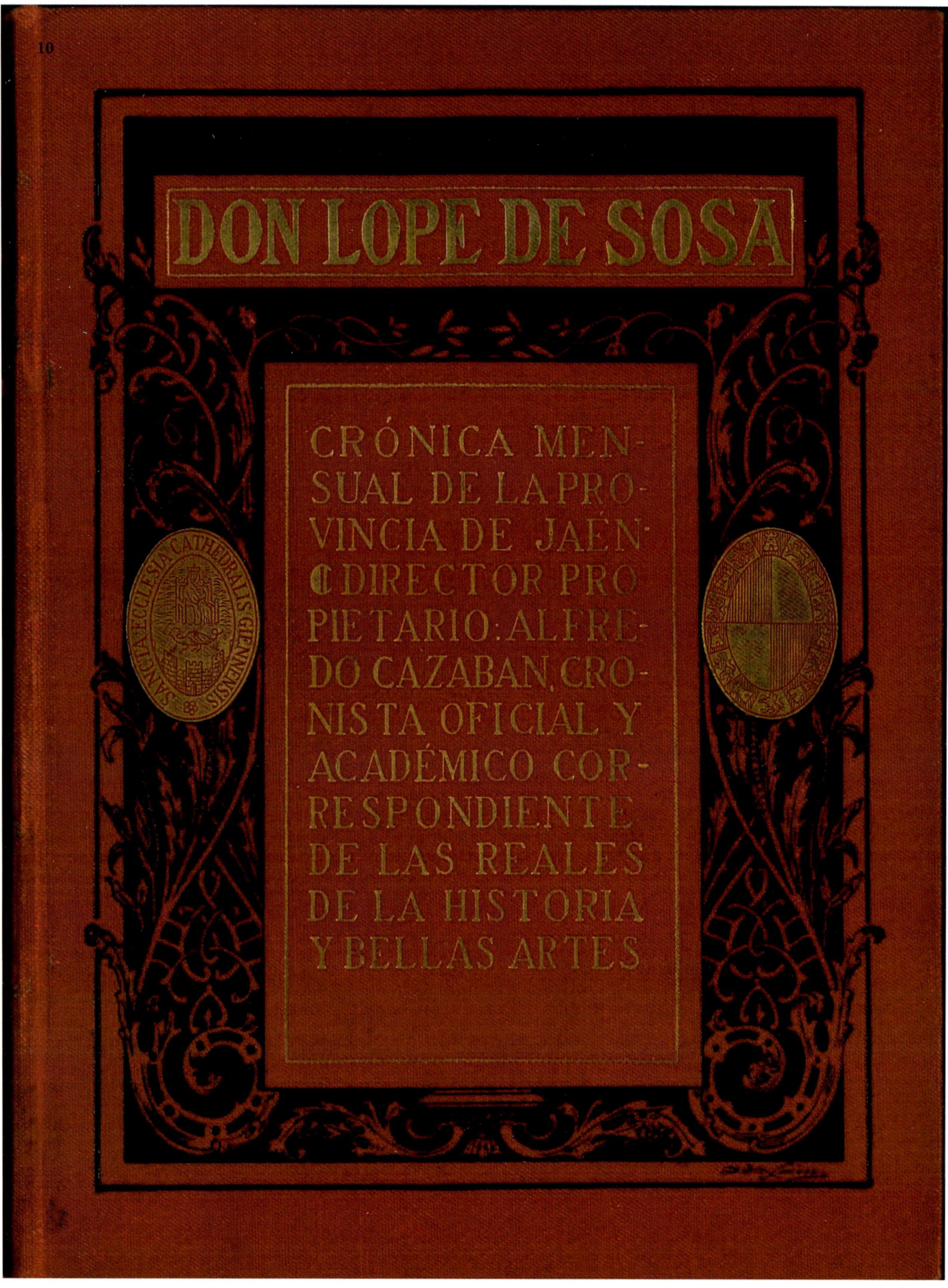

En el Real Decreto de fundación de los museos provinciales estaba previsto la posibilidad de autorizar la realización de copias de cuadros. En este sentido se llevaba un libro con los datos de los copistas y las piezas copiadas. Aquí son tan sólo 12 las que se hacen hasta 1934.

El Museo que estamos estudiando en estos momentos es un centro dedicado a las Bellas Artes. No obstante la aparición de hallazgos casuales y la cesión de ciertos coleccionistas de materiales arqueológicos hacen que vayan ingresando algunas piezas de Arqueología. Lógicamente es un asunto en esta fase testimonial pues los hallazgos de más interés van a parar al Museo Arqueológico Nacional. La Arqueología es una ciencia en esos años muy joven que se estaba configurando y en poblaciones como la nuestra hay una gran confusión entre los "arqueólogos" y los arqueólogos. Es decir, el coleccionista de objetos arqueológicos está bien considerado. Tiene la tradición de los gabinetes arqueológicos y numismáticos del S.XVIII. Pensemos que el Vicepresidente de la Junta de Patronato, Félix García está considerado como un gran coleccionista y gran experto en Numismática.

Cuando empieza a funcionar el Museo van llegando algunas donaciones tales como una fíbula, una piedra con un relieve, etc. En fin como se puede colegir una colección de Arqueología pequeña que se exponía en tres sencillas vitrinas como complemento a lo demás.

Un hecho problemático fue el incendio declarado en el edificio de la Diputación, el sábado, día 25 de enero de 1919, aunque no en los espacios del Museo. Se declaró alrededor de las 11 de la mañana sobre el local que ocupaba la Intervención de Hacienda en el ángulo del Palacio que da a la Plaza del Pósito. Al poco tiempo, y con el concurso de campanas en toque de alarma se corrió la voz por la ciudad y toda la plaza de san Francisco y la del Pósito se llenaron de jiennenses para contemplar el siniestro.

Con estas circunstancias el pueblo deseoso de proteger las obras de arte y enseres del Museo, lo desalojaron. Para ello quitaron las puertas y en medio de la confusión y el pánico sacaron a la calle todo el contenido. Después, cuando el incendio se dio por concluido, volvieron a meter los cuadros, libros y enseres. En la confusión resultó roto el lienzo *¿Alcanzará?* de Pedro Rodríguez y hubo pequeños desperfectos en otras obras. El cuadro fue restaurado por Nogué en 1931 por un coste de 250 pts.

Todo quedó en un susto pero puso de manifiesto unas condiciones de seguridad en relación a la prevención y combate del fuego en la Ciudad propias de una sociedad muy atrasada.

Instalaciones en el edificio de la Diputación Provincial (1914-1931). El edificio de Jorge Porrúa. Museografía.

El Museo se instala en el palacio provincial construido en los setenta del S. XIX. El proyecto arquitectónico es de 1871, firmado por el arquitecto de la Corporación provincial, Jorge Porrúa. Se previó su uso por diversas instituciones tales como Hacienda, Fomento, Gobierno Civil, Audiencia, Diputación, etc. aparte de algunas viviendas para los responsables de esas instituciones. El edificio proyectado se construye siguiendo la idea clásica de edificación en torno a un patio central de columnas historicistas.

El espacio cedido al Museo estaba en el pabellón sur, ala este de la llamada planta de entresuelo. Es decir en la parte de la derecha de la puerta principal viendo el edificio desde el exterior y al nivel de la entrada. Se concede un ámbito rectangular compartimentado esencialmente en cuatro salas, un despacho de dirección, un vestíbulo y un almacén. En principio cuando se abre el Museo sólo van a estar montadas tres salas: una de pintura -la más grande que en algunos documentos se la denomina como 'salón grande de pintura'-, otra dedicada a escultura y,

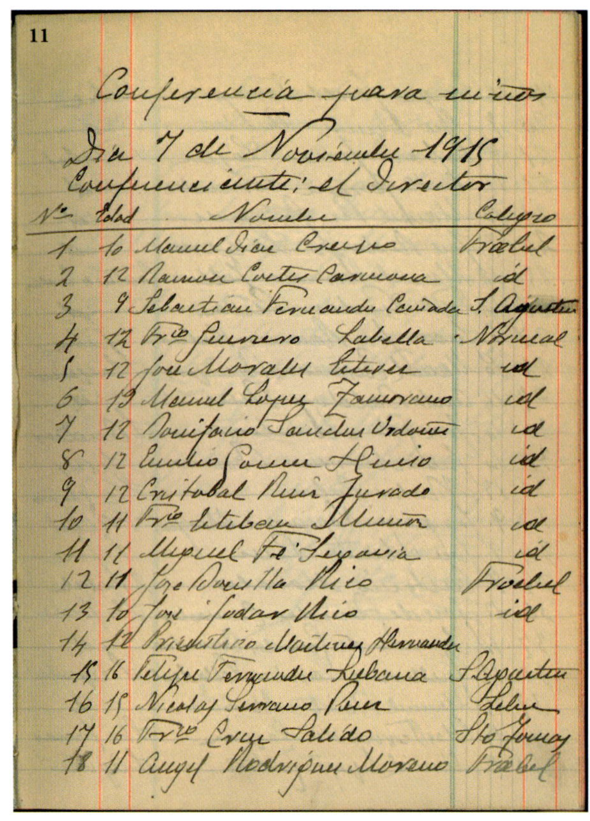

11. Listado de niños que recibieron la conferencia de Alfredo Cazabán el 7 de noviembre de 1915.

que el discurso museográfico está totalmente condicionado por las obras que se consiguen y por los espacios de que se disponen en el momento. Por lo tanto se muestra la colección que se va consiguiendo sin un criterio expositivo riguroso.

El sistema de distribución de la obra era el que venía utilizándose desde antiguo y de manera especial en el S. XIX como se puede comprobar por numerosas pinturas que representan el interior de salas de los grandes museos así como por fotografías. Es decir, un gran aprovechamiento de las paredes colocando las pinturas a uno, dos, o incluso tres alturas dependiendo del tamaño de las mismas en relación a las paredes.

La iluminación era natural aunque contaba con luz eléctrica pero en el sentido de iluminar la estancia y no de manera específica para las pinturas. En los papeles económicos se ve que el número de bombillas en el Museo era mínimo. Los techos de las habitaciones estaban pintados de blanco y eran un poco bajos. Condicionados sin duda por la existencia de dos pisos en una sola planta, en el Palacio de la Diputación. Las paredes tenían un color oscuro que permitía el contraste con las escayolas blancas.

La segunda época de Cazabán -museográficamente hablando- hay que situarla a partir de 1920 tras haber recibido en noviembre de 1919 un depósito del Museo de Arte Moderno siendo Ministro Prado. Así mismo en los cinco años que van desde la inauguración a 1920 se fueron produciendo donaciones de pinturas y algunos materiales de arqueología para los que hubo que hacer algunas vitrinas.

Se tuvo que mantener clausurado el Museo al menos tres meses desde mitad de noviembre para poder allegar el presupuesto adecuado y realizar los trabajos de montaje de los lienzos en su bastidor y marco y posteriormente la colocación en las salas con la nueva reestructuración. Así se va a mantener a lo largo de los años hasta que

una tercera llamada por Cazabán de Arte Vario. En definitiva, y teniendo en cuenta el plano original de Porrúa se cedieron entre 250 y 270 m2. que permitirían entre cien-ciento veinte y ciento cuarenta metros lineales como mucho. Los croquis museográficos que elaboró Nogué el 5-2-1931 y en febrero de 1932 permiten, junto a los planos, afirmar lo que decimos. Esto nos está hablando de un Museo modesto. Museo que por otra parte tiene desde 1916 el anhelo de su ampliación con un edificio de nueva planta en el Paseo de la Estación.

Debemos hablar de cómo se exponían las obras de arte y demás objetos en la época de Cazabán. Para eso hay que señalar dos momentos o épocas.

En el montaje museográfico de las salas, octubre de 1915, colaboró Francisco Espinar, restaurador honorario. En primer lugar, hay que decir

Nogué lo remodele -en un primer momento-puntualmente en mayo o junio de 1931 con la inauguración de la Sala Primera pues en el inventario que redacta el 19-6-1931 ya se recoge. En febrero de 1932 acometerá una reforma mayor al ceder la Diputación más espacio.

Para conocer cómo estaba distribuido todo en el Museo en los meses últimos del Cronista y, al hacerse cargo Nogué de la Dirección en febrero de 1931, tenemos que basarnos en dos croquis de éste último. Este trabajo es sencillo pero enormemente práctico porque cita todo lo que contiene el centro y lo sitúa en el lugar en que se encuentra. Hace la topografía general desde el lienzo mayor que es *Rea Silvia* hasta una ánfora.

El Museo y la prensa.
El caso de *Don Lope de Sosa*

El Museo provincial de Bellas Artes en la época de Cazabán apareció en la prensa jienense del momento con cierta asiduidad. Desde luego, siempre que se producía un hecho destacable o susceptible de ser reflejado por la prensa escrita, pero donde el Museo tuvo un reflejo especial fue en *Don Lope de Sosa*. Ya lo decía en este sentido Cazabán en el primer número y en las primeras líneas de la publicación: "El programa de esta Revista, pudiera condensarse en cuatro palabras, si las exigencias naturales que el público lector tiene, no obligaran á más extensa explicación. Las cuatro palabras serían estas: LABORAR POR LA CULTURA". Verdaderamente y con la perspectiva que da el tiempo hay que reconocerle a Cazabán que lo consiguió. Fueron 216 entregas a lo largo de 17 años que cumplieron con el lema. Quedaron reflejados para siempre los momentos de la Historia de Jaén más significativos, los reflejos artísticos del pasado más elocuentes, las biografías de personajes del mundo literario, artístico e histórico más señeras...

El Museo en el tiempo de la II República (1931-1939)

Este periodo de la Historia del Museo caracterizó por varias cuestiones. En primer lugar, tuvo en tan corto tiempo tres directores. Los tres, profesores de la Escuela de Artes de Jaén. El primero en ocupar el puesto fue José Nogué, persona muy activa que en su gestión de tan sólo un año llevó a cabo una remodelación museográfica, facilitó la llegada de obras suyas, y difundió el Museo con notable brillantez. A este pintor lo relevó José Martínez Puerta, profesor de Modelado de la Escuela que estuvo también poco tiempo. Por último, el profesor de Cerámica Isaac Usano se hizo cargo hasta el final de la Guerra Civil. A este hombre le tocó lidiar una época compleja como fue la Guerra. Al final de la contienda entre 1938 y 1939 se ve obligado a desalojar los locales que ocupaba en el edificio de la Diputación y tiene que repartir los cuadros y demás obras por diversas instituciones de la ciudad. Comenzaba así el periodo que hemos llamado "El Museo Disperso" y, que habría de durar de manera práctica hasta 1971, en que se inaugura el Museo en el Paseo de la Estación. En estos años de la Segunda República los visitantes al Museo fueron poco numerosos -en realidad continúa la tónica anterior-. Así por los libros de firmas he calculado que entre mayo de 1930 en que se pone el libro número tres de 194 páginas y 1938 en que se retira el libro cuarto en la página 113, visitan el Centro alrededor de 6125. Si esta cifra la dividimos por los ocho años en que permanecieron los dos libros expuestos al público veremos que la media de visitantes al año es de 765. Lo que hace en torno a los 65 mensuales y 16 a la semana. Si tenemos en cuenta que el Museo se abría los Jueves y Domingos de 10 a 13 horas la media diaria de visitantes en los días en que estaba abierto era de 8. Seguramente serían algunos centenares más los visitantes para este periodo ya que aquellos que lo visitaban y no sabían firmar no eran contabilizados. Nogué se lamentaba el 8 de Marzo de 1931 en el diario

Democracia, de la siguiente manera: "...Se da el caso de que este Museo es todavía ignorado por la inmensa mayoría, y los que no ignoran su existencia, tal vez duden de la importancia de las obras que encierra, del interés de todas, y tampoco lo visitan desconfiados".

Otro aspecto que da la nota del Museo en este periodo es la baja dotación económica del mismo. Pasan los años y los años y permanecen unas cantidades ridículas para su mantenimiento y gastos de personal.

La gestión de José Nogué Massó (1880-1973) se extendió desde el 7-2-1931 a 31-3-1932. Nogué había nacido en Santa Coloma de Queralt (Tarragona) y falleció en Huelva. Está enterrado en Jaén, en el cementerio de San Eufrasio, por su expreso deseo.

Estudió en Madrid en la Escuela Especial de Pintura, Escultura y Grabado donde obtuvo en el curso 1899-1900 el título de Profesor de Dibujo. Durante varios años estuvo en Roma como pensionado del Estado. Con sus envíos de los cursos 11, 21 y 41 obtuvo mención honorífica. Allí cultivó amistades muy interesantes como la del escultor Capuz al que le hizo un bello retrato en 1910 y que hoy se halla en el Museo de Jaén.

En 1922 ganó las oposiciones a Cátedra de Dibujo Artístico y Composición Decorativa (Pintura) de la Escuela Industrial y de Artes y Oficios de Jaén donde permaneció hasta 1932 en que obtuvo el traslado a Madrid. En la Escuela de Jaén ejerció así mismo la dirección y desde su puesto creó escuela en la ciudad.

Hizo diversas muestras individuales y recibió varios premios en las Exposiciones Nacionales. Obtuvo dos medallas de Tercera Clase en 1906 y 1910 y medalla de Segunda Clase en 1922, con su obra "Primavera en la Costa Azul". Esta pintura se encuentra en el Museo gracias a su interés.

En la sesión de la Junta de Patronato celebrada el 3-2-1931 acordaron por unanimidad de sus miembros que José Nogué, que era académico correspondiente de la de Bellas Artes de San Fernando, se hiciera cargo interinamente de la Dirección del Museo. A la vez, se le pidió al director general de Bellas Artes que ratificara esta designación. El oficio del director general no se hizo esperar y, con fecha del día 7 del mismo mes se produjo el nombramiento oficial con una gratificación anual de 1500 pts. Nogué en aquella sesión de la Junta de Patronato comunicó a los miembros que no había solicitado el cargo pero que "se creía muy honrado por la designación hecha por el Patronato, y al aceptar era para poner al servicio del Museo todo su entusiasmo en pro de su desarrollo, y en favor de la cultura artística de Jaén".

Nogué tenía en su mente la idea de renovación del Centro que comienza a dirigir, además cree que era urgente la ampliación del local. Por otra parte, deseaba difundir el Museo, ya fuera a través de la prensa, ya promoviendo explicaciones y visitas en directo. En efecto: al desarrollo de estas ideas se dedica con intensidad durante el año en que ejerció la dirección y, con mucho éxito.

El resultado de la revisión de todos los fondos se concretó en el Inventario de los cuadros, esculturas, grabados, muebles y enseres que firmó Nogué y Cándido Milagro, el 19-6-1931. Este documento es muy clarificador por ser exhaustivo. Se citan todas y cada una de las obras que contiene el Museo situándolas en el ámbito donde se encuentran. En ese inventario ya aparecen las obras de arte que cedió la Diputación provincial al Museo cuando entró la II República. En el mes de junio ya estaban instalados los retratos de los exministros procedentes de la Diputación en la parte alta de la Sala primera. Sala que instaló *ex novo* José Nogué.

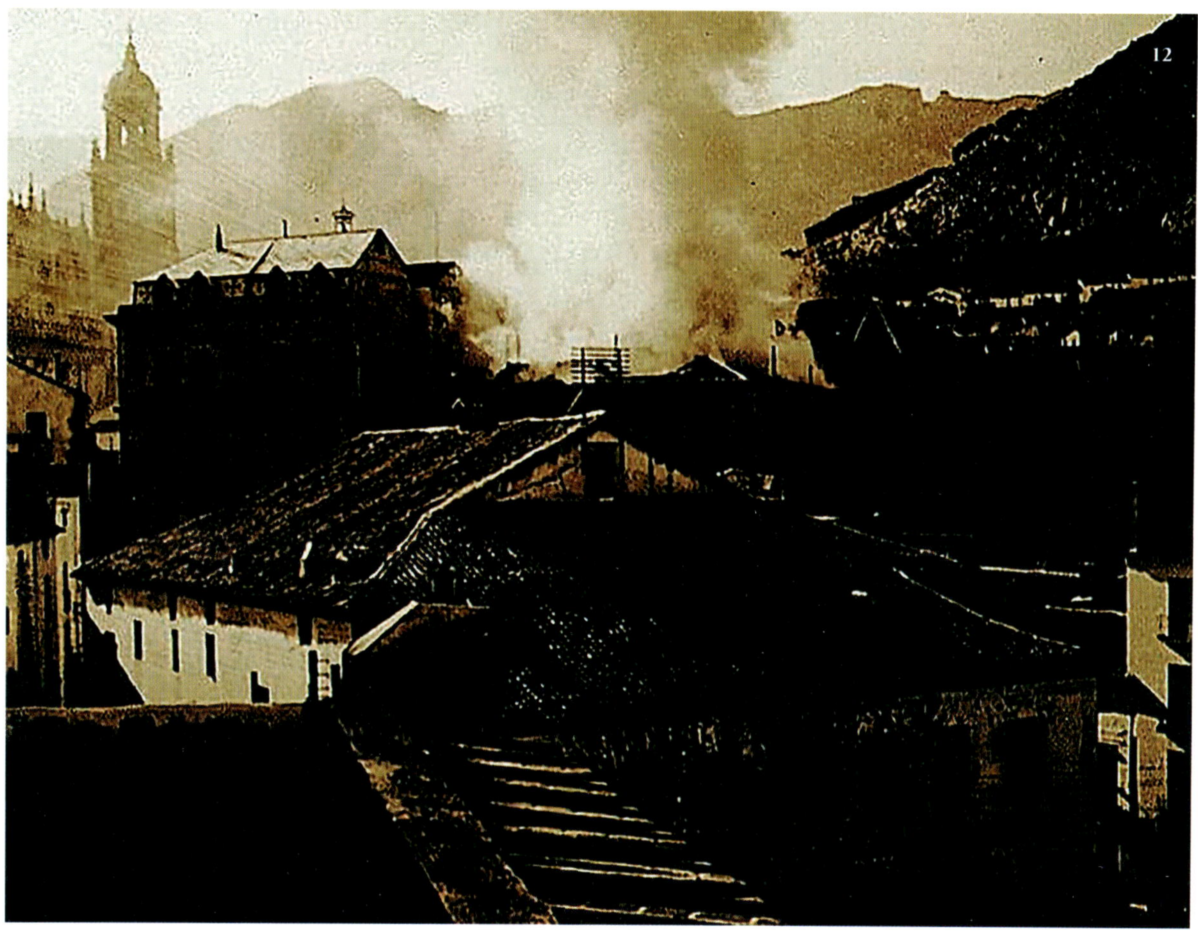

12. Incendio producido en Diputación Provincial el 25 de enero de 1919.

La ampliación del espacio del Museo se planteó en 1916 a la Diputación y ésta autorizó que se ocuparan los locales dejados por la oficina de Telégrafos. Sin embargo, por las expectativas que se abrieron para construir un edificio para Museo no se llevó a efecto y el 7-4-1931 Nogué se dirige a la Corporación provincial con la pretensión de que cedieran aquellos espacios en que se instaló el Consejo local de Fomento. Por fin, en diciembre la Diputación contestó a través de su vicepresidente, el Sr. Fernández en sentido positivo pero cediendo sólo una de las tres salas solicitadas.

Nogué en la sesión de la Junta de 4-12-1931 aclaraba, entre otras cosas, que la destinaría "a la instalación de obras ejecutadas por artistas nacidos en esta provincia, y con el aprovechamiento de una habitación que se utilizaba para almacén, donde se ha instalado toda la arqueología, se podrá destinar una sala a la escultura, evitándose de este modo la perjudicial aglomeración y proximidad de objetos de géneros diversos". En la misma sesión como asistía el Vicepresidente de la Diputación Nogué le planteó si era posible conseguir un local en la parte alta del edificio. El diputado dijo que sería fácil ceder la habitación que en aquel momento se dedicaba a Depósito. De esta forma se podría colocar allí la colección de monedas antiguas que estaban sin instalar así como la colección de aguafuertes originales.

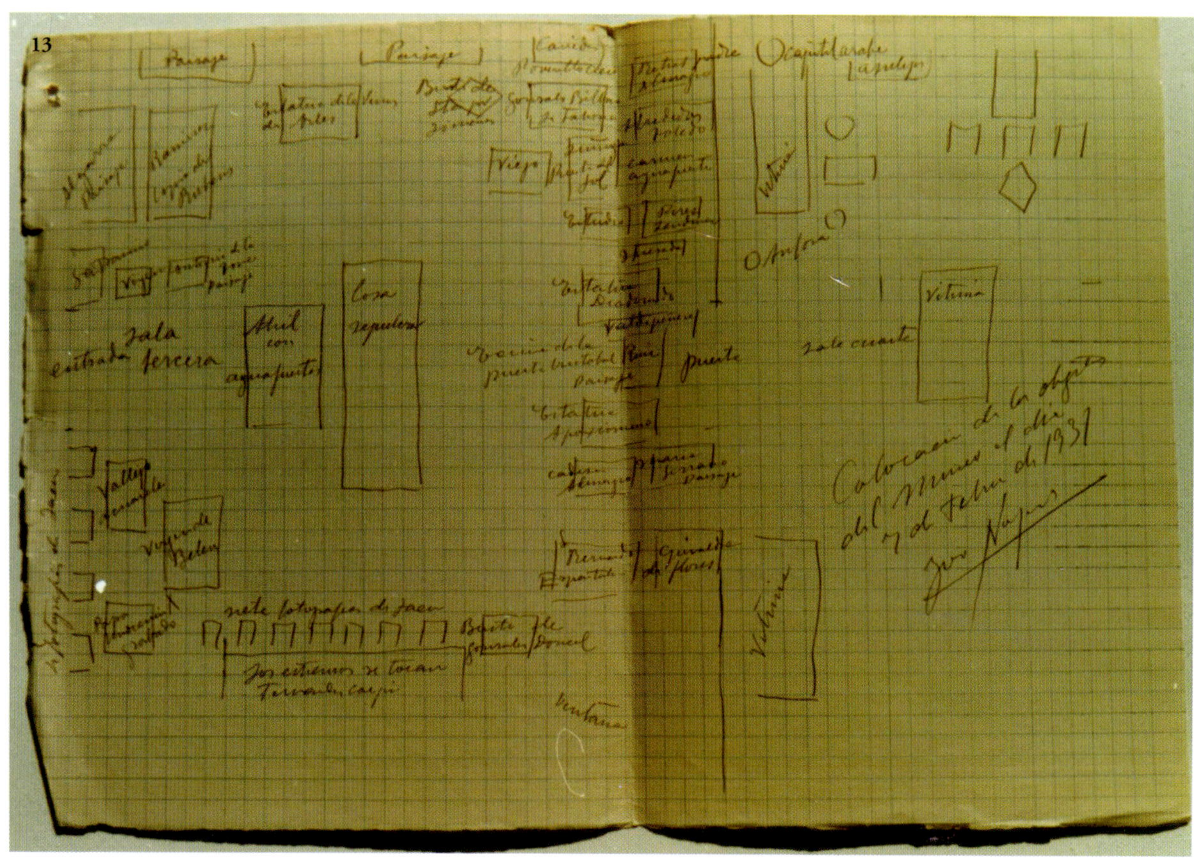

13. Croquis de la museografía existente al hacerse cargo del Museo en febrero de 1931.

Los patronos agradecieron por unanimidad a la Diputación su interés por el Museo.

Comenzaron enseguida las elementales obras con un adelanto de 200 pts. del Sr. Ruiz Córdoba y, la instalación ya estaba concluida el 17 de marzo de 1932, en que la Junta de Patronato la aprobó. Acordaron también la reapertura del Centro el domingo día 27, a las 11 horas, así como la invitación de autoridades y comunicación a la prensa. En concreto *Democracia* lo recogía el día 19 y el día 27 dando a conocer la distribución y elogiando a Nogué. Decía el día 19: "Bien puede decirse que la nueva instalación, que ha obligado a nueva decoración de las salas, en las que se han colocado bancas, ha convertido el amontonamiento anterior en un bien ordenado Museo que merecería unánimes aplausos para el Señor Nogué, que de este modo podrá marcharse

doblemente satisfecho por su labor de diez años en esta ciudad, donde tanto se le aprecia por su actuación en la Escuela de Artes y Oficios Artísticos de la que ha sido director seis años, así como del Museo".

El 21 de marzo de 1932 envió un oficio al Ministro del ramo en el que le comunica su dimisión forzada al conseguir traslado a la Escuela de Artes de Madrid. En el escrito le hace un balance de su gestión y en concreto anota: "Conseguida una nueva sala cedida por la Excma. Diputación provincial ha podido proceder el que suscribe a la completa reorganización del Museo, que ha sido ampliado en tres salas más aprovechando locales anteriormente no aprovechados para exponer objetos, y de este modo, se ha podido evitar excesiva aglomeración y confusión de los más variados objetos, instalando una sala de

Escultura, otra de Arqueología, la que contiene cuadros y esculturas ejecutados por artistas nacidos en esta provincia, y las restantes salas contienen los cuadros dejados en depósito por los Museos Nacionales del Prado y de Arte Moderno, la Excma. Diputación y el Excmo. Ayuntamiento, con las dejadas también por artistas y particulares".

En definitiva, siete salas en las que buscó dentro de sus posibilidades la racionalidad. Es de destacar el hecho de querer separar claramente pintura de escultura y, de arqueología aunque no lo consiguiera completamente. Sobresale la idea de crear una sala de artistas nacidos en la provincia de Jaén.

La colección del Museo se amplió con Nogué. Así incorporó a José María Tamayo o a Espinar. El mismo director cedió en depósito el retrato al pastel de sus padres (17-3-1932) "como expresión de mi cariño a esta ciudad en la que residí diez años". Del Ayuntamiento y de la Diputación consiguió el depósito de todos los retratos reales de las corporaciones dada la situación de un nuevo régimen que se opone drásticamente a la idea de monarquía.

En el centro museístico se halla el expediente de intercambio que Nogué fue elaborando de su obra "Primavera en la Costa Azul" por "La salida del redil", de Lino Casimiro Iborra.

En este periodo de la vida del Museo se acometieron algunas restauraciones de pinturas como se deduce por algunas facturas y, por referencias parciales. Sin embargo, el restaurador habitual del Centro, Francisco Espinar, renunció al puesto debido a una enfermedad, que según dice en su carta de 26-2-1931 le imposibilita para acometer los encargos formulados por el director del Centro. Para sustituirlo la Junta de Patronato nombró restaurador al propio director en la sesión de 28-2-1931, si bien en el acta aparece citado como José Nogué Vallejo. Es decir el nombre de su hijo. Hizo una puesta a

punto de la colección dentro de sus posibilidades antes de la reapertura.

Una de las ideas esenciales de Nogué en relación a los museos en general y al de Jaén en particular es el de la difusión y la renovación de los fondos.

La difusión en la prensa la desarrolló a través de 18 artículos en el año en que estuvo al frente de la Institución, en los diarios locales: *Democracia, El Pueblo Católico y La Voz Liberal.* Son en general artículos breves que daban a conocer obras del Museo y, siempre el horario de apertura al público y su carácter gratuito. Estas apariciones en la prensa motivaron un pequeño incremento de los visitantes y desde luego hizo que algunos jienenses tomaran conciencia de que Jaén tenía un Museo. Su traslado a Madrid hizo que su voz se apagara en Jaén en los años inmediatos pero el empuje que había dado lo mantuvieron en este aspecto los directores que le sucedieron, al menos conceptualmente.

En cuanto al aspecto económico el Centro seguía recibiendo la misma partida de hacía muchos años de la Diputación para gastos de vigilancia, limpieza y administración.

En cuanto a la Junta de Patronato en la época de Nogué se reunió en seis ocasiones para abordar las diversas cuestiones planteadas como la ampliación del local, los presupuestos, la admisión de donaciones, etc. En la sesión de 6-4-1931 acordaron nombrar como vocales suplentes a José Martínez Puerta y a Eduardo Arroyo que reunían las condiciones establecidas para ello en el Real Decreto de creación de los Museo provinciales. Acordaron proponer para la vacante de director, puesto que Nogué se marchaba, a José Martínez Puerta y a Cándido Milagro.

En la sesión del 2-4-1932, Nogué hizo entrega del Museo a la Junta y al director interino, Sr. Espantaleón, presentando el inventario, tres croquis, etc. También presentó la dimisión de restaurador, José Nogué Vallejo (al menos así vuelve a figurar aunque el verdadero restaurador es José Nogué Massó).

La marcha de Nogué deja tras de sí un halo de verdadero artista en el Museo y en Jaén, tanto por la brevedad de su periodo como por la intensidad del mismo. Además pintó obras muy representativas de la época y de la ciudad y por estas cosas la ciudad nunca lo olvidó y, en ella yace para siempre.

José Martínez Puerta, profesor de Modelado de la Escuela de Artes dirigió el Museo desde el 2-4-1932 a 7-6-1934. Su memoria se ha olvidado en la ciudad y sin embargo fue un hombre que trabajó con ahínco en los dos años en que estuvo al frente del Museo. Consiguió varias donaciones de grabados, que vistos con detenimiento, constituyen fondos notables de la colección.

José Martínez Puerta nació en Guadix (Granada), en 1900, por lo que tenía 32 años cuando fue nombrado para el cargo. Su formación se desarrolló en Almería. Primero, en la Academia de Bellas Artes durante los cursos 1915-16 y 1917-18 en los que obtuvo excelentes resultados en "Copia del yeso y Colorido". En segundo lugar, en la Escuela de Artes y Oficios Artísticos, desde 1917 a 1922. Sus calificaciones no dejan lugar a dudas a su inclinación por el Modelado y Vaciado donde fue reconocido con la calificación de Sobresaliente y Premio en tres cursos consecutivos. De igual manera en Escultura.

Desde 1923 era profesor auxiliar por oposición de Modelado, Vaciado y Composición Decorativa (Escultura) de la Escuela de Artes de Jaén y, desde el 5-3-1932 estaba encargado de la Plaza de Profesor de Término de la misma asignatura.

Había hecho algunas exposiciones de sus obras en Almería y Jaén. En nuestra ciudad obtuvo Diploma de Honor por la escultura "Jaenera" presentada en la feria de muestras de octubre de 1929. Tenía hecho un trabajo sobre la interpretación de los Cristos en las distintas épocas del Arte. Era, en conclusión, un escultor dedicado por entero a ese mundillo. Tras la Guerra Civil esculpió con la tónica de la de época numerosas tallas de Semana Santa que se encuentran en Almería. Tras su estancia en Jaén y después de oposiciones a cátedra de Modelado obtuvo traslado a la Escuela de Artes de Logroño y, posteriormente a la de Granada. En el tiempo de las oposiciones, en noviembre de 1932, quedó al cargo de la Dirección del Museo interinamente Antonio Alcalá Venceslada. Sabemos que falleció en Almería a mitad de los años sesenta.

José Martínez tomó posesión de su cargo el 11-4-1932 ante el director accidental, Ramón Espantaleón, el vicepresidente del Patronato, Cándido Milagro y refrendada con el Visto Bueno del Gobernador. El director se dirigió (sesión del Patronato 13-4-1932) al órgano colegiado ofreciendo su colaboración para el fomento del Museo y deseando que la entrega del mismo se hiciera con un inventario detallado para lo que se acordó designar al vocal Pedro Alcántara Hernández. Se proponían hacerlo detallado pues el de Cazabán databa de 1915 y el de Nogué no tenía todos los datos precisos. Incluso acordaron servirse de la sección de *Don Lope de Sosa*, "Sabrás Inés hermana", en la que se aporta la fecha de donación y su explicación. Ese inventario no llegó a hacerse.

Consiguió en Madrid que varios artistas "medallados" donaran grabados. Por eso da cuenta en la sesión de 6-9-1932 las cesiones de piezas por parte de Eduardo Navarro, Rafael Pellicer, Ricardo Baroja, Campuzano, Manuel Menéndez, y otras de J. Prieto Nespereira, Brañez y E. Gutierrez.

Otras obras de jienenses vinieron a incrementar la colección. En este sentido, José Martínez se expresaba en el único Boletín del Museo que como tal se ha publicado en la historia de la Institución así: "Desde que se hizo cargo del

14. Sala de Pintura en Diputación Provincial. Foto en el archivo del Museo de Jaén. 1915.
15. Sala de Escultura en Diputación Provincial. Foto en el archivo del Museo de Jaén.1915.

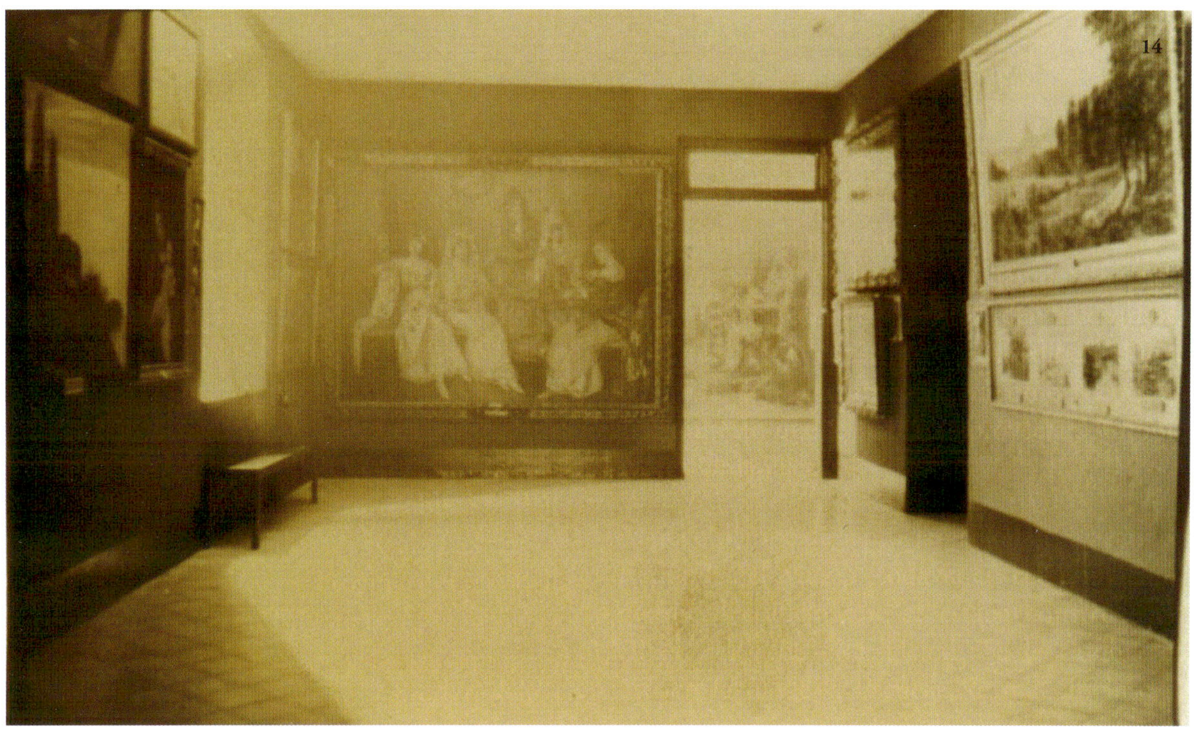

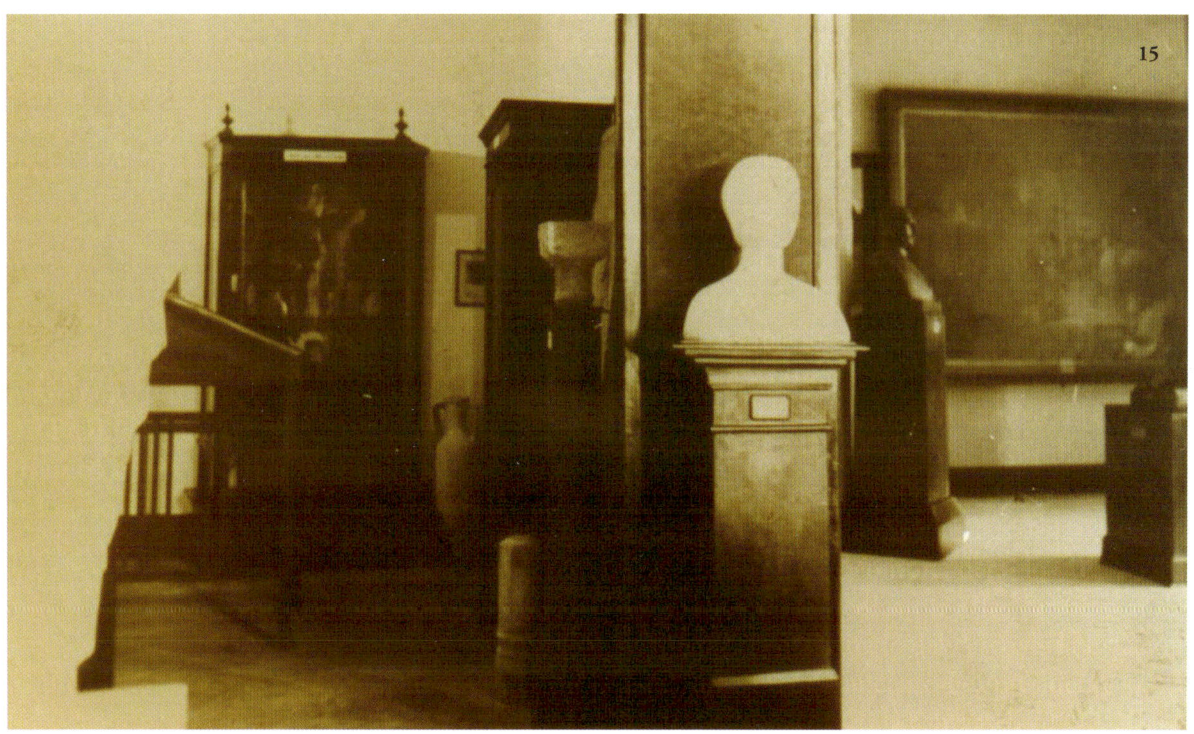

Museo, esta Dirección no ha cesado un momento en su gestión para recabar de los artistas el donativo de obras, único modo de adquisición, dado lo reducido de la consignación con que cuenta. Sus esfuerzos se han visto coronados por un éxito halagador, que atribuimos más que a la labor personal, al cariño que en todos despierta el Museo Provincial de Jaén". Entre las obras donadas por los artistas jienenses en esos momentos estaban, entre otras: "Sierra de Jaén" de Luis Espinar, "Pinos" de Rufino Martos, "Niño del abejarruco" y "Romeros de la Colomera" de J. Moreno Taulera.

El director, debido al éxito que había conseguido de donaciones de aguafuertes, planteó al Patronato la apertura de una sala dedicada a exponerlos, y fue apoyada por los patronos "para llevarla a la práctica tan pronto como sea posible". Debió montarse en el vestíbulo que prácticamente era el único espacio aprovechable. También se hicieron dos adquisiciones en este tiempo: por una parte, cuatro apuntes de paisaje al óleo, de Diego Burgos.

Indudablemente José Martínez tenía muchas ganas de hacer actividades y así participó con algunas charlas para los cursillos de selección e ingreso en el Magisterio Nacional (1934) y otras intervenciones variadas. También quiso potenciar las exposiciones en el Museo a pesar de lo exiguo del espacio. Juan Almagro solicitó una sala pero no llegó a exponer en ella. Sí expuso 10 paisajes Rufino Martos en una sala del Centro en 1933. José Martínez lo valora muy positivamente al pintor que "hasta hace poco ejercía el humilde oficio de hortelano y hoy domina el dibujo y siente el color de una manera sorprendente".

El tiempo de José Martínez junto al Museo se acababa ya que obtuvo traslado a Logroño como profesor de término de aquella Escuela de Artes y Oficios. Lo comunicó así al Patronato, el 6-6-1934. Éste nombra a Barberán para recibir la entrega del Centro y en la misma sesión Usano solicitó de la Junta le proponga para la vacante de director, y ésta por unanimidad así lo hace.

A propuesta de Cándido Milagro le agradecen a José Martínez su celo y competencia en su actuación como director. Se cerraba así una etapa y se abría otra de grandes zozobras para la Institución.

Isaac Usano Massot ocupó la dirección desde el 21-6-1934 a 1939. Había nacido el 15-2-1909 por lo que tenía tan sólo 25 años cuando fue propuesto y nombrado director del Museo. La Orden Ministerial que lo designaba se dio el 21-6-1934 y tomó posesión al día siguiente. Él mismo lo anota en el Libro de Oro de la Institución. También escribe en un cuaderno de prensa: "22=Junio=1934. Desde esta fecha, me hago cargo de la dirección de este museo. Los nombres ilustres de mis predecesores influirán en mi ánimo y serán, el poderoso acicate que me hará trabajar con entusiasmo y con brío. Isaac Usano".

La asignación económica seguía siendo de 1.500 pts al año por lo que este director al enviar la Memoria y estado en que se encontraba la Institución en noviembre de 1934 anota en el apartado b): "... es oportuno indicar la conveniencia de superar las actuales consignaciones de los sueldos o gratificaciones de los Srs. Directores que a la vez son Secretarios de los Patronatos".

Estuvo interesado en el estudio de los trajes regionales y el Ministerio lo pensionó en el verano de 1934 para estudiarlos en Portugal. En 1934 volvió a concurrir al certamen expositivo nacional. El Patronato bajo su dirección se reunió sólamente en cuatro ocasiones y con pocos temas a tratar. Para cubrir su vacante al ser nombrado director propuso al arquitecto provincial, Luis Berges, como suplente. Éste tomó posesión el 11-6-1935. Tras esta sesión sólo convocó la Junta el 16-5-1936 para aceptar la donación de una cabeza de león aportada por Francisco Suárez, de Ibros y, para solicitar permiso para

Julio y Agosto con motivo de su boda. Después, y con motivo de la Guerra, los patronatos fueron suspendidos por lo que hay que esperar a 1942 para que se reuniera de nuevo. La suspensión de éstos fue notificada por el Director General el 29-8-1936, en cumplimiento de la Orden Ministerial de 4-8-1936.

En el semanario *Idea Nueva* de Úbeda publicó A. Martínez Gallego en 1935 un reportaje sobre el Museo y en él el director da algunas ideas de lo que pensaba y pretendía para la Institución. Más adelante nos habla de una total transformación "consistente en una selección minuciosa de las obras y de artistas. Habrá una intensificación de conferencias culturales para ver de conseguir una emoción artística consumada".

Los deseos del director estaban bien pero ni los medios económicos ni la colección permitían muchas alegrías y, menos aún con el local que ocupaba.

Usano colaboró en la prensa como ya había anunciado para difundir el Museo y la cultura artística. Eran artículos breves y los dedicó a la necesidad de impartir en la enseñanza conocimientos artísticos, a Jacinto Higueras y su maqueta para el monumento de Almendros Aguilar, a la pinturas "La adoración de la Forma" de Vicente López, a "La Virgen de Belén", al paisaje donado por Cristóbal Ruiz, "Peña Cubilla" y a la obra "El mar", de Vázquez Díaz ,de titularidad estatal pero cedida por la Diputación.

Se produjeron algunas donaciones en aquel tiempo, entre ellas, "Paisaje de Mallorca" de Pedro Rodríguez, cedido por Nogué (abril-1935)

De esta época no hemos hallado ningún inventario de los fondos. No obstante, Pablo Martín del Castillo, en la página 9 del inventario redactado por él en 1953, hace referencia a uno sin fecha pero anterior a la Guerra que estaba firmado por Usano y el delegado de Bellas Artes Cecilio Barberán.

En cuanto a los asuntos económicos el Museo va a seguir con su tónica anterior. Es decir, asignación de la Diputación de 1211 pts. al año para los gastos de mantenimiento de limpieza y del poco personal que atiende al Centro: vigilante, ordenanza y limpiadora. Por fin, en 1936, sube la Diputación su asignación a 1.500 pts. Así mismo en estos años el Ministerio va a destinar partidas concretas que son cedidas a un habilitado.

El fracaso del golpe de estado del 18 de julio de 1936 y el comienzo de la Guerra Civil marca el inicio de una etapa muy dolorosa en la Historia reciente de nuestro país por la pérdida numerosísima de vidas humanas, y por los grandes destrozos de todo tipo en las ciudades, pueblos y tierras de España.

El Museo de Bellas Artes de Jaén se vio afectado en varias facetas. La principal es que la ciudad y la provincia se quedan sin ese ámbito en el que ver las obras de arte que lo forman puesto que su Museo por la decisión política de desalojo de su sede y depósito de sus obras en varios locales.

Usano fue nombrado delegado de Bellas Artes, en sustitución de Barberán, por lo que cuando se crea la Junta de Conservación y Protección del Tesoro Artístico Español, por Decreto del 25-7-1936, a él se le encargó por parte del gobernador civil, Sr. Galeano (27-8-1936) "para que se incaute de todos los objetos artísticos... que se encuentren en los locales requisados en la provincia de mi mando..." El día 17-4-1937, el vicepresidente de la Diputación P. Martínez, le envía un oficio en el que le dice que desaloje el local del Museo. Textualmente le escribe: "Esta Presidencia ha dispuesto que se instale provisionalmente en el local de ese Museo las oficinas de Secretaría y Depositaría, a cuyo efecto dispondrá Vd. que los cuadros o efectos que tenga que desalojar de las habitaciones en que se instalen dichas oficinas, pasen para su custodia y conservación a la sala que actualmente tiene la Secretaría...". El director contestó al día siguiente con otro oficio en el que le comunica que no puede "efectuar traslados de los objetos artísticos que le están encomendados, sin previa autorización del Ministerio de Instrucción Pública y Bellas Artes...". Con la misma fecha se dirige al director general de Bellas Artes, a la sazón en Valencia, y le da cuenta de la comunicación del vicepresidente del organismo provincial. Alegó que no debe accederse pues si tiene que trasladar las obras de arte al último piso "en caso de un posible nuevo ataque aéreo de la aviación facciosa podía peligrar esta riqueza" además disminuirían los visitantes.

Lo cierto es que en las Actas de Incautación el Museo aparece intervenido por su propio director, el 6-7-1937. Desde Agosto de 1936 el material artístico recogido en la provincia se depositaba en él por lo que seguramente se cerrarían algunas salas al público. El Museo se mantuvo abierto hasta hasta la mitad de 1938, aunque fuera parcialmente -a pesar de estar incautado oficialmente desde 6-7-1937-. Además, en el mes de julio de 1938 hubo cuatro salidas de documentos. El último oficio es de 21-7-1938.

Más adelante todas las informaciones nos hablan del reparto de los fondos por varios depósitos: la Santa Capilla, el convento de las Descalzas o la Escuela de Artes.

La toma de partido clara de Isaac Usano por el Frente Popular tuvo consecuencias para él. Así, cuando concluyó la Guerra comenzó el proceso de depuración de responsabilidades y fue encarcelado en la Prisión provincial.

El Museo Disperso (1939-1969)

Pablo Martín del Castillo (Valladolid, 29-6-1899 - Jaén, 27-11-1963) ocupó la dirección desde el 30-5-1941 a 9-6-1958. Se había formado como profesor de Dibujo en la Escuela Central de Bellas Artes de San Fernando de Madrid, donde obtuvo el título con fecha 20-3-1936. Trabajó por vez primera como profesor de Dibujo por oposición en el Instituto de Enseñanza de Zafra, en el curso 1935-1936 y, después por concurso de traslados fue nombrado para el mismo puesto en el Instituto de Jaén. Desde ese momento, y hasta su fallecimiento estuvo vinculado a Jaén y a instituciones docentes de la capital, pues aparte de ser profesor en el Instituto, fue nombrado el 20-10-1939 ayudante meritorio de Dibujo Artístico de la Escuela de Artes. Más adelante, profesor de Término interino, y por oposición con toma de posesión el 1-6-1950. De esta Escuela fue director en dos ocasiones: la primera, desde el 16-6-1941 al 2-2-1942 en que cesó a petición propia. La segunda ocasión, fue nombrado el 11 de julio de 1963, año de su fallecimiento.

Aparte de docente era pintor y espléndido dibujante. Fue un hombre poco dado a dar a conocer su obra, a pesar de tener muy buenas dotes. Una vez que acaba la Guerra en abril de 1939 -tan sólo unos días antes había sido tomada Jaén- el director del Museo fue encarcelado. Las autoridades del momento propusieron para cubrir la plaza de director a Pablo Martín. Éste la solicita con fecha 11-10-1939 y es apoyado en sus pretensiones por el Delegado del Tesoro Artístico, Antonio de la Cuadra que dice de él: "...es persona muy competente para el cargo que solicita... y será un acierto su nombramiento dado su actividad y celo". El Gobernador Civil en escrito (15-11-1939) dirigido al Director General apoya el nombramiento "dadas las excelentes dotes de capacidad, laboriosidad y amor por las cosas del arte del Sr. Martín del Castillo".

Como era normal en aquellos años del Ministerio preguntaron si había sido depurado y demás circunstancias por el estilo. El Gobernador les remitió un pequeño informe sobre el Sr. Martín (28-12-1939) redactado por el Director del Instituto, Manuel Mozas Mesa que con seguridad influyó en el nombramiento aunque tuvieran

16. Sala de arte vario en Diputación Provincial. Archivo documental del Museo de Jaén.
En imagen, Estudio de academia, de Esteban Villanueva.

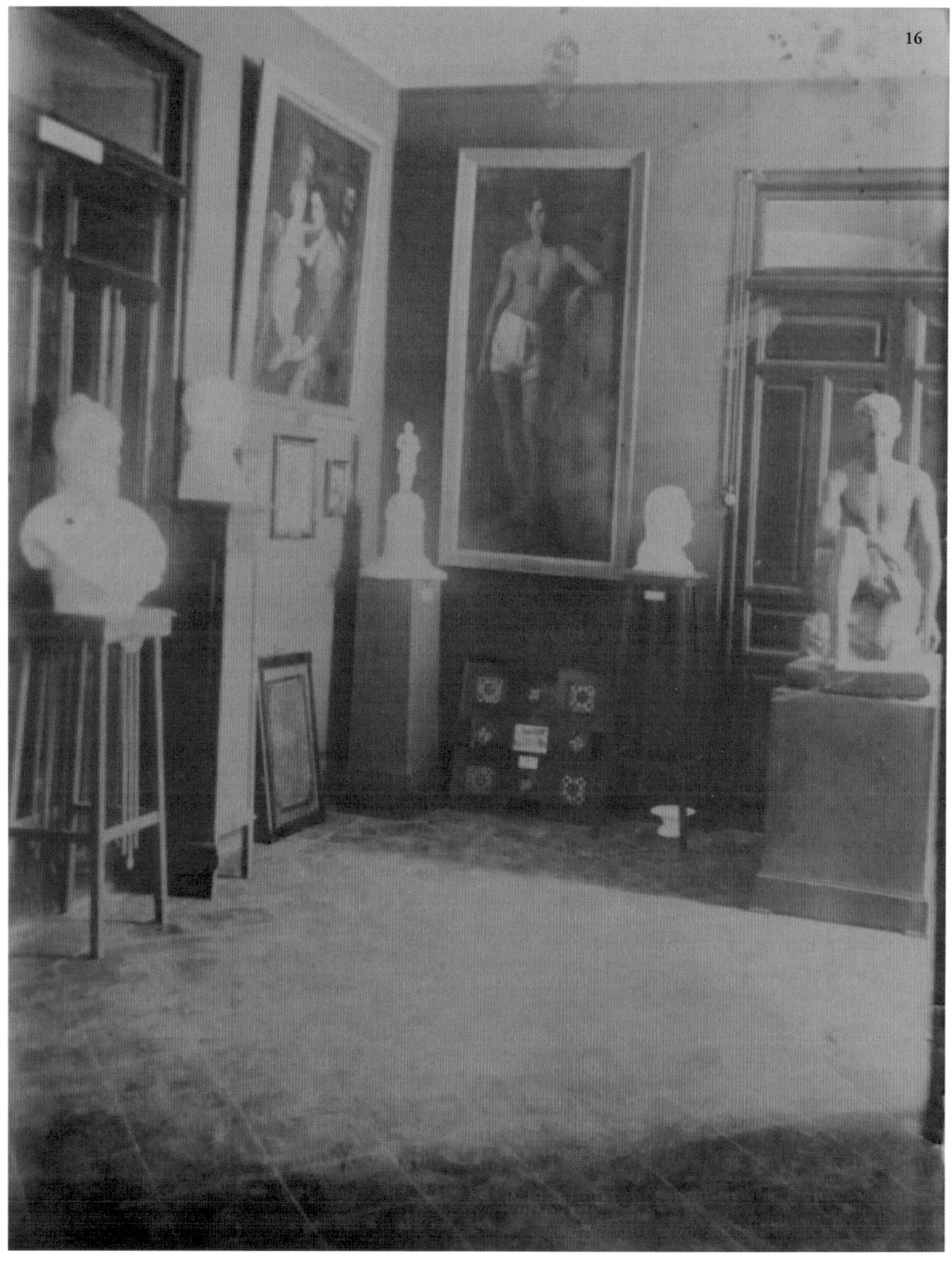

que pasar 18 meses. Decía Mozas Mesa entre otras cosas: "...es un excelente Profesor, buen artista, católico practicante y afecto al Glorioso Movimiento Nacional, estando admitido como militante en F.E.T. y de las J.O.N.S".

El 30 de mayo de 1941 se otorgó su nombramiento, la toma de posesión fue el 7-6-1941, con la gratificación de 1500 pts que estaba vigente desde los tiempos de Cazabán. Por fin, desde enero del año siguiente le subieron la cantidad a 2000 pts. y en 1948, a 4000.

Se mantuvo en el cargo casi 17 años pues el día 3 de mayo de 1958 presentó su dimisión al director general de Bellas Artes debido a una gravísima dolencia que planteó ante la Junta de Patronato. Fue aceptada su renuncia el día 31 del mismo mes y notificada a las partes con fecha 6-6-1958. El acto de verificación del inventario y entrega del Museo se llevó a cabo durante los días siete, ocho y nueve de Septiembre entre el presidente del Patronato y exdirector, Pablo Martín.

Nuestro director fue consejero de número del Instituto de Estudios Giennenses. Su magisterio ha existido, sin lugar a dudas, en la ciudad pues ha sido y durante más de dos décadas profesor en dos de los principales centros de enseñanza.

Pasemos a presentar su gestión y a analizar la problemática del Museo en esa época cuyo elemento esencial era no tener un local. Desde su toma de posesión Pablo Martín comenzó a dar los pasos para poner en marcha el Museo ya que la desorganización era total, pues no había local, ni personal al cargo de los fondos. Por no existir no había ni despacho para el director al que le tiene que ceder el presidente de la Diputación un pequeño local en el último piso del edificio.

Lo primero que hizo fue tomar posesión de la colección. Para ello solicitó del apoderado en Jaén del Servicio de Defensa del Patrimonio Artístico Nacional, Antonio de la Cuadra

la devolución de "los cuadros, esculturas, piedras esculpidas, documentación y demás objetos propiedad del Museo Provincial que se encuentran en los depósitos del Servicio...". Se redactó el inventario de toda la colección y de los enseres, con fecha 4-7-1941, ante dos testigos. En ese inventario se especifican los diversos depósitos en donde se encontraban las obras de arte y de arqueología. En primer lugar, el convento de las Bernardas, donde había una treintena de piezas, especialmente pinturas. Entre ellas, *Rea Silvia* de Rafael Hidalgo de Caviedes, y los retratos reales que habían pasado en 1931 desde el Ayuntamiento y la Diputación al Museo. En la Santa Capilla de san Andrés se hallaba la mayor parte de la colección. En concreto, había contabilizadas en el inventario de 1941, 173 piezas más cuatro vitrinas con diversos objetos arqueológicos. Hay que reconocerle a esta institución una inmensa paciencia pues el depósito provisional se alargó en el tiempo 30 años. En la Escuela de Artes y Oficios artísticos se depositaron ocho escayolas reproducidas de grandes esculturas procedentes de la Academia de San Fernando -siete- y que fueron prácticamente de las primeras piezas del Museo. Eran según el acta las *Venus Púdica, de Médicis, de Arlés, de Milo* y las obras *Canon* de Policleto, *Apoxiomeno* de Lisipo, *San Jerónimo Penitente* de Torrigiano y por último la obra del jiennense M. Jiménez, *Meditación*. Ésta última ya no aparecía en el inventario de 1953 como existente en la Escuela. En su momento no se recogieron porque tras la guerra quedaron en muy mal estado. En el Ayuntamiento de Jaén tan sólo había siete pinturas pero de las significativas de la colección: *La rebelde* de Fillol, *Muerte de Pizarro* de Ramírez, *Los extremos se tocan* de Fernández Carpio, *San Juan y Jesús en el desierto,* anónimo, *El viático de San Jerónimo* de Álvarez, *Contrastes* de Hidalgo de Caviedes y *Las Presidentas* de Urquiola. La Diputación provincial guardó 12 obras. Entre ellas, *¿Alcanzará?* de Pedro Rodríguez, *El comité rojo* de Graner, *La tahona* de Bilbao. También en el palacio provincial, pero en la oficina del Patrimonio artístico había 65 obras, junto a los fondos de la Biblioteca y la documentación del Museo.

Una vez que don Pablo se hizo cargo de la colección fue formándose una idea cabal de la situación del Museo y del estado de conservación de las obras. Envió el 29-11-1941 al director general una memoria del estado en que se encontraba el organismo. Dio cuenta del panorama de la falta de local pues en el que estaba instalado lo ocupaba la Comisaría de Investigación y Vigilancia. Apuntó la existencia de "un magnífico edificio sin terminar, que fue proyectado para Museo provincial, más tarde destinado a Escuela Normal y donde actualmente se alojan fuerzas del Ejército. Dicho edificio ha sufrido obras de adaptación y el terminarlo y acondicionarlo para lo que en un principio fue proyectado, exige desde luego, un presupuesto de importancia; no obstante esta Dirección juzga sería conveniente como solución definitiva... De no ser esto posible será necesario alquilar casa apropiada..."

En cuanto al estado de la obra informó al director general que se la ha encontrado en "bastante mal estado de conservación, debido sin duda, a los traslados que han sufrido; es preciso por ello una labor de restauración y limpieza de cierta importancia, especialmente en cuanto a los marcos, algunos de los cuales han de ser sustituidos". También planteó la adquisición de vitrinas y adecentamiento de las que había para el material arqueológico y de numismática pues este Museo "cuenta con una colección no despreciable".

En el mismo escrito planteó la necesidad de una dotación económica adecuada y conseguir que las entidades local y provincial contribuyan a los gastos conforme a lo que se planteaba en el Decreto de 1913. La asignación económica se empleaba en la restauración y puesta a punto de las pinturas. Así, la Junta de Patronato de 14-11-1942 acordó por unanimidad destinar la consignación económica en "la restauración de los cuadros y marcos más necesitados de ella".

Previamente y en la primera sesión tras la Guerra, 5-7-1942, acordaron nombrar restaurador del Museo a Luis Espinar Barranco. Cargo que ya había ejercido en los años veinte.

En 1953, Pablo Martín del Castillo redactó un nuevo inventario que está firmado y fechado por él el 23 de diciembre de 1953. La cuantificación total de los fondos superaba las 2.000 obras de arte y objetos arqueológicos. Hay que hacer la salvedad de que había más de 1.500 monedas antiguas. De la gestión en el Museo en la época de Martín del Castillo tuvo protagonismo la cuestión del edificio del Paseo de la Estación. Para ello elaboraron un importante expediente que llamaron de vicisitudes en el que recogieron cuantos documentos les fue posible para enterar a las autoridades y aunar esfuerzos para la recuperación del inmueble. En él trabajaron Martín del Castillo e Inocente Fé, Presidente del Patronato.

La Junta de Patronato

En la Guerra los patronatos habían sido disueltos, y después de que el director del Museo hiciera algunas consultas en el Ministerio se puso en funcionamiento el órgano colegiado de gobierno del Centro de Jaén. El director general envió un oficio el 9-5-1942 confirmando en sus cargos a los Srs. Manuel Ruiz Córdoba, Ramón Espantaleón, Antonio Alcalá Venceslada e Inocente Fé Jiménez quienes en unión de los patronos natos debían reunirse. No sin que antes le informara el gobernador civil de cada uno de ellos en cuanto a su conducta moral y actitud política.

Debían proponer a dos personas para ocupar las vacantes y eso es lo que hicieron en la primera reunión (5-7-1942). Propusieron a Luis González López -cronista oficial de la provincia- y a Lisardo Mena y Ruiz del Portal, que fueron nombrados enseguida por la Dirección general. Además pidieron al cabildo catedralicio que nombrara un representante. El cabildo notificó

(26-6-1952) la designación del canónigo Antonio Ferreiro López.

El Patronato en este periodo se reunió en 17 ocasiones dedicándose, aparte de las cuestiones obvias, al asunto de la recuperación del edificio. La última sesión se llevó a cabo el 16-6-1958 cuya acta escrita con mano temblona por el director dimisionario se halla en un papel suelto en el libro y sin pasar. Todavía después se celebró otra sesión (27-9-1967) que no está reflejada en el libro pero que se dedicó a dejar recogido que el edificio ya estaba devuelto y pronto a inaugurarse. También a pedir al director general que nombrara director del Museo de Bellas Artes al conservador que había nombrado para el Museo Arqueológico provincial, es decir a Juan González Navarrete.

En 1947 falleció el presidente, Ruiz Córdoba y Lisardo Mena, que había obtenido traslado de su trabajo, dejan vacantes. Para ellas se proponen y, posteriormente el Ministerio nombra a Inocente Fé como presidente y a Antonio Vázquez de la Torre, exvicepresidente de la Diputación, farmacéutico y caricaturista como vocal.

En el verano de 1955 muere el vicepresidente, Antonio Alcalá Venceslada y ya no hay más propuestas y por lo tanto no hay nombramientos a pesar de que Fé propone su reorganización el Patronato. En este sentido en 1965, cuando Fé contaba con 84 años, remitió una ficha al jefe de la Sección de Museos, Exposiciones y Concursos con datos sobre el Museo en la que le dice la urgente necesidad de reorganizarlo pues los miembros que quedaban eran ya muy mayores.

Inocente Fé Jiménez (28-12-1880 - 21-9-1968) había sido propuesto para presidir la Junta de Patronato en la sesión de 28-10-1947, y al mes siguiente fue nombrado oficialmente. Fue delineante, sobrestante de obras públicas y maestro nacional. Tuvo negocios, fue uno de los dueños de una fábrica de perfumería. Hombre activo, fue correspondiente de la Academia de San Fernando, concejal, alcalde en dos ocasiones, y vicepresidente de la Diputación provincial. Políticamente era monárquico. Ejerció de jiennense por los cuatro costados ya que estuvo vinculado a varias instituciones representativas de la ciudad. Duró al frente del Museo actuando como director accidental y presidente de la Junta hasta finales de 1967, en que hizo entrega del Centro, a Juan González Navarrete que acababa de ser nombrado director. Falleció con casi 88 años a los pocos meses de la entrega.

Don Inocente se entregó a la tarea de conseguir la devolución del edificio del Paseo de la Estación, su rehabilitación y su apertura como gran Museo de Jaén. Dejó en el Centro un buen expediente de documentos, entre ellos el núm. 94 de 2-8-1964 en el que ya se había conseguido la devolución del inmueble y las obras estaban en marcha.

En otro texto de este catálogo el profesor Galera aborda el edificio proyectado por Antonio Flórez Urdapilleta, que comenzó a construirse a partir de 1920.

Juan Agustín González Navarrete (1927-2010), director del Museo de Jaén entre 1967 y 1984. Doctor en Historia, fue funcionario del Cuerpo Facultativo de Conservadores de Museos. Precisamente tras ganar las oposiciones se vinculó al Museo de Jaén. Tras el Decreto de fusión del Museo Provincial de Bellas Artes y el Museo Arqueológico Provincial, los dos museos jiennenses, otorgado el 16 de octubre de 1969, fue nombrado director del flamante Museo Provincial, el 9 de abril de 1970 y permaneció en el puesto hasta su nombramiento como director del Museo de América.

El nuevo director del Museo de Jaén ocupó puestos de responsabilidades el Ministerio en relación a los museos y eso le permitió unas relaciones profesionales y personales con numerosas personas que facilitó la llegada masiva de obras de arte a nuestro Museo. También una de sus aportaciones al Museo fue la incorporación en 1975 del impresionante conjunto escultórico ibérico de Cerrillo Blanco de Porcuna. El inventario y catalogación de este excepcional conjunto de más de treinta esculturas constituyó el tema de su tesis.

Con él de director abrió sus puertas el Museo de Jaén en el edificio del Paseo de la Estación, en junio de 1971, cincuenta años después de lo previsto.

Nota bibliográfica: en la monografía *El Museo Provincial de Jaén (1846-1984),* (1999, Instituto de Estudios Giennenses, Diputación de Jaén, Consejería de Cultura, Junta de Andalucía) de mi autoría hay una bibliografía extensísima sobre el Museo.

La formación y evolución de las colecciones del Museo

Texto: **Gabriel Ureña Portero**
Doctor en Historia del arte y Catedrático de Filosofía

Un Museo con historia compleja e interesantes fondos

Las creaciones culturales nos remiten a la biografía de su autor y al contexto histórico de su producción. Las obras artísticas son poliédricas y suelen definirse desde el estilo y la singularidad; los recursos materiales y las gamas cromáticas; la comunicación y la expresión; la composición, las perspectivas y la representación; las iconografías y las simbologías; las formas de figuración o de abstracción. Creaciones artísticas especialmente valiosas están integradas en colecciones privadas o en los museos. A nivel individual, seleccionamos nuestras obras preferidas y las proyectamos en ese "museo imaginario" que, como decía André Malraux, todos llevamos dentro y configuran nuestra conciencia artística y gusto estético.

El Museo, templo de las musas, es **un centro de excelencia de la cultura y de nuestra vida**; muestra el gusto cambiante, la sensibilidad permanente y las modificaciones cognitivas; informa de estructuras sociales, modos culturales o complejidad de ideas; refleja aspectos antropológicos; es fruto de decisiones institucionales, de gestiones de profesionales y de reglas del mercado; incide sobre el presente y marca el futuro. En este afán por garantizar el conocimiento, disfrute y transmisión del legado artístico a futuras generaciones conlleva el peligro que Aurora León ha llamado "la museificación del hombre". Evitar la obsesión por permanentizar los bienes culturales implica la renovación de concepciones museológicas, la mejora de la selección y exposición de objetos artísticos o arqueológicos y la programación de visitas y actividades atractivas.

Los museos tienen historia, a veces compleja, que ha incidido en la formación de sus fondos y colecciones y que merecen conocerse y analizarse. Es el caso del Museo de Bellas Artes y, del Museo Arqueológico Provincial, originariamente emplazados en la Diputación Provincial; posteriormente condicionados a la dispersión en diversas instituciones y fundaciones; para los que Antonio Flórez Urdapilleta diseñó y dirigió la construcción del edificio del museo, incluyendo dos portadas del siglo XVI, la de la iglesia de San Miguel, obra de Andrés de Vandelvira, y la de la casa del Pósito, de Francisco del Castillo el Viejo; la utilización del edificio en la postguerra para usos militares ajenos a los de museo. "Es institución en permanente desgracia y provisionalidad de instalación -escribía en 1955 José Antonio Gaya Nuño-, que no parece conozca pronto fin". Y, sin embargo, al final de la década de 1960, se recuperó felizmente el edificio para su función originaria: la gestión, conservación y exhibición pública de importantes fondos y colecciones artísticas y arqueológicas.

Un antecedente fallido: el Museo de Pinturas (1846)

La desamortización de Mendizábal determinó la supresión de conventos y atribuyó al Estado la responsabilidad de inventariar y conservar bienes como pinturas, documentos y libros procedentes de edificios exclaustrados, según lo dispuesto en el Decreto de 25 de julio de 1835. Esta medida

"

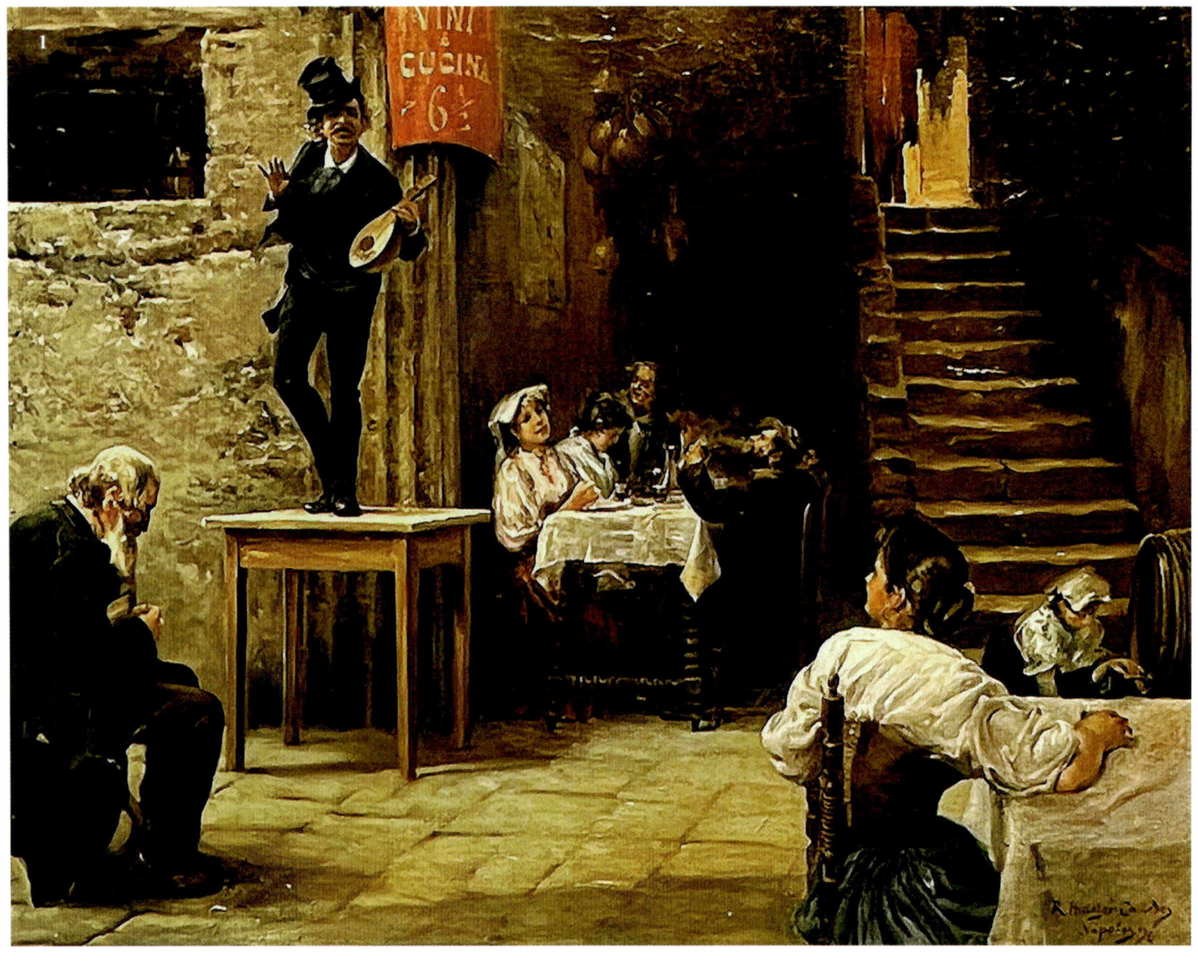

1. *Hidalgo de Caviedes, Rafael.* **En una trattoria de Nápoles. 1896. DE/BA00469. Depósito MNCARS*.**

dio lugar a la fundación, en 1846, del Museo de Pinturas para hacerse cargo de esos fondos artísticos. Se instaló en Jaén, por designación de la Diputación Provincial, en la antigua iglesia del edificio que, hasta 1812, fue Colegio de la Compañía de Jesús; posteriormente, hasta 1836, convento de la Orden de San Agustín; luego, Instituto de Segunda Enseñanza; y, actualmente, Conservatorio Profesional de Música.

El Museo de Pinturas, siguiendo las disposiciones de la reina regente y las recomendaciones de la Real Academia de Bellas Artes de San Fernando, reunió 561 obras de pintores como Germán, Sebastián Martínez, Soriano o Bonifaz, en muchos casos, falsamente atribuidas a grandes artistas como El Greco, Velázquez, Murillo o Zurbarán. "Muchos de estos cuadros -constató Pascual Madoz- carecen de mérito y no se corresponden con los artistas a los que se atribuyen". La mayoría de los cuadros transferidos presentaban un pésimo estado de telas y bastidores, a causa de humedad y el hacinamiento. El Museo no sólo acogió pinturas, sino también unos cuantos objetos arqueológicos romanos procedentes de Porcuna. La inauguración del Museo de Pinturas tuvo lugar el 5 de julio de 1846, aunque fue rápida su desaparición y parte de sus obras fueron reubicadas por la Diputación Provincial en instituciones benéficas como el Antiguo Hospicio de Hombres y el Antiguo Hospicio de Mujeres

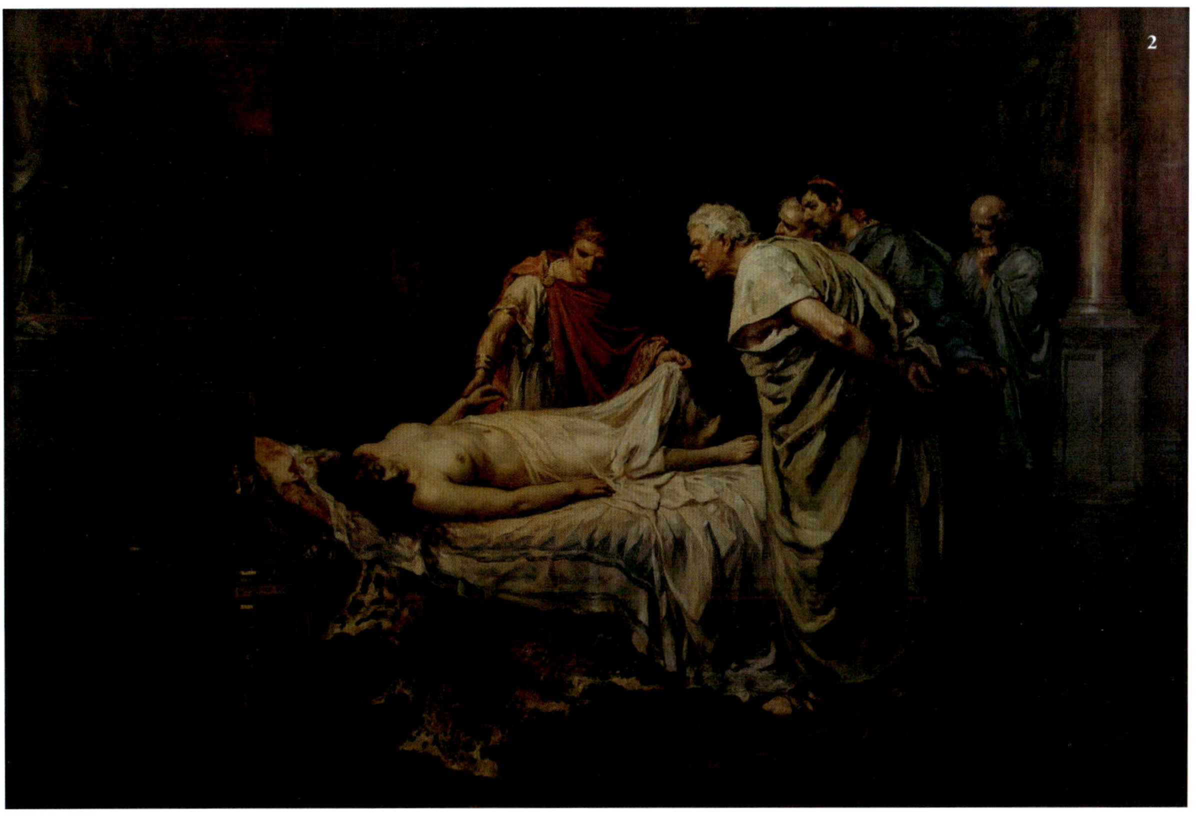

2. *Montero y Calvo, Arturo.* **Nerón ante el cadaver de su madre Agripina. 1887. DE/BA00448. Depósito MNP**.**

o en el convento exclaustrado de Santa Catalina Mártir. Algunas de estas pinturas retornaron a edificios eclesiásticos como el Obispado, la Residencia Sacerdotal Obispo Manuel Basulto, y el Archivo Diocesano o el Seminario, y otras sirvieron de ornato a casas privadas de laicos.

El director del Museo Provincial, Juan Navarrete, en febrero y marzo de 1976, dirigió cartas al catedrático de historia del arte Diego Angulo Iñiguez, en que se refería a **cuadros desamortizados necesitados de restauración**, que él reclamaba a la Diputación Provincial: "La Invención de la Santa Cruz" o "Santa Elena", "San Ildefonso", "Santa Rosa de Lima", "Santa Clara", "San Juan de Dios", "San Félix de Cantalicio" y "San Antonio de Padua". En la actualidad el Museo Provincial de Jaén cuenta con **obras procedentes del Museo de Pinturas** como: "La Anunciación de la Virgen", "Muerte de San Francisco de Asís", "Milagro de la tentación de San Francisco", "San Francisco con las ánimas del purgatorio", "Santo adorando un crucifijo", "Jesús en la calle de la Amargura", "Nacimiento del Niño Dios", "Intercesión de la Virgen al Señor para que concediese la indulgencia a San Francisco y a Santo Domingo", "El Niño Jesús en el templo con los doctores de la ley", "Aparición de un ángel tocando el violín a San Francisco de Asís", "San Francisco de Asís adorando un crucifijo alado", "Aparición de San Francisco de Asís", "Santa Teresa hablando con un ángel", "San juan de la Cruz" y "Santa Teresa de Jesús".

La vida del Museo de Pinturas fue breve y poco eficiente. En poco más de un año desapareció. De las obras que acogió (255, según la revista Don Lope de Sosa; 238, según la Academia de Bellas Artes de San Fernando), sólo una treintena de pinturas pasaron a formar parte de

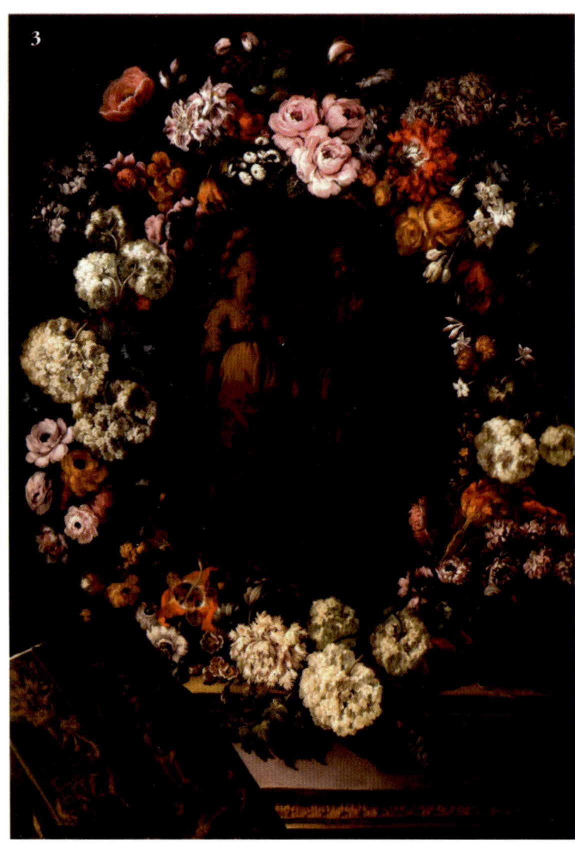

3. *Espinós, Benito.* **Guirnalda de flores con Mercurio y Minerva. 1811. DE/BA00010. Depósito levantado por MNP en 2016.**

los fondos del Museo Provincial de Jaén. Entre las causas de su efímera permanencia se cuentan la falta de compromiso para velar por los bienes artísticos desamortizados; la poca experiencia de la Administración provincial en gestión de museos; la ausencia de presupuesto y de técnicos con formación museológica; o las presiones de ciertos eclesiásticos y laicos dispuestos a hacerse con aquellas obras. Pero, aun así, el Museo de Pinturas abrió expectativas sobre la necesidad de fundar un museo en Jaén de carácter provincial.

El Museo Provincial de Bellas Artes: origen y fondos (1914-1969)

Le asiste la razón a José Luís Chicharro, investigador y brillante director del Museo Provincial de Jaén, entre 1993 y 2008, cuando defiende la **importancia de la Diputación en la creación de los museos provinciales y en la formación de sus fondos artísticos y arqueológicos**. La idea de crear un Museo Provincial de Bellas Artes, generada en el siglo XIX, se hizo realidad a partir del Real Decreto de 24 de junio de 1913, promulgado por el ministro de Instrucción Pública, el giennense Joaquín Ruiz Jiménez, que ordenaba que "en todas las capitales de provincias donde no exista, se procederá a su creación e instalación de un Museo Provincial de Bellas Artes". Acierta de nuevo José Luis Chicharro cuando destaca la importancia que tuvo en su fundación el destacado político de la Restauración, José del Prado y Palacio (1866-1926), "un personaje clave en su impulso y protección", así como Alfredo Cazabán Laguna, el primer director que tomó posesión el 25 de mayo de 1914 y ocupó el cargo hasta su muerte, el 14 de enero de 1931.

El Museo Provincial de Bellas Artes, origen del actual, se creó por Real Orden de 8 de enero de 1914 y se ubicó en la planta baja sureste de la Diputación Provincial, con proyecto de adaptación de Jorge Porrúa. Se inauguró ese mismo año, el 18 de octubre, festividad de San Lucas, y, para su gestión, se creó la Junta de Patronato, en la que figuraban como vocales natos el presidente de la Diputación Provincial, el alcalde de Jaén y el director del Museo. Se dispusieron tres salas, una "grande" con 47 pinturas; otra, con 22 esculturas, la mitad copias de escayola de obras clásicas; y una tercera denominada "de arte vario". Los fondos estaban integrados por objetos artísticos procedentes de las extinguidas órdenes monásticas; obras cedidas en depósito por el Estado a corporaciones y entidades oficiales de la provincia; donaciones o depósitos voluntarios de instituciones municipales; patronatos religiosos, de beneficencia y de particulares.

El Ministerio de Instrucción Pública, en etapas sucesivas, autorizó la cesión temporal de obras del

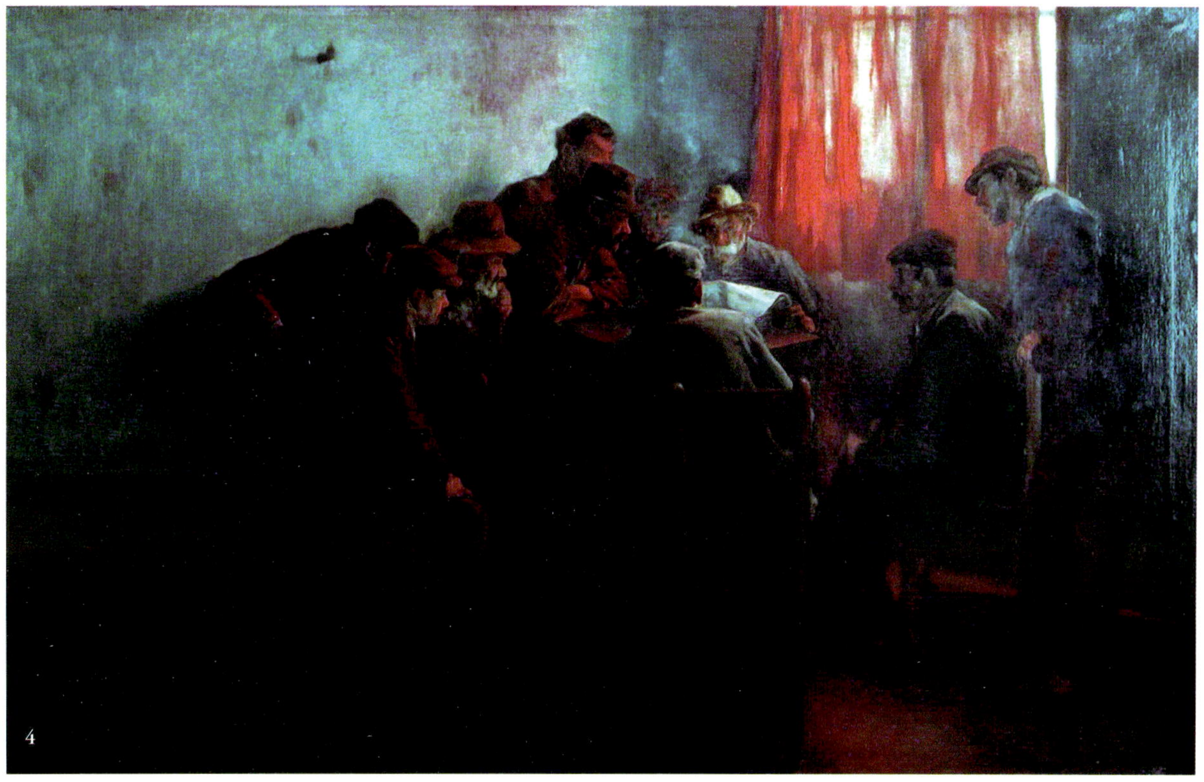

4. *Graner Arrufi, Luis.* **El Comité rojo. 1901. DE/BA00011. Depósito levantado temporalmente por MNCARS en 2007.**

Museo Nacional de Pintura y Escultura (del Prado), el Museo de Arte Moderno (extinguido en 1951), la Academia de Bellas Artes de San Fernando y Escuela Nacional de Artes Gráficas que, además, contó con aportaciones de la Diputación.

El 23 del de agosto de 1915, en sesión plenaria de la Diputación, se aprobó la propuesta de que "cuadros y esculturas existentes en las dependencias de este Centro, y que proceden de los envíos realizados por los artistas de la provincia que fueron pensionados por la Diputación, se destinen al Museo los que la Corporación estime más a propósito, destinándose también algunos cuadros de los que aquí se conservan procedentes del Museo Nacional de Arte Moderno; pero solicitando previamente respecto a estas últimas, la oportuna autorización del Ministerio de Instrucción Pública y Bellas Artes". El inventario del 31 de diciembre de 2015, contemplaba 159 obras, en su mayoría pinturas, pero también grabados, con numeración específica y algunas piezas arqueológicas.

La formación de fondos y colecciones del Museo Provincial de Bellas Artes fue un proceso abierto en el tiempo y se llevó a cabo de la siguiente forma:

El Ministerio de Instrucción Pública y Bellas Artes, ya había cedido a la Diputación Provincial, por Real Decreto de 3 de agosto de 1901, cuatro óleos que actualmente forman parte del patrimonio del Museo Provincial de Jaén: "En una trattoria de Nápoles", de Rafael Hidalgo de Caviedes (1864-1950); "Arroyada de las huertas de Luche", conocida también como "Paisaje a orillas del Manzanares", de José Jiménez Fernández (1846-1873); "Nerón ante el cadáver de su madre Agripina", de Arturo Montero y Calvo (1859-1887); y "Viático de San Jerónimo", de Luis Álvarez Catalá (1836-1901).

El Museo Nacional de Pintura y Escultura (del Prado), en 1915, cedió en depósito al Museo de Jaén las obras: "Cristo yacente", de Francisco Camilo, siglo XVII; "San Juan y Jesús en el desierto", anónimo del siglo XVII; "País con Tobías y el arcángel San Rafael", anónimo del siglo XVII; "Retrato del Cardenal Infante don Fernando de Austria", copia de Van Dyck; "Moisés convirtiendo el agua en sangre", anónimo del siglo XVII; "Un pavo real, un guacamayo y otras aves", óleo de la Escuela flamenca del siglo XV, de Juan Fyt; "País", óleo del siglo XVII, de la Escuela flamenca.

Un nuevo lote de cuadros, originarios del Museo del Prado y depositados en los fondos **del Museo de Arte Moderno**, por Real Orden de 11 de octubre de 1915, se destinó al Museo Provincial de Bellas Artes. Se trataba de obras que habían participado en las Exposiciones Nacionales de Bellas Artes, entre 1865 y 1868, de temas religiosos, costumbristas, político-sociales o paisajísticos. Además de los cuadros cedidos en 1901, se incluyeron la acuarela "Alegoría del baile", de José Vallejo y Galeazo (1821-1882) y los óleos: "La muerte de Pizarro", de Manuel Ramírez Ibáñez (1856-1925); "Últimos momentos de Cervantes", de Víctor Manzano y Mejorada (1831-1865); "Guirnalda de Flores", de Benito Espinós (siglo XVIII-XIX); "La rebelde", de Antonio Fillol Granell (1870-1930); "El comité rojo", de Luis Graner Arrufi (1863-1929); "La adoración de la Sagrada Forma", de Vicente López (1772-1850), copia del de Coello; y "Estudio de Academia", de Esteban Villanueva (siglos XIX-XX).

Posteriormente, en diciembre de 1919, el ministro Joaquín Ruiz Jiménez, a propuesta de Rafael Hidalgo de Caviedes, subdirector del **Museo de Arte Moderno**, autorizó una nueva cesión de lienzos de gran formato: "El evangelista San Lucas" y "El evangelista San Juan", de Francisco Sanz Cabot (1828-1881);

"Rea Silvia", de Rafael Hidalgo de Caviedes (1864-1950); "La salida del redil", de Lino Casimiro Iborra (1857-1955), luego cambiada por "Primavera en Costa Azul" de José Nogué Massot (1880-1973); "Gira de campo", de Francisco Domingo Marqués (1842-1920); "Las presidentas" de Eduardo Urquiola y Aguirre (1865-1932); "La cena de Emaús", de Joaquín Barbará y Balza (1867-1931); y "La amiga", de Domingo Muñoz y Cuesta (1850-1935). Por Real Decreto 20-7-1928, se cedieron las obras: "Margarita delante del espejo", de Manuel Domínguez Sánchez (1840-1906); "Carnaval en Roma", de Enrique Mélida y Alinari (1838-1892); y "Tierras de labor", de Cristóbal Ruiz Pulido (1881-1915).

La Escuela Nacional de Artes Gráficas (Calcografía Nacional) facilitó una colección de "Los Caprichos" de Goya (80 estampas de 1746-1828); una serie de 54 aguafuertes de Carlos Haes (1826-1898); y una selección de 70 estampas de diversos autores.

Hubo autores y coleccionistas que hicieron **donaciones de obras pictóricas a la Diputación Provincial**, algunos de ellos pensionados: "¿Alcanzará? ...", de Pedro Rodríguez de la Torre (1847-1925), que, además, aportaba otras tres obras: "Dª Isabel II, Reina de España", "Retrato de Dª Mª Cristina de Habsburgo Lorena, Reina de España"; "Hermana de la caridad", también nombrada "El torno de la inclusa"; "Los extremos se tocan", de Manuel Fernández Carpio (1853-1931); "Poverello ciecco", "Contrastes" y "Autorretrato" de Rafael Hidalgo de Caviedes (1864-1950); "La Virgen y el Niño", de Manuel Ramírez, copia de Rubens. Se cedieron también otras obras de autores como Francisco Esteve Botey (18-5-1916), el aguafuerte "Retrato del Papa Inocencio X"; José Pablo García de Zúñiga, óleo "La Puerta del Sol" (25-9-1917); Cristóbal Ruiz, "Paisaje de Peña Cubilla" (25-9-1917); Maximino Peña Muñoz, "Retrato de José del

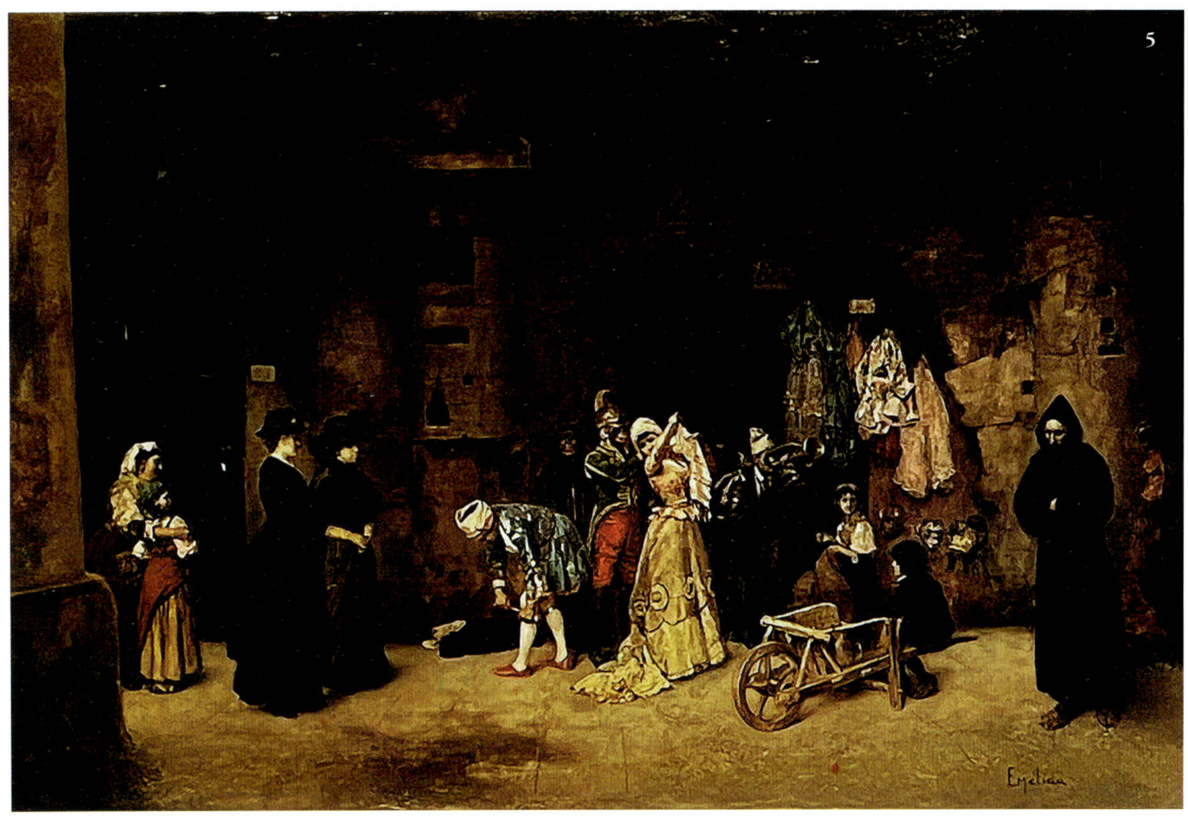

5. *Mélida y Alinari, Enrique.* **El Carnaval en Roma. Hacia 1880. DE/BA00099. Donación de María Bonnat; Depósito MNCARS.**

Prado y Palacio" (25-9-1917); los señores Rubio y Huertas donaron "San Jerónimo"; Gonzalo Bilbao, "La Tahona" (15-10-1923); Teresa Fernández, viuda de Prado, donó "Retrato de Alfonso XIII", del italiano Lino Selvático (18-5-1926); Joaquín Íñiguez, "Retrato del poeta Bernardo López; "Destrucción de Numancia", copia de A. Vera.

Las esculturas que se incorporaron al Museo fueron: "Séneca" (citada, a veces, como "Sócrates") y "busto de José del Prado", donados por Jacinto Higueras Fuentes (1877-1954); "Venus" y "Meditación", en yeso de Miguel Jiménez Martos (1890-1951); 13 copias en escayola cedidas por la Academia de Bellas Artes de San Fernando, entre ellas: "Venus de Milo"; "Venus", de Cánova; "Venus", de Médicis; "San Jerónimo penitente", de Torrigiano; "La Cantoría", de Lucca della Robbia;

"Busto de mujer", de Donatello; "La desconocida", de Francisco Laurana; "Diadúmeno", de Policleto y "Apoxiómenos", de Lisipo.

La Segunda República y la guerra: del incremento de obras al museo disperso (1931-1939)

Durante la Segunda República siguieron incrementándose los fondos y colecciones del Museo. En los inicios de 1931, **José Nogué Massó** (1880-1973), pintor y buen gestor, sustituyó a Alfredo Cazabán, tras su fallecimiento, como director del Museo. Realizó un exhaustivo inventario de obras y recursos materiales; consiguió una nueva sala (reivindicaba tres) en la sede de la Diputación; planteó la separación de pintura, escultura y arqueología; cedió al Museo un retrato a pastel de sus padres; consiguió donaciones como "La Virgen de Belén", que hizo Millán de Priego; dos óleos con retratos de

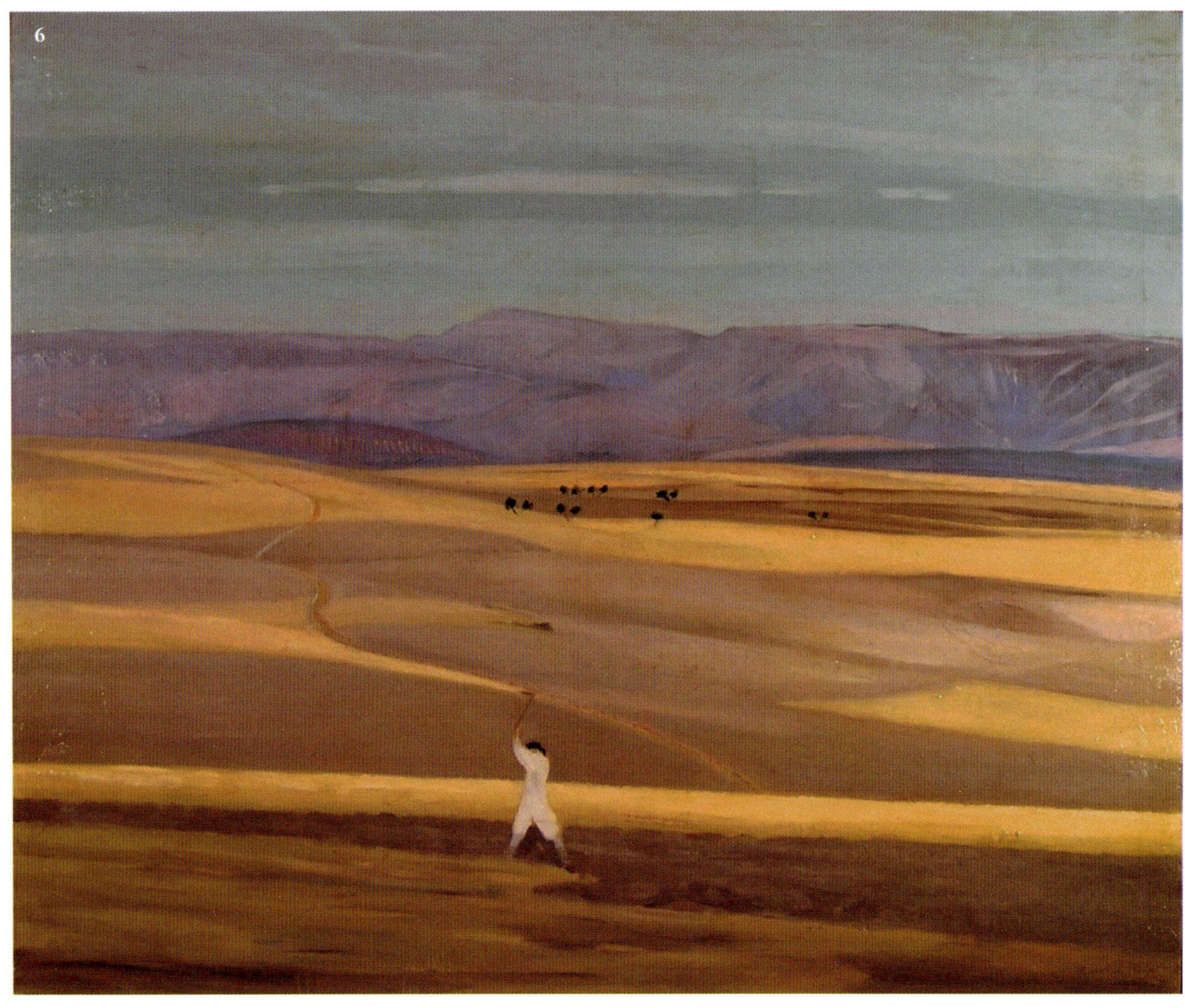

6. *Ruiz Pulido, Cristóbal.* **Tierras de labor. Hacia 1920. DE/BA00114. Depósito MNCARS.**

familiares de Pedro Rodríguez, cedidos por Pedro Ximénez Acero; incorporó a José Mª Tamayo y a Espinar; intercambió su obra "Primavera en la Costa Azul" por "La salida del redil", del academicista Lino Casimiro ("un formidable armatoste"); restauró "¿Alcanzará…?, dañada por un incendio en Diputación; y difundió en la prensa provincial los tesoros del Museo.

A Nogué le sucedió en la dirección, **José Martínez Puerta** (1900-1960), profesor de modelado que también realizó una gestión positiva, aunque breve. Tomó posesión en mayo de 1932 y dimitió en 1934. Inició los trámites para que la escultura "San Juan de Dios", de Jacinto Higueras Fuentes (1877-1954), medalla en la Exposición Nacional de 1920, se incorporara al Museo. Consiguió la donación de las pinturas "Pinos", de Eduardo Navarro Martín (1886-1958); "El sermón de los siete", de Rafael Pellicer Galeote (1906-1953); "De Castilla", de Ricardo Baroja y Nessi (1871-1953); "Marina", de Tomás Campuzano y Aguirre (1857-1934); "Catedral de Oviedo" y "Retrato de mi hermano", de Manuel Menéndez Entrialgo (1860-1925), donados por E. Navarro; "Sierra de Jaén", de Luis Espinar Barranco (1910-1988); "Niño del abejaruco" y "Romeros de la Colomera", de José Moreno Taulera (1926-1950). También motivó la donación de los dibujos: "Rincón embrujado" y "Retrato del poeta Ibarzábal", de Luis Espinar Barranco (1910-1988); "El sueño de las horas", de Santiago Morales Talero (1891-1976); y "Fragantina", de Isaac Usano. Logró la cesión de dos "Relieves en yeso de la iglesia del Salvador de Úbeda", uno de Policarpo Ramos y otro de Martínez Puerta. Inventarió otras donaciones de menor importancia, entre ellas algún bodegón, pintura en tabla, litografía, aguafuerte, óleo; un retablo en madera de la antigua cárcel; objetos arqueológicos romanos; y monedas árabes.

El último director del Museo, durante la República, desde 1934 a 1939, **Isaac Usano Massot**, fue cesado, depurado y encarcelado al finalizar la guerra. Era profesor de cerámica de la Escuela de Artes de Jaén. Acogió la donación de una cabeza de león que hizo un particular de Ibros y, además, entre 1934 y 1935, se produjeron las siguientes donaciones de la Diputación Provincial: "El mar", de Daniel Vázquez Díaz (1882-1969), de titularidad estatal; vasija y jarra antiguas de Manuel Navarro; objetos arqueológicos de Inocente Fé Jiménez; "Paisaje de Mallorca", de Pedro Rodríguez de la Torre (1847-1915); "Pintura", de Segundo Álvarez Castillo; capitel árabe de casa de la plaza de San Miguel; monedas y objetos arqueológicos; y sarcófago de Arjonilla. Las circunstancias de la guerra hicieron que Isaac Usano, se viera obligado a desalojar los locales que el Museo ocupaba en la Diputación y a repartir sus obras artísticas, documentos y enseres entre diversas instituciones de la ciudad como la Diputación, el Ayuntamiento, la Capilla de San Andrés, el convento de las Descalzas y la Escuela de Artes. Comenzaba así la etapa que José Luis Chicharro ha denominado como "el Museo disperso" que se prolongó desde 1938 hasta 1969.

El museo en las primeras décadas de la dictadura (1939-1969)

A pesar de que el Museo no existía, y su edificio, el 7 de junio de 1941, fue confiscado para alojamiento de tropas militares, se nombró director del centro a **Pablo Martín del Castillo**, profesor de dibujo y pintor que, según el informe del Gobernador Civil, era "afecto al Glorioso Movimiento Nacional". Ejerció la dirección, durante 17 años, sin museo, sin edificio, sin personal y sin presupuesto. Gracias a los esfuerzos y gestiones de amantes del arte como Inocente Fé Jiménez (1880-1968), el Ministerio del Ejército devolvió, en 1964, el edificio del Paseo de la Estación, finalizando para que recuperara su función de Museo Provincial. La tarea que desempeñó Martín del Castillo fue inventariar la distribución de la obra en distintas instituciones y fundaciones de Jaén.

La Capilla de San Andrés, bajo control de Inocente Fé Jiménez, gobernador de la institución benéfica, conservaba la mayor parte de la colección, 173 pinturas más varias vitrinas de objetos arqueológicos, según el acta de 4 de julio de 1941. En el **Convento de las Descalzas** estaban depositadas 30 obras de pintura y constaba la desaparición de "Retrato de Alfonso XIII", de Lino Selvático (1872-1924), donado por la viuda de José del Prado. **La Escuela de Artes y Oficios**, se había hecho cargo de las escayolas cedidas por la Escuela de Bellas Artes de San Fernando, que reproducían grandes esculturas, algunas desaparecieron y otras quedaron en mal estado por la ocupación militar del edificio.

Ese mismo acta recogía que **el Ayuntamiento de Jaén** había recibido 7 de las pinturas más importantes del Museo: "La rebelde", de Antonio Fillol Granell (1870-1930); "Muerte de Pizarro", de Manuel Ramírez Ibáñez (1856-1925); "Los extremos se tocan", de Manuel Fernández Carpio (1853-1929); "San Juan y Jesús en el desierto", anónimo; "El viático de San Jerónimo"; de Luis Álvarez Catalá (1836-1901); "Contrastes", de Rafael Hidalgo de Caviedes (1864-1950); y "Las presidentas", de Eduardo Urquiola y Aguirre (1865-1932). El 9 de julio de 1945, se firmó una

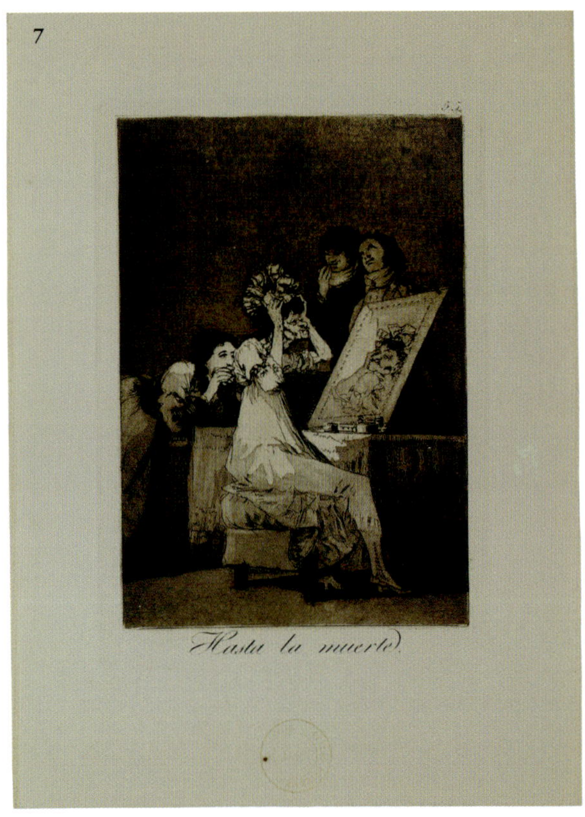

7. *Francisco de Goya y Lucientes.* **Hasta la muerte. 1799. CE/BA00282. Colección estable del Museo de Jaén.**

8. *Carlos de Haes.* **El río. Hacia 1862-1865. CE/BA00333. Colección estable del Museo de Jaén.**

9. **Muerte de Lucrecia. Siglo XIX. Colección estable del Museo de Jaén.**

Víctor Manzano y Mejorada (1831-1865); "La adoración de la Sagrada Forma", de Vicente López Portaña (1772-1850). Se depositaron también algunos materiales arqueológicos que no volvieron al Museo.

La **Diputación Provincial** custodiaba doce pinturas importantes, según el acta del 4 de julio de 1941, si bien, el 7 de julio de 1945, un nuevo inventario recogía que "Poverello Ciecco", de Rafael Hidalgo de Caviedes (1864-1950), había sido cedido a la hospedería de la Virgen de la Cabeza; el óleo "¿Alcanzará?", de Pedro Rodríguez de la Torre (1847-1915), se hallaba en el Gobierno Civil; y el óleo barroco "Moisés convirtiendo el agua en sangre", había sido trasladado a la Delegación Provincial de Trabajo. Permanecían en la Diputación "El comité rojo", de Luis Graner y Arrufi (1863-1919); y "La Tahona", de Gonzalo Bilbao Martínez (1860-1938). En el despacho del Museo en la Diputación se exponían: 8 pinturas, 2 esculturas, algunas piezas de arqueología y 86 grabados. También en el Palacio Provincial, pero adscritas a la **Oficina del Patrimonio Artístico** (acta del 4 de julio de 1941), se ubicaron 65 obras, entre pinturas y grabados, además de los fondos de la biblioteca y documentos como actas del Patronato y libros de firmas del Museo.

El 31 de agosto de 1951, el director Pablo Martín del Castillo, certificaba por acta, la entrega de fondos del Museo a diversos organismos de la capital. A la **Real Sociedad Económica de Amigos del País**, se cedió "Rea Silvia", de Rafael Hidalgo de Caviedes (1864-1950), inicialmente depositada en el Convento de las Descalzas.

En el inventario presentado el 23 de diciembre de 1953 se reconocían fondos que pertenecían al Museo superiores a las 2000 obras de arte y objetos arqueológicos procedentes del Museo del Prado, del Museo de Arte Moderno, de la Escuela Nacional de Artes Gráficas, cuadros

nueva acta en la que se puntualizaba que pasaban de 7 a 22 las obras del Museo allí depositadas, entre pinturas, esculturas, fotografías y objetos arqueológicos. Las nuevas obras procedían de la Capilla de San Andrés y eran: "Primavera en la Costa Azul", de José Nogué Massot (1880-1973); "Margarita delante de un espejo", de Manuel Domínguez Sánchez (1840-1906); "Carnaval en Roma", de Enrique Mélida y Alinari (1838-1892); "Busto de Prado y Palacio", de Jacinto Higueras Fuentes (1877-1954) que, posteriormente, pasaría a la Diputación; "La Virgen de Belén", donada por Millán de Priego; "Guirnalda de Flores", de Benito Espinós (1748-1818); "Últimos momentos de Cervantes", de

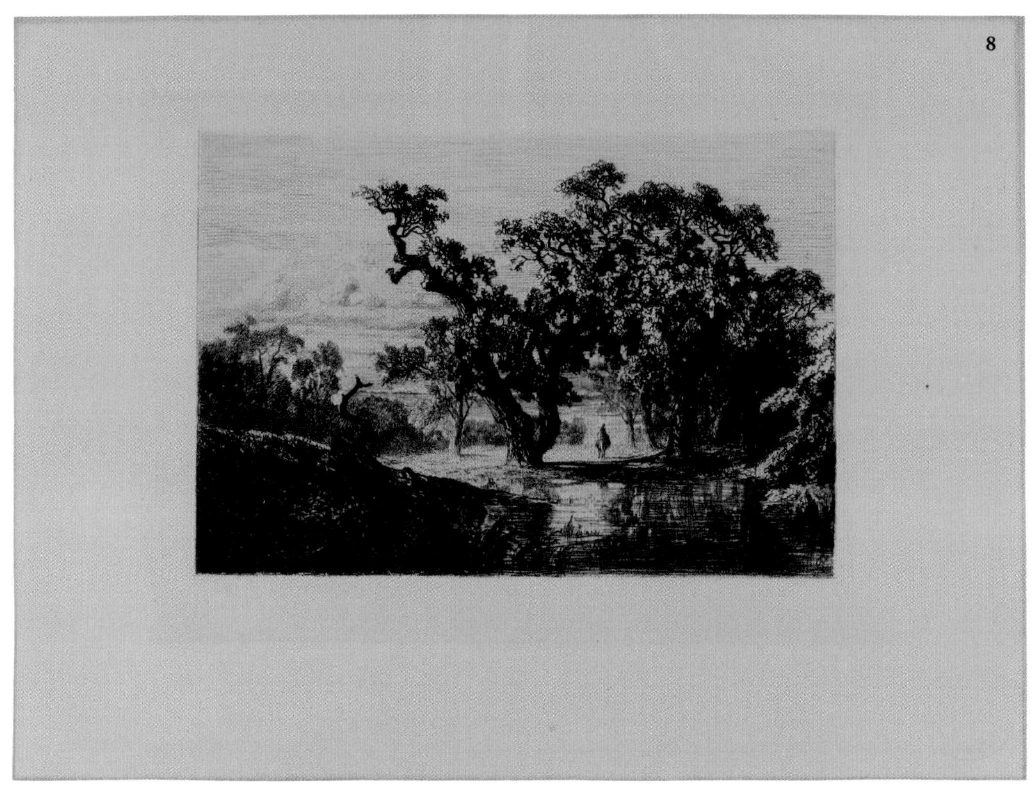

8

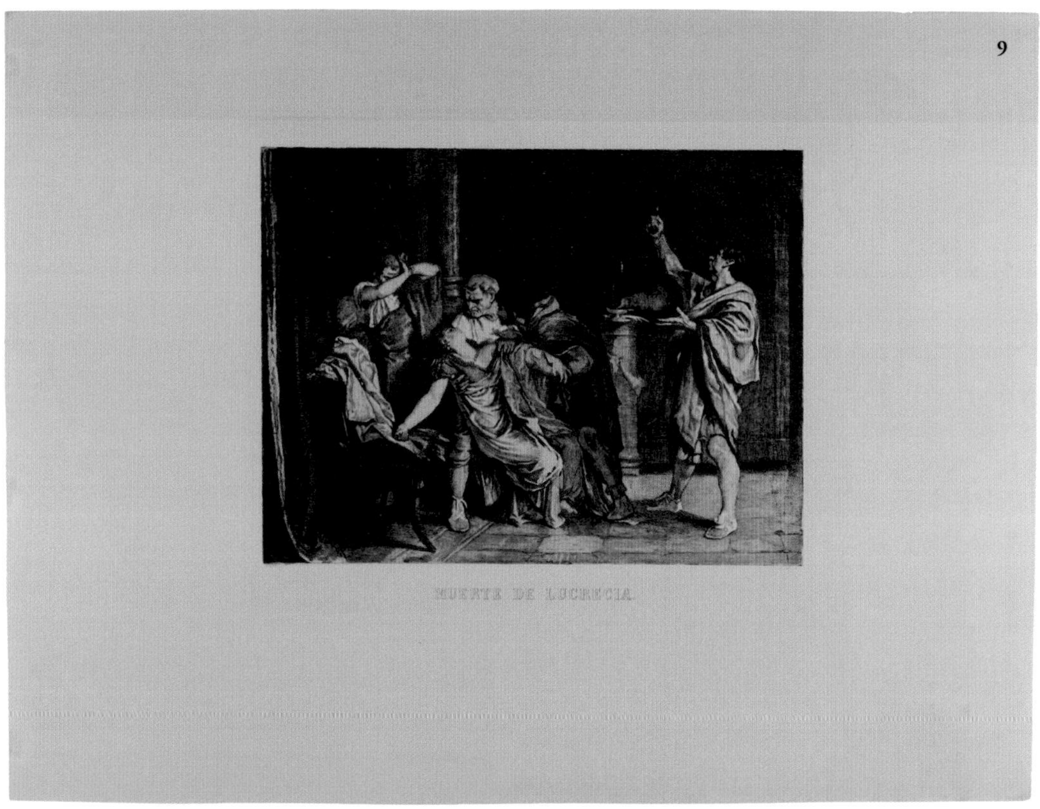

9

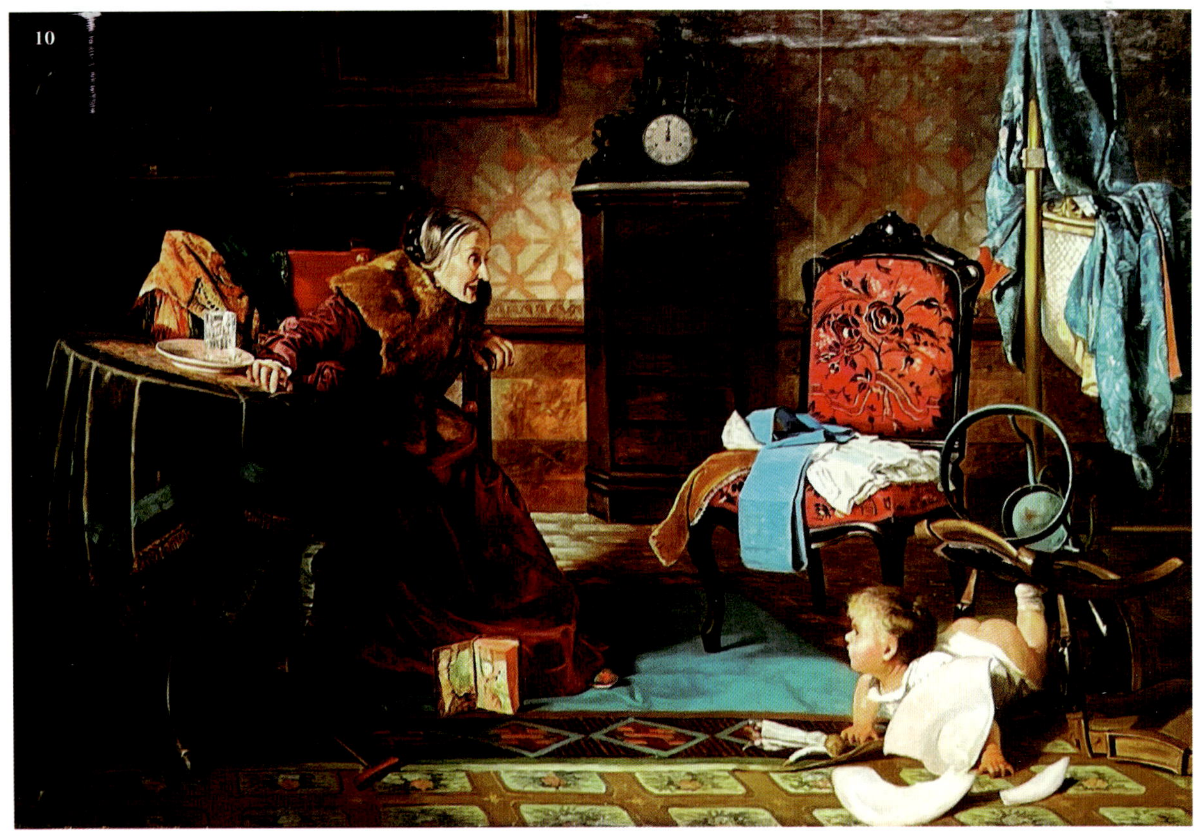

10. *Fernández Carpio, Manuel.* **Los extremos se tocan. 1881. DO/BA00030. Donación Exma. Diputación Provincial de Jaén.**

donados condicionalmente por la Diputación Provincial "mientras el Museo tenga el actual carácter y esté instalado en esta capital"; obras procedentes del Ayuntamiento de la capital; y cuadros y objetos propiedad del Museo Provincial de diversas procedencias. Las pinturas eran 139; los dibujos y grabados, 231; las esculturas, 11; las reproducciones en escayola, 10; los objetos arqueológicos, 291; las monedas antiguas, 1526. Los objetos arqueológicos, procedentes de prospecciones en la provincia eran considerados de origen ibero, romano, árabe, paleocristiano y mudéjar.

La Sección de Arqueología del Instituto de Estudios Giennenses (1951-1963)

El Decreto de Isabel II, de 20 de marzo de 1867 posibilitaba la creación del Museo de Arqueología Nacional y de Museos Arqueológicos Provinciales,

pero, a pesar del potencial de la provincia de Jaén, no se aprovechó esta oportunidad, al contrario de lo que ocurrió en otras provincias, por lo que restos arqueológicos muy significativos como la Cámara sepulcral de Toya, el Oso de Porcuna, o el capitel ibérico del Cerro de la Horca ingresaron en el Museo Arqueológico Nacional. También se beneficiaron de hallazgos en territorio giennense otros Museos Arqueológicos de Andalucía y Cataluña.

La importancia arqueológica de Jaén, por su temprana y estratégica ocupación, había quedado históricamente de manifiesto con las excavaciones pseucientíficas de Baeza o las religiosas de Arjona, ambas en el siglo XVII; las epigrafías latinas de la Antigua Gemella Tuccitana en Martos; la constatación de la importancia de Cástulo en la Antigüedad; o los hallazgos de Maquiz, en Mengíbar. Ya en el antiguo Museo de

Pinturas, en 1846, se exhibieron algunos objetos arqueológicos de Porcuna. En el primer tercio del siglo XX, investigadores como Juan Cabré, Cayetano Mergelina y Horace Sandars, llevaron a cabo excavaciones en la provincia de Jaén.

 Piezas arqueológicas, de menor valor, pasaban a formar parte de los fondos del Museo Provincial de Bellas Artes y se exponían en modestas vitrinas, como complemento a las pinturas, si bien es cierto que pronto se incrementó esta colección con donaciones diversas de particulares como una fíbula de bronce; 163 objetos cedidos por Juan Félix García; las cesiones de objetos celtibéricos y romanos de Navas de San Juan y los azulejos del castillo de Canena que hizo Horace Sandars; o los objetos iberos, romanos o árabes, donados por Acedo Delgado.

El impulso a las excavaciones arqueológicas y el objetivo de crear un futuro Museo Provincial de Arqueología se debió al Instituto de Estudios Giennenses, fundado por la Diputación Provincial en 1951. Creció la conciencia de la riqueza arqueológica de la provincia, se descubrieron ricas zonas arqueológicas, se produjeron hallazgos muy importantes y se incorporaron arqueólogos de sólida formación y prestigio a la dirección de los trabajos arqueológicos. Se creó la Sección III dedicada a la Arqueología, Bellas Artes y Museos del IEG; a la que se incorporaron obras que van desde la prehistoria al periodo hispanomusulmán que, sucesivamente, estuvo presidida por Inocente Fe, Ramón Espantaleón, José Molina y Juan González Navarrete.

En la década de 1950 se produjeron hallazgos arqueológicos muy importantes. En 1953 se descubrió la Cámara Sepulcral de Toya, en Peal de Becerro, calificada como "valioso ejemplar de la época hispano-romana", por el catedrático de la Universidad de Sevilla Juan Carriazo Arroquia, que fue quien propuso a Concepción Fernández-Chicarro y de Dios, conservadora y, desde 1959 a 1979, directora del Museo Arqueológico de

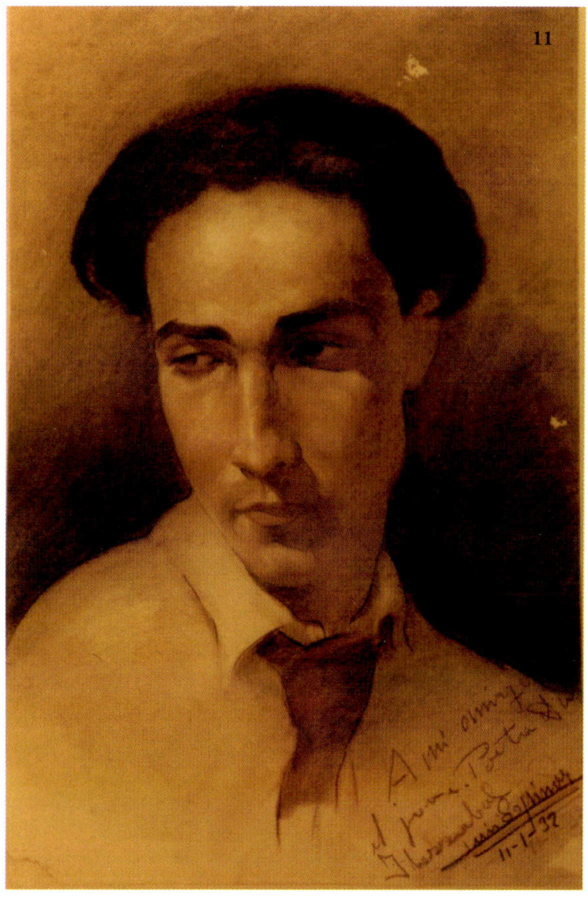

11. *Espinar Barranco, Luis.* **Retrato del poeta Ibarzábal. 1932. CE/BA00134. Colección estable del Museo de Jaén.**

Sevilla, para realizar prospecciones arqueológicas en la provincia de Jaén. La arqueóloga Fernández-Chicarro, patrocinada por el IEG, exploró los alrededores de la antigua Tugia (Toya) y constató y divulgó el extraordinario caudal arqueológico de la Cámara Sepulcral de Toya. En Peal de Becerro, descubrió objetos visigóticos tales como estelas funerarias con relieves de togado y losas esculpidas con dibujos y pinturas que se relacionaron con las esculturas halladas en Segóbriga. En La Guardia descubrió singulares fragmentos arquitectónicos y un león de piedra; y en La Loma de la Buitrera, 39 monedas de oro de la época del califato.

Ramón Espantaleón Molina expuso con claridad cuál era la nueva estrategia: "Jaén necesita fundar su Museo Arqueológico, donde recoger los fondos de su cultura clásica". Y precisó: "No vamos a reclamar para él las piezas que salieron del rico solar para los Museos de Madrid, Barcelona, Córdoba y Sevilla; pero sí para albergar en él las colecciones dispersas en la provincia, que se están centralizando en la capital, y futuros hallazgos que afloran prometedores". Un descubrimiento excepcional, en 1954, fue el yacimiento ibérico de Castellones de Ceal, en Hinojares, una extraordinaria necrópolis ibérica, cuando se llevaban a cabo trabajos de la Diputación, en la carretera de Huesa a Hinojares, próximo al Guadiana Menor. Concepción Fernández-Chicarro, dirigió con éxito varias campañas de excavaciones, entre 1955 y 1961, incorporando a la Sección de Arqueología del IEG piezas ibéricas muy valiosas, del siglo IV a.C. En 1957, Concepción Fernández-Chicarro, con la colaboración de Constantino Unguetti, restaurador de la Sección de Arqueología del IEG, dirigió la excavación de santuarios ibéricos en Castellar, en la "Cueva Horadada", "Cuevas de Vilches" y "Cuevas de Lobera". Se descubrieron estelas funerarias en los terrenos del "Padre Pito", en Peal de Becerro. Estas excavaciones se llevaron a cabo en paralelo con las de la Guardia, que afectaban a la época romana tardía y visigótica. Partiendo de que la provincia de Jaén es "una clave fundamental de la antigüedad peninsular", Antonio Blanco Freijeiro, catedrático de Arqueología, Epigrafía y Numismática en la Universidad de Sevilla, en 1959, realizó nuevas excavaciones en Los Castellones de Ceal y en La Guardia. Este mismo año se produjeron otras prospecciones arqueológicas en el Collado de los Jardines de Despeñaperros en las que participó Pedro Casañas Llagostera.

En 1960, Ricardo Espantaleón y Jubes, excavó en las cuevas agrupadas de la necrópolis Marroquíes Altos, en la vertiente norte del castillo de Santa Catalina de Jaén, en la necrópolis del Cerrillo Salido y en los Marrones de Lopera, de donde salieron aportaciones como el mosaico representando a Tetis, madre de Aquiles, rodeada de delfines; cuencos de fondo curvo y vasos en barro negro; tumbas romanas y visigóticas.

El potencial del museo arqueológico provincial (1963-1969)

Un papel clave en la creación del Museo Provincial de Arqueología corresponde a Ramón Espantaleón Molina (1880-1970), considerado "alma y motor de las tareas arqueológicas provinciales" que, por su formación y condición de inspector de Farmacia, conocía y visitaba zonas arqueológicas de la provincia. Espantaleón elevó al presidente de la Diputación la propuesta de creación del Museo Arqueológico Provincial, con ocasión de organizar una exposición con los materiales que, hasta entonces, habían ingresado en la Sección de Arqueología del IEG. El incremento de fondos arqueológicos hizo que, para su conservación, se encargara un proyecto de adecuación de los bajos del Palacio Provincial al arquitecto Manuel Millán. El director general de Bellas Artes, Gratiniano Nieto, en la visita que hizo a Jaén, en abril de 1961, aconsejó al director del IEG, José Antonio de Bonilla Mir, que solicitase a la Dirección General el reconocimiento creación del Museo Arqueológico Provincial y así se propuso y aprobó en sesión celebrada en la Diputación provincial el 16 de abril de 1962.

El Museo Arqueológico Provincial se fundó por Decreto 1376/1963, de 30 de mayo, y se justificó en función de "la existencia de una extensa colección de piezas arqueológicas procedentes de excavaciones practicadas por el IEG con subvenciones del Ministerio y de la Diputación". Y añadía una nueva razón: "la posibilidad de incremento de la misma por los mismos medios o por otros, dada la singular riqueza arqueológica de la provincia". Se instaló en los bajos de la Diputación Provincial y se incorporaron los fondos que ya existían en la

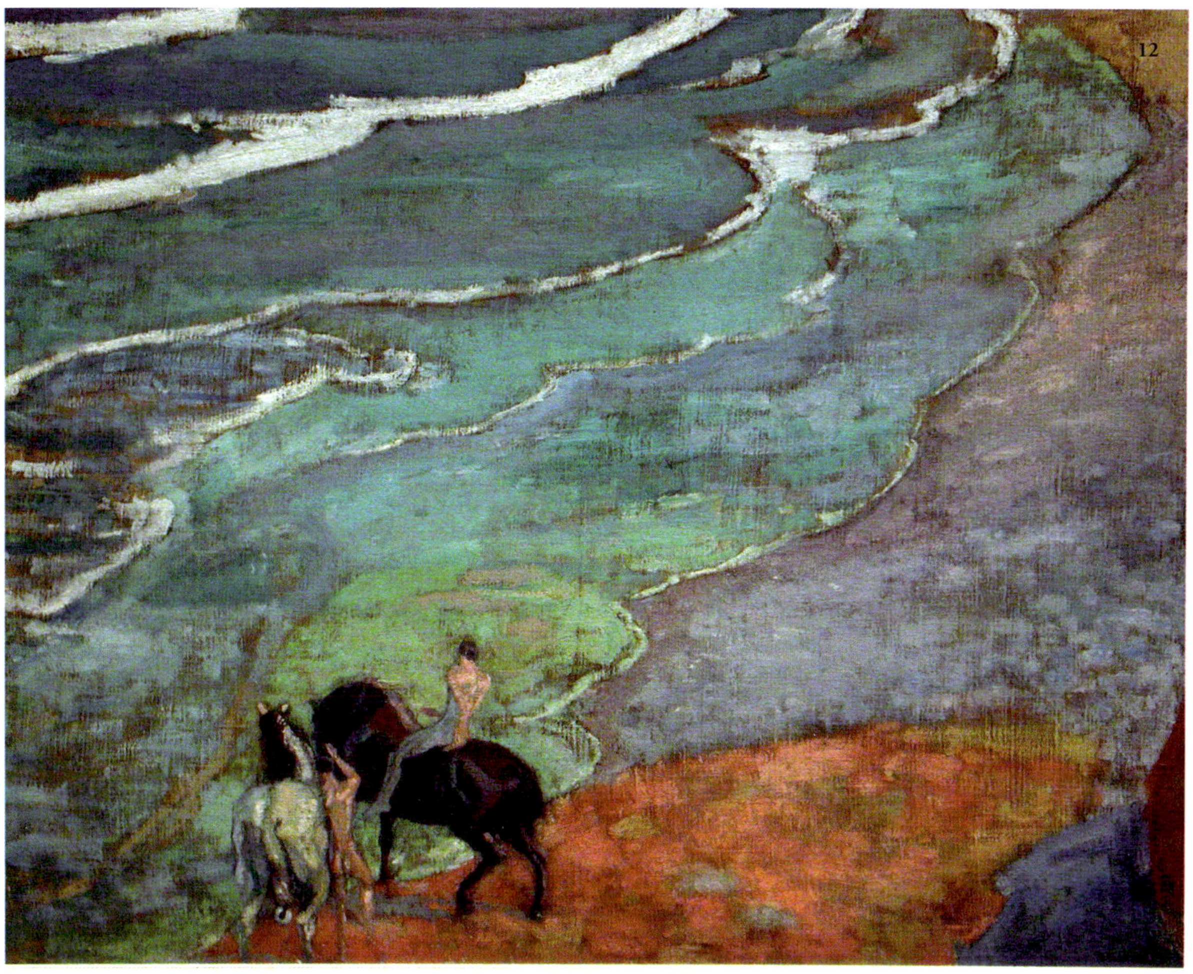

12. *Vázquez Díaz, Daniel.* **El Mar. 1908-1914. DE/BA00121.
Depósito levantado por MNCARS en 2016.**

Sección III de Arqueología del IEG, procedentes tanto de excavaciones subvencionadas, así como los objetos que habían obtenido por donaciones y los posibles hallazgos de las nuevas prospecciones.

En 1963, Rafael García Serrano ingresó en el Museo Arqueológico Provincial jarrones tipo "preferículo", torques finiseculares y pulseras del tesoro de plata ibero de La Alameda, de Santisteban del Puerto. Dos nuevas cabezas romanas se descubrieron en la provincia de Jaén: una en la plaza de la Constitución de la capital; la otra, en la finca Pozo de San Marcos de Porcuna; y, en 1964, volvió a excavar en Albánchez, Torres y la Cueva del Caño Quebrado, en la ladera de Santa Catalina de Jaén, que le permitieron depositar cuencos, vajillas, vasos y fragmentos cerámicos en el Museo Arqueológico de Jaén. A estas prospecciones arqueológicas siguieron

otras de interés por parte de distintos equipos arqueológicos. Para coordinar la programación de actuaciones y reforzar la cualificación de recursos humanos, en junio de 1967, se nombró conservador del Museo Arqueológico a Juan González Navarrete.

En la sede del Museo Provincial de Arqueología, los fondos se distribuyeron en tres espacios. En la **primera galería** se expusieron objetos de las necrópolis neolíticas y eneolíticas de Caño Quebrado y el mosaico de Tetis de Marroquíes Altos, de Jaén; piezas de la necrópolis ibérica de Castellones de Ceal; y exvotos del Santuario del Collado, de los Jardines de Santa Elena. En la **segunda galería** se mostraron el primer león del Cortijo del Pajarito, de Huelma; la esfinge de Jódar; la estela con togado de Peal de

Becerro; objetos de Cerro Alcalá, de Jimena; el joven de mármol de la Bobadilla de Alcaudete; el capitel ibérico de Martos; y vasijas y ánforas de procedencia diversa. En la **tercera galería** se podían contemplar: el toro de Porcuna; objetos ibéricos y visigóticos de La Guardia; lápida del castillo de Bélmez; cerámica y vidrios de Castellar y Cerro Alcalá; y las piezas de numismática.

Las colecciones arqueológicas se vieron incrementadas por otros objetos como los de Puente Mocho, de Beas de Segura; Cueva del Plato, de Castillo de Locubín; objetos de Peña Losa, de Baños de la Encina; exvotos de Torre Venzalá, de Torredonjimeno; tesoro de plata de La Alameda, de Santisteban del Puerto; cerámicas de Giribaile; togados del depósito de aguas de la Magdalena, de Jaén; exvoto Danza bastetana, de Fuerte del Rey; sarcófago paleocristiano, de Martos; o tesoro de Charilla, de Alcalá la Real.

La integración de los fondos y colecciones de los museos arqueológico y de bellas artes en el Museo Provincial de Jaén (1969)

El Museo Provincial de Bellas Artes y el Museo Arqueológico Provincial se fundieron en una sola institución, el Museo Provincial de Jaén, por Decreto 2536/1969, de 16 de octubre. El Decreto especificaba que el Museo se constituía con los fondos existentes en el antiguo Museo Provincial de Bellas Artes y del Museo Arqueológico Provincial; los donativos, legados y depósitos realizados por instituciones o particulares: las obras de arte y objetos histórico-artísticos adquiridos con destino al Museo; y los documentos o reproducciones que merecieran ser expuestas en el Museo. Se nombró director del Museo Provincial de Jaén a Antonio González Navarrete.

En 17 de octubre de 1968 se procedió al traslado, procedentes de la Diputación, Ayuntamiento y Capilla de San Andrés, de las pinturas, grabados y fondos arqueológicos (1554 objetos), al edificio del Paseo de la Estación, tras su devolución por el Ministerio del Ejército que lo ocupó a partir de 1939. El Museo Provincial de Jaén se inauguró el 27 de junio de 1971, remodelado por Luis Berges. Por Real Decreto 864/1984, el Estado transfirió las competencias en materia de gestión de los museos a la Junta de Andalucía, reservándose su titularidad. Este mismo año el director Juan González Navarrete, entregó el inventario de fondos y colecciones del Museo Provincial de Jaén al delegado provincial de la Consejería de Cultura. Se iniciaba una nueva etapa para la gestión de fondos y colecciones del Museo.

Referencias bibliográficas

Museo, Museología y Museografía

Bolaños, Mª (1997): *Historia de los Museos en España,* Gijón, Ediciones Trea.

Gaya Nuño, J. A. (1955), *Historia y guía de los Museos de España,* Madrid, Espasa Calpe.

León, A (1990): *El Museo. Teoría, praxis y utopía,* Madrid, Ediciones Cátedra.

Malraux, A. (2017): *El Museo imaginario,* Madrid, Cátedra.

Nieto Gallo, G. (1973): *Panorama de los museos españoles,* Madrid, Gráficas Cóndor.

Rivière, G. H. (1993): *La Museología. Textos y testimonios,* Madrid, Ediciones Akal.

Desamortización versus Museo de Pintura

Chicharro Chamorro, J. L. (1999): *El Museo Provincial de Jaén (1846-1984),* Jaén, Instituto de Estudios Giennenses de la Diputación Provincial y Consejería de Cultura de la Junta de Andalucía.

Eisman Lasaga, C.: *"Los orígenes del Museo de Pinturas de Jaén y sus primeros fondos".* Jaén, Códice, núm. 7, año 61, (1991), págs. 23-42.

Martín González, J. J. (1978): *"Problemática de la Desamortización en el Arte Español". Valladolid. II Congreso Español de Historia del Arte*, Boletín de la Cámara Oficial de Comercio.

Museo del Prado: (1991) *Inventario General de Pintura*. Vol. 1I. *El Museo de la Trinidad (Bienes desamortizados).*

Museo Provincial de Bellas Artes

Cazabán Laguna, A.: *"Inauguración del Museo Provincial de Bellas Artes"*, Jaén, Don Lope de Sosa, (octubre 2015), págs. 305-311.

Chicharro Chamorro, J. L. (1999): *El Museo Provincial de Jaén (1846-1984)*, Jaén, Instituto de Estudios Giennenses de la Diputación Provincial y Consejería de Cultura de la Junta de Andalucía.

Chicharro Chamorro, J. L.: *"Los Museos y la Diputación Provincial"*, Jaén, Boletín del Instituto de Estudios Giennenses, nº 207, año LIX, (enero-junio 2013).

Fe Jiménez, I.: *"Conservemos el patrimonio artístico de Jaén"*, Jaén, Boletín del Instituto de Estudios Giennenses, año II, núm. 5, (mayo-agosto 1955), págs. 9-32.

González López, L.: *"El Museo Provincial de Bellas Artes"*, Paisaje, tomo VI, año IX, núm. 82, (agosto-septiembre-octubre 1898), págs. 417-421.

González Navarrete, J.: *"El Museo de Jaén"*, Jaén, Boletín del Instituto de Estudios Giennenses, año XIII, núm. 52, (abril-junio 1967), págs. 25-42.

Museo del Prado: (1992): *Inventario General de Pintura*. Vol. 1II. *Nuevas adquisiciones (Desde 1856).*

Ureña Portero, G. (1982): *Las vanguardias artísticas en la postguerra española. 1940-1959*, Madrid, Ediciones Istmo.

Sección de Arqueología y Museo Provincial de Arqueología

Blanco Freijeiro, A.: *"Cerámica griega de los Castellones de Ceal"*, Archivo Español de Arqueología, volumen XXXII, núm. 99 y 100, (1959), págs. 106-112".

Blanco Freijeiro, A.: *"Excavaciones arqueológicas en la provincia de Jaén"*, Jaén, Boletín del Instituto de Estudios Giennenses, año VI, núm. 22, (octubre-diciembre 1959), págs. 89-123.

Casañas Llagostera, P.: *"Prospecciones arqueológicas en el Collado de los Jardines de Despeñaperros"*, Jaén, Boletín del Instituto de Estudios Giennenses, año V, núm. 21, (julio-septiembre 1959), págs. 103-171.

Ceacero Hernández, A.: "Donaciones de objetos arqueológicos en Peal de Becerro", Jaén, Boletín del Instituto de Estudios Giennenses, año I, núm. 2, (enero-junio 1954), págs. 129-132.

Chicharro Chamorro, J. L. (1999): *El Museo Provincial de Jaén (1846-1984)*, Jaén, Instituto de Estudios Giennenses de la Diputación Provincial y Consejería de Cultura de la Junta de Andalucía.

Chicharro Chamorro, J. L.: *"Los Museos y la Diputación Provincial"*, Jaén, Boletín del Instituto de Estudios Giennenses, nº 207, año LIX, (enero-junio 2013).

Espantaleón Molina, R.: *"Importantes hallazgos arqueológicos en el pueblo de La Guardia"*, Jaén, Boletín del Instituto de Estudios Giennenses, año I, núm. 2, (enero-junio 1954), págs. 125-126.

Espantaleón Molina, R.: *"Arqueología. Hallazgo en La Guardia"*, Paisaje, VII, (febrero-marzo-abril 1954), págs. 77-85.

Espantaleón Molina, R.: *"Jaén en el Museo Arqueológico Nacional"*, Jaén, Boletín del

Instituto de Estudios Giennenses, año XI, núm. 46, octubre-diciembre 1965), págs. 53-74.

Espantaleón y Jubes, R.: *Un nuevo yacimiento arqueológico: la estación romano visigótica de Los Morrones (Lopera)",* Jaén, Boletín del Instituto de Estudios Giennenses, año II, núm. 5, (mayo-agosto 1955), págs. 77-85.

Espantaleón y Jubes, R. (1957): *"La necrópolis eneolítica de Marroquíes Altos",* Jaén, Boletín del Instituto de Estudios Giennenses, año IV, núm. 13, (julio-septiembre 1957), págs. 165-171.

Espantaleón y Jubes, R. (1960): *"La necrópolis en cueva artificial de Marroquís Altos. Cueva III",* Jaén, Boletín del Instituto de Estudios Giennenses, año VII, núm. 26, (octubre-diciembre 1960), págs. 35-47.

Fernández-Chicarro, C.: *"Prospección arqueológica en los términos de Peal de Becerro",* Jaén, Boletín del Instituto de Estudios Giennenses, año I, núm. 3, (julio-diciembre 1954), págs. 69-85.

Fernández-Chicarro, C.: *"Viaje de prospección arqueológica en los términos de Hinojares y La Guardia",* Jaén, Boletín del Instituto de Estudios Giennenses, año II, núm. 6, (septiembre-diciembre 1955), págs. 89-98.

Fernández-Chicarro, C. (1956): *"La colección de antigüedades arqueológicas del padre Alejandro Recio",* Jaén, Boletín del Instituto de Estudios Giennenses, año III, núm. 20, (abril-junio 1956), págs. 121-159.

Fernández-Chicarro, C.: *"Prospección arqueológica en los términos de Hinojares y La Guardia",* Jaén, Boletín del Instituto de Estudios Giennenses, año III, núm. 7, (septiembre-diciembre 1956), págs. 101-119.

Fernández-Chicarro, C.: *"Avance sobre prospecciones arqueológicas en Castellar de Santisteban y Peal de Becerro,* Jaén, Boletín del Instituto de Estudios

Giennenses, año IV, núm. 13, (julio-septiembre 1957), págs. 153-163.

García de Serrano y Berro, R. (1964): *"Dos nuevas cabezas romanas de la provincia de Jaén",* Jaén, Boletín del Instituto de Estudios Giennenses, año IX, núm. 40, (enero-marzo 1964), págs. 23-50.

García de Serrano y Berro, R. (1964): *"Hallazgos eneolíticos en la provincia de Jaén",* Jaén, Boletín del Instituto de Estudios Giennenses, año X, núm. 40, (abril-junio 1964), págs. 35-47.

Hornos Mata, F.: *"Las colecciones arqueológicas del Museo de Jaén",* Boletín del Museo Arqueológico Nacional, núm. extra 35, (2017), págs. 322-334.

Lucas Pellicer, M. R. (1968): *"Otra cueva artificial en la necrópolis Marroquíes Altos de Jaén (Cueva IV)",* Excavaciones arqueológicas de España, núm. 62, (1968), págs. 3-29.

Martínez Ramos, B.: "Necrópolis visigótica descubierta en La Atalaya, término de Cazalilla", Jaén, Boletín del Instituto de Estudios Giennenses, año III, núm. 7, (abril-junio 1956), págs. 121-123.

Olivares Barragán, F: *"Hallazgo arqueológico en Santisteban del Puerto",* Jaén, Paisaje, (agosto-septiembre-octubre 1954), pág. 892.

Pinero Jiménez, F.: *"Prospección arqueológica realizada en el Cerrillo Salido, término de La Guardia de Jaén",* Jaén, Boletín del Instituto de Estudios Giennenses, año II, núm. 4, (enero-abril 1955), págs. 171-174.

Los depósitos del Museo del Prado en el Museo de Bellas Artes de Jaén: una historia de colaboración*

Texto: **Mercedes Simal López**
Doctora en Historia del Arte
Universidad de Jaén

Estudiar la historia de un museo es como estudiar la historia de un ser vivo. Cada uno tiene sus propias características e inquietudes, pasa por vicisitudes particulares y por ello resulta necesario conocer en profundidad el contexto en el que surgió, con qué apoyos e impulsos ha contado a lo largo de su desarrollo y cómo, gracias a la colaboración fructífera con otras instituciones, mecenas, etc., ha ido configurando sus rasgos propios, adaptándose a la coyuntura de cada época y manteniéndose a lo largo de los años.

Un buen ejemplo de todo ello lo encontramos en la configuración de las colecciones del Museo de Bellas Artes de Jaén, resultado en gran parte de numerosos depósitos procedente de otras instituciones, en especial de la que actualmente conocemos como Museo Nacional del Prado.

El magnífico y exhaustivo trabajo de José Luis Chicharro Chamorro sobre la historia del museo giennense publicado en 1999 explicó con detalle -a pesar de la dispersión de las fuentes y de los vacíos documentales existentes- estos procesos[1], y ahora aportamos algunas nuevas noticias al respecto procedentes de la consulta de los fondos conservados en el archivo del Museo Nacional del Prado, que nos han permitido conocer con mayor detalle cómo se gestaron y gestionaron[2].

Una pequeña introducción: los depósitos como forma de ingreso de obras en los museos

Desde 1872, la institución que hoy conocemos como Museo Nacional del Prado — y que por entonces aunaba los fondos de la colección real con los que abrió sus puertas al público en 1819, y los que desde 1836

habían formado parte del conocido como Museo de la Trinidad, procedentes de la Desamortización- comenzó a establecer depósitos en otras instituciones públicas -desde museos y escuelas, a Diputaciones y Ayuntamientos-, con el objetivo de completar los discursos expositivos de estos organismos, además de alhajar y ennoblecer sus interiores. Asimismo, la creación en 1894 del Museo de Arte Contemporáneo, que a partir de 1898 pasó a denominarse de Arte Moderno -cuyos fondos, en 1971, dieron origen a la colección de pintura del siglo XIX del Museo del Prado- y su también favorable predisposición al establecimiento de depósitos, permitió que muchos museos provinciales pudieran incluir en sus salas importantes obras de artistas que habían participado en exposiciones nacionales e internacionales[3].

Como ha señalado Mercedes Orihuela, las Reales Órdenes por las que se regulaba la fórmula jurídica de los depósitos de finales del XIX incluían los distintos requisitos que deben cumplir las instituciones depositarias para la adecuada conservación de las piezas que se les prestaba a largo plazo. Entre ellos estaban el de no restaurar ni alterar las obras, ni prestarlas a su vez a otras instituciones sin la autorización del museo al que pertenecían. Y no fue hasta el Real Decreto de diciembre de 1981 cuando se estableció una normativa específica sobre los depósitos temporales, regulándose actualmente aún por la Ley 16/1985, de 25 de junio, del Patrimonio Histórico Español y su desarrollo en el Real Decreto 620/1987, de 10 de abril, por el que se aprobó el Reglamento de Museos de Titularidad Estatal y del Sistema Español de Museos. En su capítulo II, se derogó el Real Decreto anterior y se determinó que solo

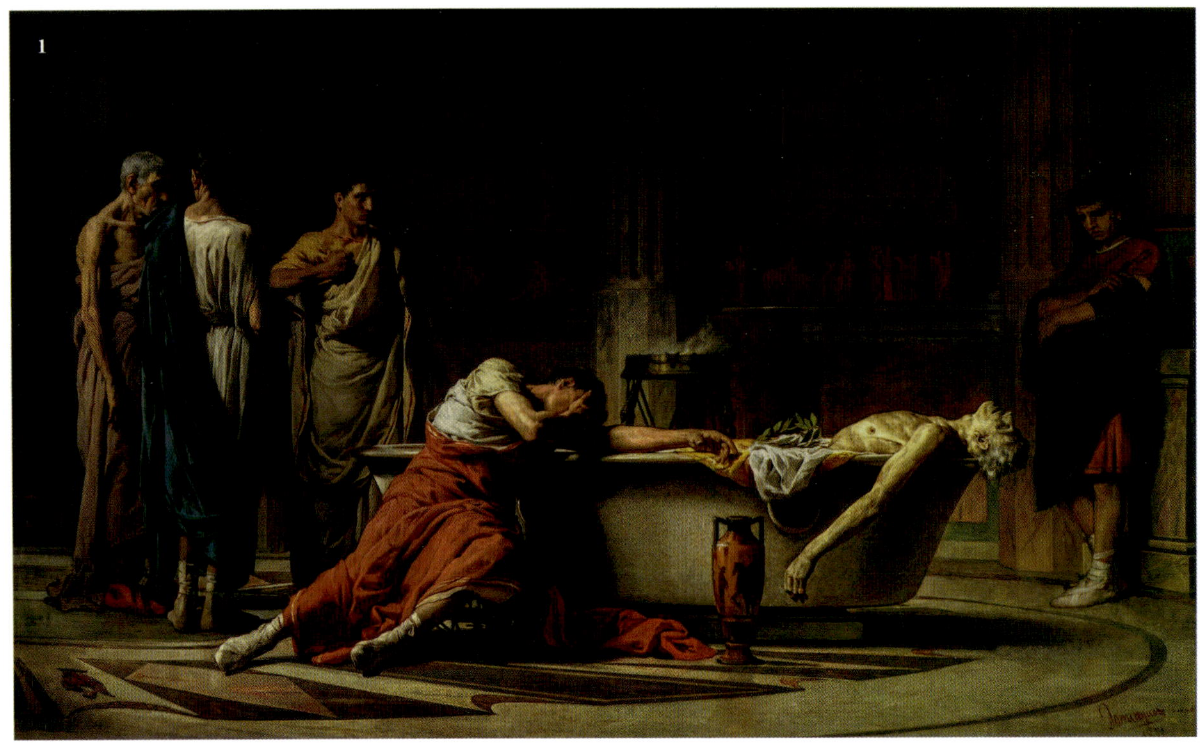

1. *Domínguez Sánchez, Manuel.* **Séneca, después de abrirse las venas, se mete en un baño y sus amigos, poseídos de dolor, juran odio a Nerón que decretó la muerte de su maestro. 1871. DE/BA00432.**

se podrán hacer depósitos de obras de arte en instituciones museísticas o de alta representación estatal (embajadas, ministerios, etc.), atendiendo a criterios de congruencia -temática, estilística, etc.- en relación con la institución depositaria[4].

En el caso de Jaén, tenemos constancia de que desde finales del siglo XIX distintas instituciones de la provincia se beneficiaron de esta fórmula jurídica, siendo una de las primeras el Ayuntamiento de Úbeda. Según consta en la documentación conservada en el Archivo del Museo del Prado, en 1887 el alcalde de la ciudad solicitó el depósito de "una docena de cuadros con destino a decorar el Salón de sesiones de su casa municipal" y, debido al "gran interés" que el Director General de Obras Públicas tenían en que se concedieran, la petición fue aceptada[5]. Por Real Orden de 30 de marzo de 1887 quedó establecido el depositó de seis pinturas -la mitad de las solicitadas, elegidas por el entonces

director del Museo, Federico de Madrazo - en el Ayuntamiento de Úbeda[6].

Respecto al Museo de Bellas Artes de Jaén, si bien cuando abrió sus puertas el 18 de octubre de 1915 -con sede en "el pabellón bajo izquierda" del Palacio Provincial- su colección era discreta[7], en poco tiempo creció de forma notable gracias a la llegada de numerosos depósitos, fruto de las eficaces gestiones de su director, Alfredo Cazabán Laguna, y de la colaboración de distintos giennenses influyentes en Madrid, como José del Prado y Palacio, gran impulsor del museo giennense y que por entonces gozaba de un gran peso político que utilizó siempre que pudo para beneficiar a la nueva institución[8].

Las sucesivas reales órdenes y órdenes ministeriales que ratificarán dichos depósitos serán el eje conductor de este trabajo, ya que nos permiten conocer con detalle las obras de arte que ingresaron en la institución y que por su calidad jugaron un

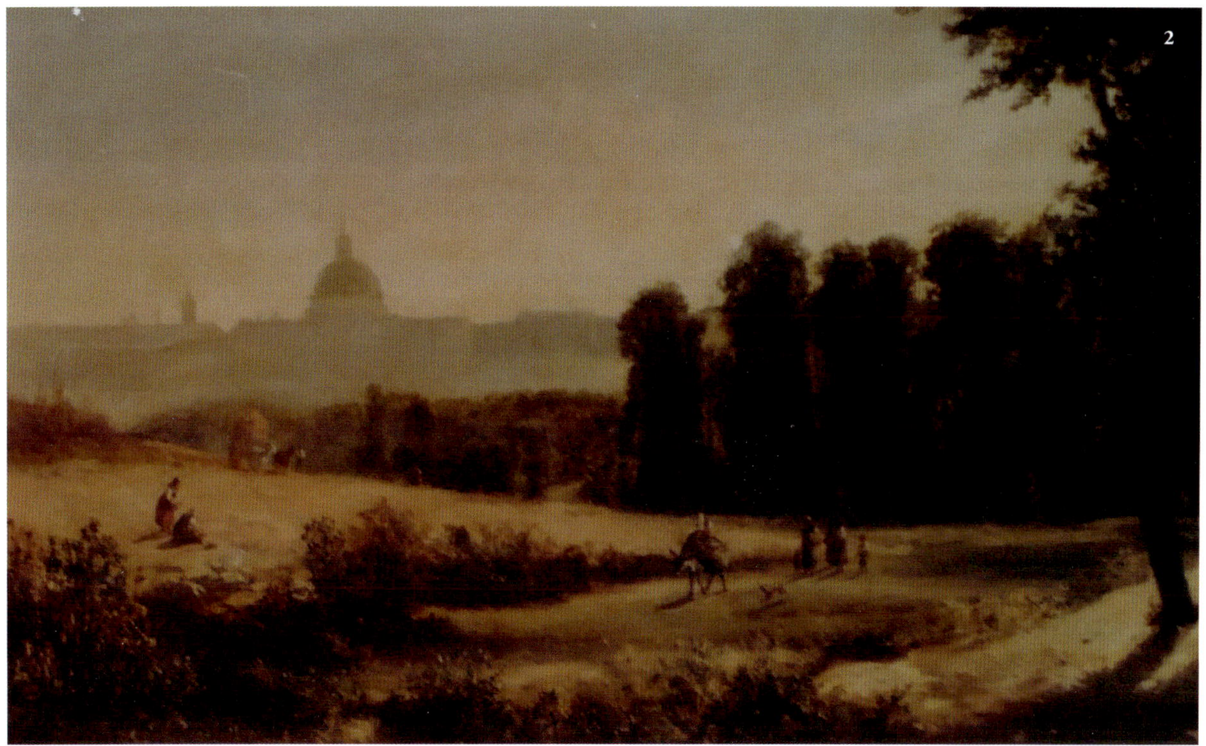

2. *Jiménez Fernández, José.* **Paisaje. Arroyada de las huertas de Luche (cercanías de Madrid). 1873. DE/BA00014.**

papel importante en el desarrollo del discurso museográfico de la institución[9].

Con el paso del tiempo, los depósitos se han mantenido, a excepción de algunas piezas que han causado baja por necesidades de otros museos o del propio Museo Nacional del Prado, en especial tras la reordenación de sus colecciones de arte del siglo XIX. De este modo, cuando en 1985 dichas obras fueron instaladas para su exhibición definitiva en las nuevas salas del Casón del Buen Retiro, se produjo el levantamiento del depósito del *Retrato del pintor Vicente Palmaroli* obra de Luis de Madrazo (MP, P-4479)[10]. Del mismo modo, cuando en 2006 parte de las obras del siglo XIX fueron expuestas en la planta baja del edificio Villanueva, se dieron de baja cinco depósitos, entre los que destacan los retratos de *Segismundo Moret y Quintana* (MP, P-4466) y su esposa, *Concepción Remisa* (MP, P-4473) obra de Federico de Madrazo y Kuntz, o los lienzos de

Margarita delante del espejo (MP, P-6368) y el de *Séneca, después de abrirse las venas, se mete en un baño y sus amigos, poseídos de dolor, juran odio a Nerón que decretó la muerte de su maestro* de Manuel Domínguez Sánchez (MP, P-4688).

Los primeros depósitos recibidos por el nuevo Museo Provincial de Bellas Artes de Jaén en 1915

Desde que se creó oficialmente el Museo Provincial de Bellas Artes de Jaén el 8 de enero de 1914, comenzaron los trabajos para dotarlo de una colección permanente adecuada. Como recogió José Luis Chicharro[11], el Ministerio de Instrucción Pública cedió una importante colección de 204 estampas, entre las que destacaba un ejemplar completo de los *Caprichos* de Goya y 54 aguafuertes de Carlos Haes. La Real Academia de Bellas Artes de San Fernando remitió al Museo varios vaciados de yeso de renombradas esculturas de época clásica y renacentista. Además, la Diputación Provincial

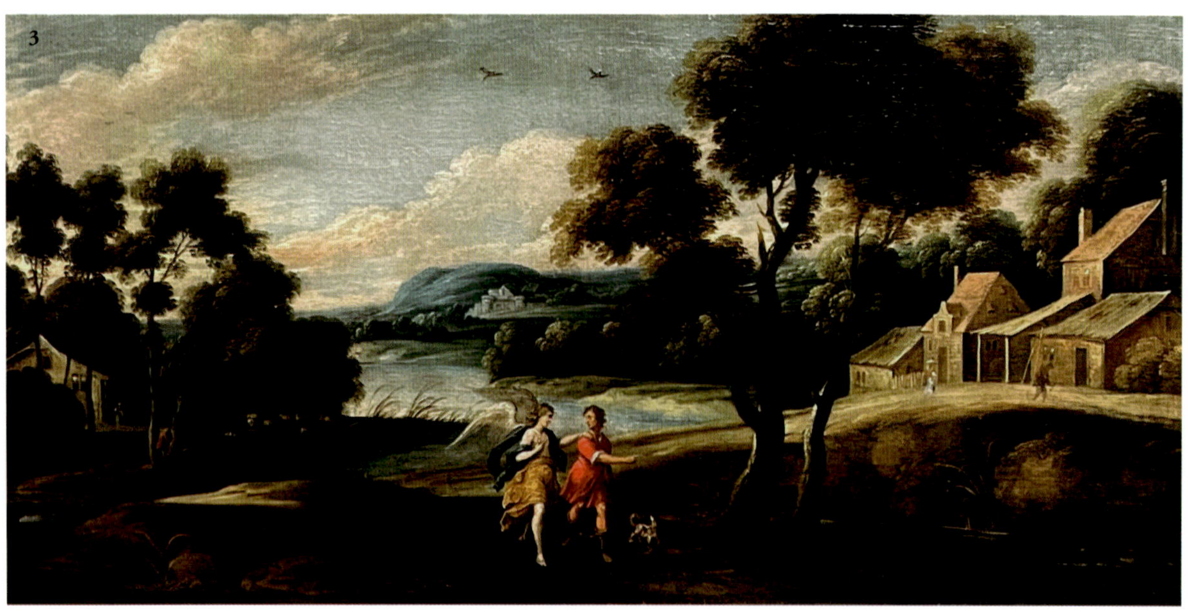

3. *Anónimo.* **Paisaje con el Arcángel San Rafael y Tobías. Siglo XVII. DE/BA00006.**
4. *Álvarez Catalá, Luis.* **El Viático a San Jerónimo. 1869. DE/BA00015.**

aprobó que "cuadros y esculturas existentes en las dependencias de este Centro" fueran trasladados al Museo, incluidos tres depositados por el Museo de Arte Moderno en 1901 por Real orden del 3 de agosto de ese año[12]. Como señaló Chicharro, las obras se entregaron el 15 de octubre a tan sólo tres días de la inauguración oficial[13]. Y tal y como figura en el acta aprobada el 3 de diciembre de 1915, se trataba de los lienzos que representaban la *Muerte de Francisco Pizarro* de Manuel Ramírez Ibáñez (MP, P-3384)[14], la *Arroyada de las Huertas de [A]luche* de José Jiménez Fernández (MP, P-6370) y la copia del *El Viático a san Jerónimo* de Domenichino que Luis Álvarez Catalá había hecho del lienzo conservado en Roma y que aún se conserva en Jaén (MP, P-6369-DE/BA15)[15].

Otra institución que jugó un papel fundamental a la hora de dotar de obras las nuevas salas del Museo Provincial de Bellas Artes de Jaén fue el por entonces conocido como Museo Nacional de Pintura y Escultura, actual Museo Nacional del Prado.

En mayo de 1915, la revista *Lope de Sosa* recogía la noticia de que "El Sr. Prado y Palacio solicita al director del Museo Nacional de Pintura, Sr. Villegas, el envío de algunos cuadros para el Museo Provincial de Jaén"[16]. No obstante, gracias a los documentos que hemos consultado en el archivo del Museo Nacional del Prado, sabemos que las negociaciones habían comenzado un año antes. Una carta de José del Prado y Palacio dirigida a José Villegas, fechada en Espeluy el 18 de noviembre de 1914, nos permite saber que, una vez concluidas las obras de instalación del Museo Provincial de Jaén, solicitó "algunos cuadros de los sobrantes en el del Prado prefiriendo, como es natural, si las hubiese, obras de Sebastián Martinez, Ambrosio Balois [sic], Francisco Pancorbo, Manuel Molina, Juan Esteban y José Elbó que fueron pintores de esta provincia". En dicha carta figura una nota manuscrita indicando que se daría cuenta al Patronato en la sesión próxima, y ya se adelanta "que no hay de pintores hijos de la provincia"[17].

No tenemos nuevos datos al respecto hasta el 29 de enero de 1915, fecha de la Real Orden

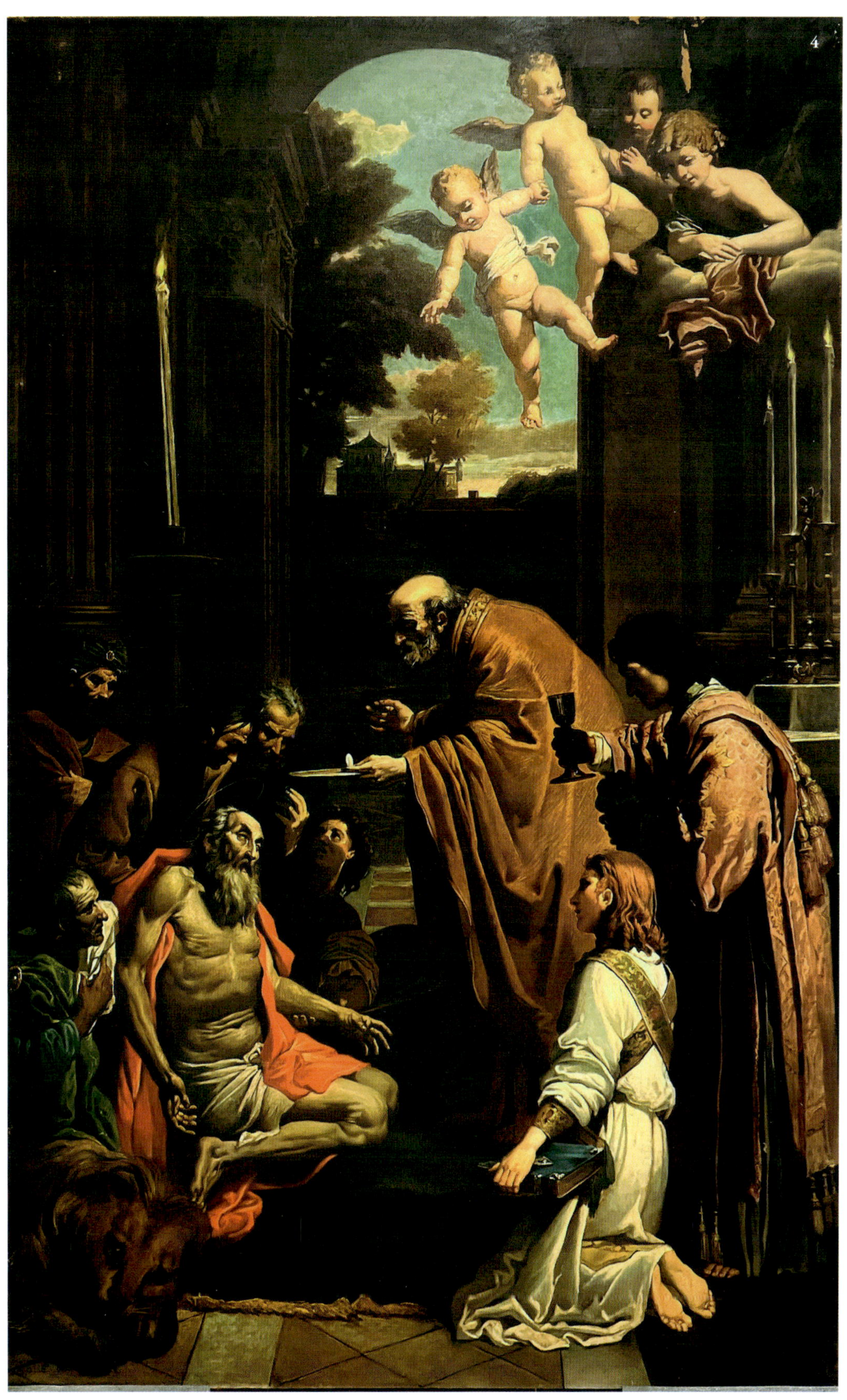

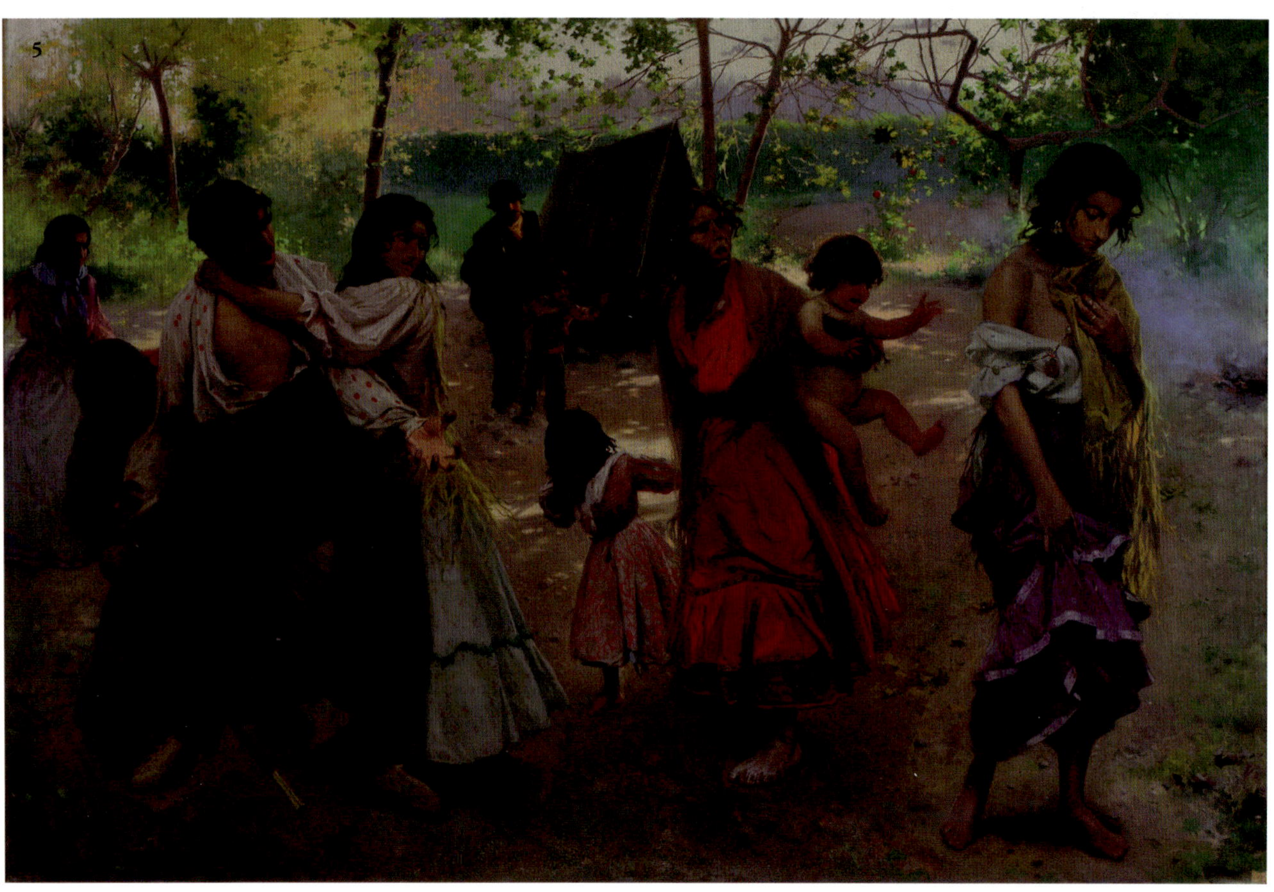

5. *Fillol Granell, Antonio.* **La Rebelde.** 1914. DE/BA00008.

por la que desde el Museo remitieron al Director General de Bellas Artes el listado de obras existentes en los almacenes que habían sido seleccionadas por una comisión para ser cedidas en depósito[18]. Para el Museo de Jaén se eligieron un total de siete procedentes de los fondos de la colección real y del Museo de la Trinidad, que se pensaba "podían satisfacer" la petición realizada, "sin menoscabo de la riqueza artística confiada a su cuidado. Se trataba de un *Cristo yacente* de Francesco Camilo (MP, P-5162-DE/BA4), la representación de *Tobías y el Arcángel san Rafael* obra de un pintor barroco de escuela madrileña (MP, P-5161-DE/BA6), el *Retrato del Cardenal Infante don Fernando de Austria* copia de Van Dyck (MP, P-5157-DE/BA7), un lienzo de *Moisés convirtiendo las aguas en sangre* (MP, P-5158-DE/BA1) y un *Paisaje* (MP, P-5159-DE/BA2), ambos de escuela flamenca, una pintura de un *Pavo real, guacamayo y otras aves* de Jan Fyt (MP, P-5160-DE/BA3) y una copia

de Tiziano de *El marqués del Vasto arengando a sus tropas* (MP, inv. P-5580). Los cuadros fueron concedidos en depósito al Museo Provincial por Real orden de 29 de enero de 1915, pero como ya señaló Chicharro, uno de ellos fue sustituido[19]. Gracias a la documentación conservada en el archivo del Museo Nacional del Prado hemos sabido que, al restaurarlos, "se encontró un curioso monograma" en la copia de *El marqués del Vasto arengando a sus soldados* y debido a que aún no había podido descifrarse "y su estudio es de particular interés para llegar a determinar quien pueda ser el autor", el Patronato acordó eliminar la obra de la lista y sustituirla por otro lienzo "de escuela madrileña del primer tercio del siglo XVII, que representa a San Juan y Jesús en el desierto [...] nº 698 del Inventario y catalogo del Museo de la Trinidad" (MP, P-5163-DE/BA5), comunicándolo de forma oficial el Presidente del Patronato al ministro de Instrucción Pública y Bellas Artes el 21 de junio de 1915. El 14 de

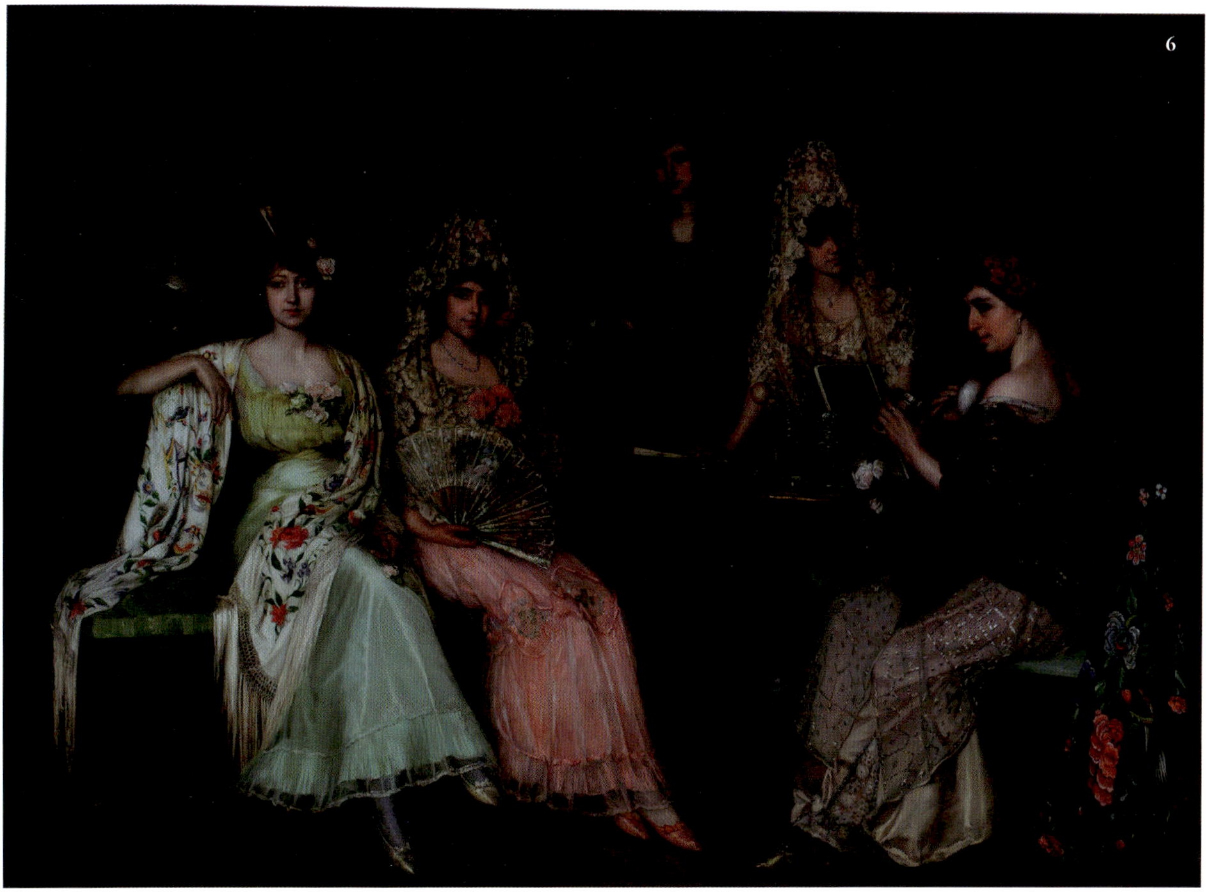

6. *Urquiola y Aguirre, Eduardo.* **Las presidentas. 1913. DE/BA00022.**

septiembre Alfredo Cazabán delegó en Víctor Velasco García, vecino de Madrid, para que, en su nombre y representación, retirara del Museo Nacional de Pintura y Escultura los siete cuadros concedidos en depósito, como así sucedió el 20 de septiembre de ese año[20].

Volviendo a la etapa previa a la inauguración del Museo Provincial de Jaén, sabemos que el 12 de junio de 1914, desde la dirección del mismo, se solicitaron cuadros al Museo de Arte Moderno[21]. Aunque la primera respuesta, recibida el 25 de junio de ese año fue negativa "por escasear las obras después de las concesiones últimamente realizadas", en 6 octubre de 1915 se concedió el establecimiento de ocho nuevos depósitos, por considerar "beneficiosa la transferencia", eligiéndose las siguientes obras: *Últimos momentos de Cervantes,* de Víctor Manzano (MP, P 6389 DE/BA9); *Guirnalda de flores* de Benito Espinós (MP, P-6386); una acuarela que representa una

Alegoría del baile, de José Vallejo y Galezao (MP, D-7468); *La rebelde,* de Antonio Fillol Granell (MP, P-6380-DE/BA8); *El comité rojo,* de Lluís Granel Arrufi (MP, P-6387); la copia de *La adoración de la Sagrada Forma* obra de Claudio Coello, realizada por Vicente López Portaña (MP, P-6388); y dos estudio de academia de Esteban Villanueva y Vinarao (MP, P-6390-DE/BA12 y MP, P-6391-DE/BA13)[22]. El Director General de Bellas Artes, Pedro Poggio y Álvarez, justificó la concesión de los depósitos ante el Director del Museo de Arte Moderno el 11 de octubre de 1915 -fecha de la Real Orden que oficializó el traslado de las obras- debido a que "hallándose en período de organización el Museo provincial de Bellas Artes de Jaén y siendo conveniente fomentar el desarrollo de la cultura artística de aquella provincia para la cual no cuenta aun dicho museo con los elementos necesarios a los fines para que fue creado"[23].

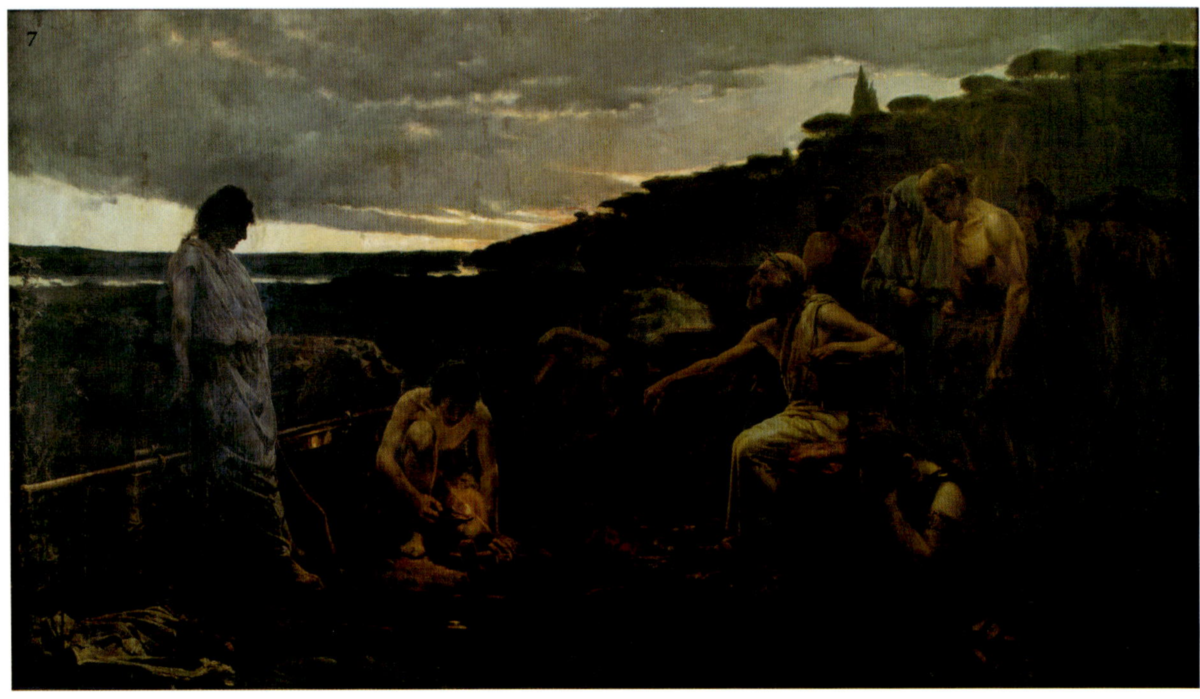

7. *Hidalgo de Caviedes, Rafael.* **Rea Silvia. 1889. DE/BA00018.**

1919: un nuevo depósito del Museo de Arte Moderno.

El 13 de octubre de 1917 el Director General de Bellas Artes trasladó a la Junta del Patronato del Museo de Arte Moderno la nueva solicitud que Alfredo Cazabán presentó ante el Ministerio de Instrucción Pública y Bellas Artes para conseguir, en calidad de depósito, de algunos cuadros del Museo de Arte Moderno, "a fin de aumentar el número de obras que en dicho Museo existen, hoy escaso, por efecto de su reciente creación, con lo que vendrá a fomentarse la cultura artística de la provincia".

Dicha petición tuvo un resultado positivo, y por Real Orden de 22 de septiembre de 1919 se aprobó el depósito de otras siete obras en el museo giennense, en su mayoría de gran formato: el *Evangelista san Lucas* (MP, P-6382-DE/BA20) y el *Evangelista san Marcos* (MP, P-6383-DE/BA19) de Francisco Sans Cabot; la *Rea Silvia* de Rafael Hidalgo de Caviedes (MP, P-6374-DE/BA18); *La salida del redil* de Lino Casimiro Iborra (MP, P-6019); la *Gira de campo* de Francisco Domingo Marqués (MP, P-6373-DE/BA23); *Las Presidentas* de Eduardo Urquiola (MP, P-6384-DE/BA22); y *La Cena de Emaus* de Joaquín Barbará y Balza (MP, P-6381-DE/BA21)[24]. En esta ocasión, el encargado de recoger las obras en el Museo de Arte Moderno y trasladarlas al Provincial de Jaén fue el propio Rafael Hidalgo de Caviedes, por entonces subdirector del Museo de Arte Moderno[25].

Como señaló José Luis Chicharro, hay que destacar el papel fundamental que jugaron en la resolución positiva de estas gestiones del mencionado Rafael Hidalgo de Caviedes y el Ministro de Instrucción Pública, José del Prado y Palacio, que durante años dieron un gran impulso al museo giennense, como se ha puesto de manifiesto en otros textos de este catálogo. Por ello, la Junta de Patronato acordó expresar «al Sr. Prado y Palacio y al Sr. Hidalgo de Caviedes, la gratitud más sincera por la concesión de los

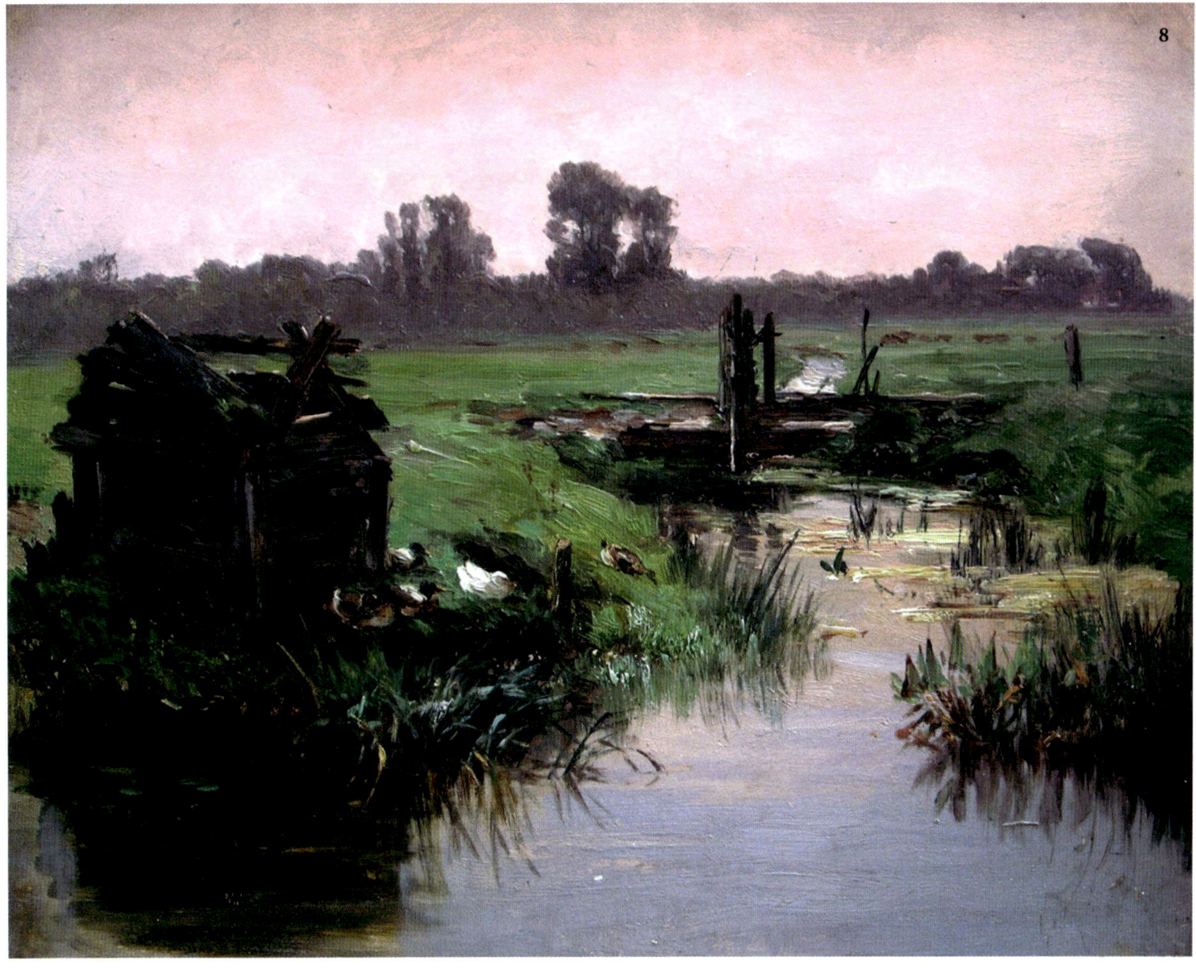

8. *Carlos de Haes.* **Praderas de Holanda. 1884. DE/BA00026.**

cuadros al primero y por la rapidez y buen deseo en la elección de las obras y el envío al segundo»[26].

Las ventajas de estar bien informado: los depósitos de cuadros de Carlos de Haes en 1924

El 23 de abril de 1924, Saturnino Sánchez de la Nieta, Deán de la Catedral de Jaén, y Alfredo Cazabán, en calidad de Presidente interino y secretario, respectivamente, de la Junta de Patronato del Museo Provincial de Bellas Artes, presentaron una nueva solicitud de depósito a la Junta de Patronato del Museo Nacional de Arte Moderno. El motivo de la solicitud era que "teniendo noticias de que en el Museo Nacional de Arte Moderno está desmontándose la sala

de cuadros del eminente paisajista Carlos Haes y están siendo concedidas algunas de esas obras en depósito a los Museos Provinciales de Bellas Artes", suplicaban que, si así lo estimaban justo, la Junta de Patronato se dignase conceder al museo de Jaén algunas de las dichas obras. La solicitud fue atendida, depositándose cuatro óleos de Carlos de Haes en la institución giennense por Real orden de 14 de julio de 1924: *Laguna (Abcoude)* (MP-P-6376-DE/BA29), *Picos de Europa* (MP-P-6377-DE/BA28), *Praderas de Holanda* (MP-P-6378-DE/BA26) y *Montañas (Asturias)* (MP-P-6379-DE/BA27), todos con las mismas dimensiones[27].

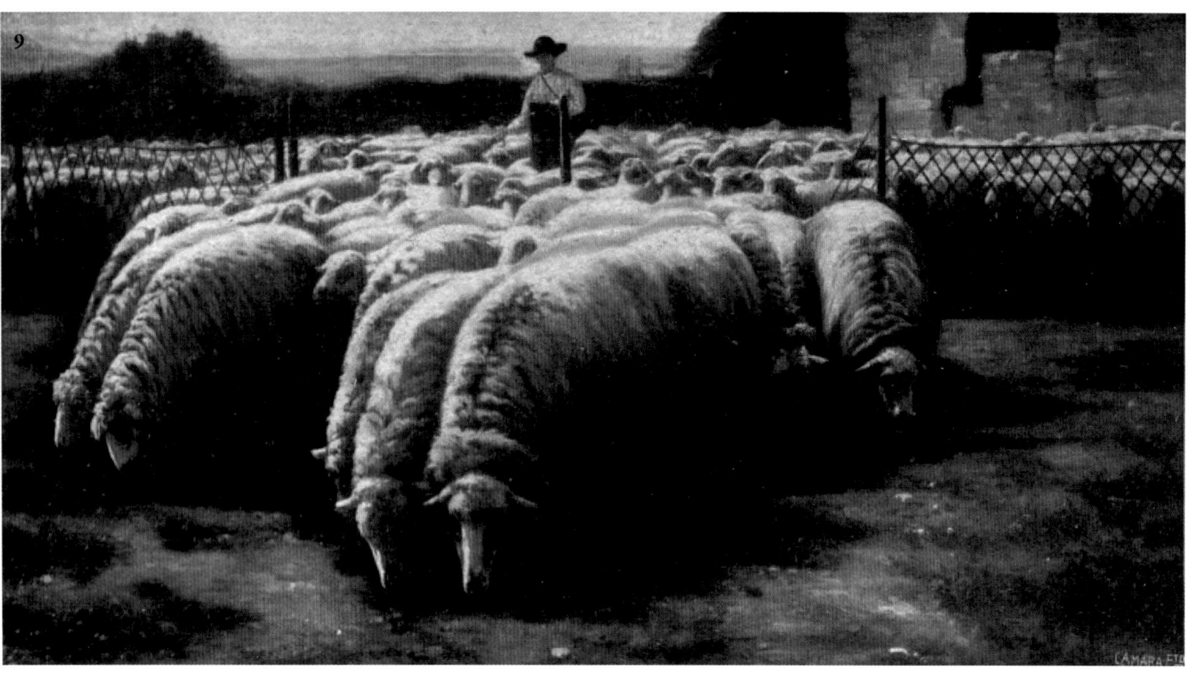

9. *Iborra Gorostegui, Lino Casimiro.* **Salida del redil. 1908. Canje con el Ayuntamiento de Badajoz**

El arranque de la década de 1930: permutas y negativas a nuevos depósitos

El 9 de marzo de 1931 el nuevo director del Museo, José Nogué, escribió a Mariano Benlliure agradeciéndole su cariñosa felicitación por su nombramiento y remitiéndole un oficio solicitando la permuta de un cuadro. Nogué explicaba que había regalado al Museo "una obra de un pintor, Rodríguez, natural de aquí, ya fallecido, y cuyas obras tienen indudable interés, y he conseguido otros donativos para instalar una sala de artistas nacidos o residentes aquí", por lo que a un vocal del Patronato se le ocurrió "que se pidiera mi cuadro, que está en Badajoz, en el Ayuntamiento"[28]. Dado que la propuesta fue aceptada, Nogué dio curso a la solicitud, concluyéndose con la permuta del cuadro *La salida del redil* de Lino Casimiro Iborra (MP-P6019) por *Primavera en la Costa Azul* de José Nogué (MP- P6375-DE/BA24)[29].

En 1934 el recién nombrado director del Museo Provincial de Jaén solicitó la concesión de nuevos depósitos de pinturas del Museo de Arte Moderno, con "el objeto de fomentar y revestir de mayor interés al mencionado museo", pero su petición fue rechazada "por hallarse totalmente agotados las existencias [...] destinadas al cumplimiento de ese fin". Ante la contundencia de la negativa, Isaac Usano Massot no dudó en escribir personalmente en enero de 1935 a su homónimo del Museo de Arte Moderno recordándole "su promesa de escribirme y de facilitarme un alcance de los cuadros que tenga a bien enviar", y explicándole que el motivo de su insistencia era que la Diputación le había ofrecido dos salas más para las dependencias del Museo, por lo que esperaba su respuesta con enorme interés. No obstante, en esta ocasión la insistencia no obtuvo premio, ya que el 8 de mayo de 1936 el director General de Bellas artes informó de la "absoluta imposibilidad de acceder a este ruego, ya que tenemos completamente agotadas las existencias de obras dedicadas a la satisfacción de estas necesidades"[30].

Una denuncia ante la Fiscalía del Reino: la revisión de los depósitos a partir de 1969

El elevado número de depósitos concedidos por el Museo Nacional del Prado a lo largo de su historia, la antigüedad de muchos de ellos y las distintas vicisitudes que con el paso del tiempo habían sufrido las obras hicieron que su control no se hubiera llevado en todos los casos con el rigor necesario.

En 1969 la denuncia de una supuesta desaparición de piezas artísticas pertenecientes al Museo del Prado llevó a la Fiscalía del Reino a iniciar diligencias al respecto[31]. Esta documentación constituye una excelente fuente para conocer datos sobre las obras que por entonces estaban depositadas en el Museo de Jaén procedentes de dicha institución, que fueron localizadas, verificadas sus dimensiones y su estado de conservación, además de ser fotografiadas.

Asimismo, este conjunto documental permite constatar cómo, en algunos casos, se había perdido memoria de la fecha de ingreso de algunas de las obras recibidas en depósito, que habían sido trasladadas al Museo Provincial desde el Ayuntamiento y la Diputación, sin que en ocasiones quedara constancia documental de ello. Además, los errores en las medidas de algunos depósitos[32], las erratas y/o cambios en sus títulos[33] y la ausencia hasta entonces de imágenes de la práctica mayoría de las obras -reclamadas aún, en algunos casos, en 1981[34]- hicieron difícil la localización y control de las piezas.

Respecto a los cuadros depositados en el Ayuntamiento de Jaén, el informe remitido indicaba que el 26 de noviembre de 1969 ingresaron en el museo giennense distintas obras que antaño habían sido depositadas en la casa consistorial por el Museo Nacional del Prado -en virtud de acta de 9 de julio de 1945- y que fueron dadas de baja de forma definitiva del inventario de bienes municipales por acuerdo de la Comisión Municipal permanente de 22 de enero de 1970[35].

Los informes enviados por parte de la Diputación provincial aportaban los datos que habían podido recuperar de las obras del Prado depositadas en el Palacio Provincial, informando de que, en 1968, "se recogieron todos los fondos hasta entonces diseminados, que pasaron a formar parte del Museo de Jaén" en su nueva sede ubicada en el Paseo de la Estación[36]. El Presidente de la Diputación reconocía -en una carta remitida al subdirector del Museo Español de Arte Contemporáneo el 22 de agosto de 1969- que "que si bien en esta corporación existen varios cuadros propiedad del Estado en virtud de depósito, no hay antecedentes de que ninguno de ellos haya sido depositado por ese Museo", por lo que no podrían cumplir con la orden de informar al respecto hasta que no se investigase la procedencia de aquellas obras[37]. Afortunadamente, un par de meses más tarde, el 17 de octubre de 1969 el Presidente de la Diputación informó al subdirector del Museo Español de Arte Contemporáneo de que cinco de las pinturas de las que les había requerido información se encontraban en el Museo Provincial de Bellas Artes de Jaén, por lo que pedía que los diera de baja como depósito de su institución: *Margarita ante el espejo* de Manuel Domínguez Sánchez (MP, P-6368)[38]; *Arroyada de las Huertas de [A]luche* de José Jiménez Fernández (MP, P-6370); *El Carnaval en Roma* de Enrique Mélida y Alinari (MP, P-7553-DE/BA99)[39]; y *Nerón ante el cadáver de su madre,* de Arturo Montero y Calvo (MP, P-6371-DE/BA448)[40].

En cuanto a la documentación aportada por el entonces Museo Provincial de Bellas Artes y Arqueológico Provincial de Jaén, desde la dirección dieron cumplida información de las siete pinturas procedentes de la colección real y del antiguo Museo de la Trinidad que tenían depositadas por R. O. de 29 de enero de 1915 y de 24 de septiembre de 1919: el *Cristo yacente* de Francesco Camilo (MP, P-5162-DE/BA4), la representación de *Tobías y el Arcángel san Rafael* obra de un pintor barroco de escuela madrileña (MP, P-5161-DE/BA6), el *Retrato del Cardenal Infante don Fernando de Austria*, copia de Van Dyck (MP, P-5157-DE/BA7), un lienzo de escuela flamenca que representaba a *Moisés convirtiendo las aguas en sangre* (MP, P-5158-DE/BA1); un *San Juan y Jesús en el desierto* de escuela madrileña el primer tercio del siglo XVII (MP, P-5163-DE/BA5); un *Paisaje* de escuela flamenca (MP, P-5159-DE/BA2); y un *Pavo real, guacamayo y otras aves* de Jan Fyt (MP, P-5160-DE/BA3). Asimismo, indicaron que la restauración de dichas obras estaba a cargo "del pintor restaurador de Jaén, que lo fue del Casón del Buen Retiro de Madrid, D. Francisco Cerezo Moreno", si ese Museo lo cree conveniente y no manifiesta opinión en contra"[41].

Asimismo, tenían como depósito del antiguo Museo Nacional de Arte Moderno -que en esa fecha había pasado a denominarse Museo Nacional de Arte Contemporáneo- un total de 22 obras, depositadas por Reales Órdenes de 11 de octubre de 1915, 23 de septiembre de 1919 y 24 de julio de 1924: *La rebelde,* de Antonio Fillol Granell (MP, P-6380-DE/BA8); *Últimos momentos de Cervantes,* de Víctor Manzano (MP, P-6389-DE/BA9); *Guirnalda de flores de Benito Espinós* (MP, P-6386); *El comité rojo,* de Lluís Granel Arrufi (MP, P-6387); dos estudio de academia de Esteban Villanueva y Vinarao (MP, P-6390-DE/BA12 y MP, P-6391-DE/BA13); *Arroyada de las Huertas de [A]luche* de José Jiménez Fernández (MP, P-6370); la copia del *El Viático a san Jerónimo* obra de Luis Álvarez (MP, P-6369-DE/BA15); la acuarela que representa una *Alegoría del baile,* de José Vallejo y Galezao (MP, D-7468); la copia de *La adoración de la Sagrada Forma* de Claudio Coello, realizada por Vicente López Portaña (MP, P-6388); la *Rea Silvia* de Rafael Hidalgo de Caviedes (MP, P-6374-DE/BA18); el *Evangelista san Lucas* (MP, P-6382-DE/BA20) y el *Evangelista san Marcos* (MP, P-6383-DE/BA19) de Francisco Sans Cabot; *La Cena de Emaus* de Joaquín Barbará y Balza (MP, P-6381-DE/BA21); *Las Presidentas* de Eduardo Urquiola (MP, P-6384-DE/BA22); la *Gira de campo* de Francisco Domingo Marqués (MP, P-6373-DE/BA23); *Primavera en la Costa Azul* de José Nogué (MP- P6375-DE/BA24); *Margarita ante el espejo* de Manuel Domínguez Sánchez (MP, P-6368); y los cuatro paisajes de Carlos de Haes titulados *Laguna (Abcoude)* (MP-P-6376-DE/BA29), *Picos de Europa* (MP-P-6377-DE/BA28), *Praderas de Holanda* (MP-P-6378-DE/BA26) y *Montañas (Asturias)* (MP-P-6379-DE/BA27). Casi todos los cuadros se encontraban en buen estado de conservación, como se podía apreciar en las fotografías que se enviaban, y su restauración, al igual que los procedentes de la colección real y el antiguo museo de la Trinidad, estaban a cargo de Francisco Cerezo[42].

El buen hacer de los profesionales del Museo de Jaén hizo que, en 1979, la Fiscalía expresara su reconocimiento a la dirección del mismo por su "diligente colaboración en tan importante tarea para la protección y defensa del patrimonio artístico nacional"[43].

1971. La supresión del Museo de Arte Moderno y la llegada de un elevado número de depósitos al Museo Provincial de Jaén.

El nuevo Museo Provincial de Jaén, ya con sede en el Paseo de la Estación recibió, gracias al buen hacer de Juan González Navarrete, un nuevo importante depósito de obras de arte del Museo Español de Arte Contemporáneo, por órdenes de 14 y 19 de enero de 1971. Se trataba de un importante conjunto de casi sesenta pinturas obra de Balaca, Benlliure, Palmaroli, Luis, Federico y José Madrazo, José Moreno Carbonero, Eusebio Valdeperas, Eduardo Cano de la Peña, Domingo Valdivieso, Manuel Domínguez Sánchez, etc., fundamentales para la construcción del discurso museográfico del

Museo, que por fin pudo exhibir sus colecciones en una sede propia, y que abrió sus puertas al público en junio de 1971, inaugurando una nueva etapa para la institución[44].

Notas

* Este trabajo se ha realizado en el marco del grupo de investigación "Arquitecto Andrés de Vandelvira" de la Universidad de Jaén (HUM-573).

1 Chicharro Chamorro, José Luis, 1999. *El Museo Provincial de Jaén (1846-1984).* Jaén: Diputación Provincial de Jaén-Instituto de Estudios Giennenses. ISBN: 978-84-87115-67-7.

2 Quiero agradecer a Carlos Javier Fernández Rodríguez, director del Museo Provincial de Jaén, y a Yolanda Cardito, Técnica de gestión de Archivo del Museo Nacional del Prado, su ayuda para la realización de este trabajo.

3 Sobre este tema, Orihuela Maeso, Mercedes y Pérez Torres, Luz, 2019. El Prado disperso: 1872-2019. *Boletín de la ANABAD.* Madrid: ANABAD, tomo 69, no. 4 (Ejemplar dedicado a: Bicentenario del Museo Nacional del Prado), pp. 120-137.

4 Orihuela Maeso, Mercedes, 2018. El Prado disperso. Epílogo. *Boletín del Museo del Prado.* Madrid: Museo Nacional del Prado, tomo 36, no. 54, pp. 78-79.

5 Archivo del Museo Nacional del Prado (a partir de ahora AMNP), c. 241, exp. 7.

6 Sobre este tema, Rodríguez Martínez, David, 2019. Depósito pictórico del Museo del Prado en la ciudad de Úbeda. *Argentaria, Revista de Historia, Cultural y Costumbrista de las Cuatro Villas [en línea].* Úbeda: no. 21, 2019, p. 110.

7 Chicharro Chamorro, José Luis, 1999, p. 155.

8 Sobre este tema, Morales Gila, Paula y Morales Gila, Rosa, 1999. Fondos del Museo del Prado en el Museo Provincial de Jaén: cuadros adquiridos por el estado en las Exposiciones Nacionales de Bellas Artes. *Cuadernos de arte de la Universidad de Granada.* Granada: Universidad de Granada, no. 30, 1999, pp. 311-323.

9 Los distintos cuadros depositados en el Museo aparecen recogidos con detalle en Orihuela Maeso, Mercedes y Cenalmor, Elena, 2005. «El Prado disperso» Obras depositadas en Almería y Jaén. Catedral, Almería. Iglesia Ntra. Sra. del Carmen, Cantoria. Iglesia Sta. María de la Anunciación, Urracal. Museo, Jaén. Universidad, Jaén. Ayuntamiento, Úbeda. Museo, Cazorla. *Boletín del Museo del Prado.* Madrid: Museo Nacional del Prado, vol. 23, no. 41, 2005, pp. 124-139.

10 AMNP, c. 269, leg. 198, exp. 8, doc. 92.

11 Chicharro Chamorro, José Luis, 1999, pp. 127-128.

12 Sobre este tema, véase también López Pérez, Manuel, 1984. Catálogo breve de los fondos artísticos del Palacio Provincial de Jaén. *Boletín del Instituto de Estudios Giennenses.* Jaén: Instituto de Estudios Giennenses, no. 119, 1984, pp. 9-84.

13 Chicharro Chamorro, José Luis, 1999, p. 161.

14 Tal como consta en un documento firmado por el director de Jaén el 9 de mayo de 1980, dirigido al Instructor de la Fiscalía General del Reino, este cuadro fue enviado a Madrid para su restauración por Antonio de la Cuadra en 1940 y nunca fue devuelto. AMNP, c. 5185, exp. 9.

15 AMNP, Museo de Arte Moderno (a partir de ahora MAM) 65, exp. 3.

16 Chicharro Chamorro, José Luis, 1999, p. 453.

17 AMNP, c. 269, leg. 198, exp. 8, doc. 92.

18 AMNP, c. 86, leg. 15.11, exp. 10.

19 Chicharro Chamorro, José Luis, 1999, p. 161.

20 AMNP, c. 86, leg. 15.11, exp. 10.

21 AMNP, AMA, 65, exp. 3.

22 Chicharro Chamorro, José Luis, 1999, p. 157.

23 AMNP, AMA, 65, exp. 3.

24 AMNP, AMA, 65, exp. 3.

25 AMNP, AMA, 65, exp. 3.

26 Chicharro Chamorro, José Luis, 1999, p. 169.

27 AMNP, AMA, 65, exp. 3.

28 AMNP, AMA, 2, exp. 96.

29 Chicharro Chamorro, José Luis, 1999, p. 204.

30 AMNP, AMA, 65, exp. 3.

31 Los resultados de estos trabajos de revisión de las colecciones del Museo Nacional del Prado fueron publicados entre 1990 y 1996 en tres volúmenes: *Museo del Prado. Inventario General de Pinturas. Vol. I. La colección real;* Vol. II. *El Museo de la Trinidad (Bienes desamortizados);* Vol. III. *Nuevas adquisiciones. Museo iconográfico. Tapices, 1990-1996.* Madrid: Museo del Prado-Espasa Calpe. ISBN 84-239-4310-0.

32 Es el caso del lienzo de *San Juan y Jesús en el desierto* de escuela madrileña el primer tercio del siglo XVII (MP, P-P-5163-DE/BA5). Si bien en los listados de constitución del depósito figuraba que sus medidas eran "alto 1,12x0,40", la realidad es que son de 2,12x1,47 cm.

33 Sirva como ejemplo la obra de Rafael Hidalgo de Caviedo actualmente titulada *Marina (Echando la barca)* (MP, P-7554- DE/BA553), que en la documentación de establecimiento de depósito aparece descrita como "Echando la barra [sic]", por lo que inicialmente no se localizó, hasta que en 1979 se deshizo el malentendido. AMNP, c. 5185, exp. 9.

34 Una copia de las fotografías se conserva en AMNP, c. 5195, exp. 3, e Idem, MAM, 65, exp. 3 (con notas sobre la forma de ingreso y revisiones y traslados posteriores).

35 AMNP, c. 5185, exp. 9.

36 AMNP, c. 5185, exp. 9.

37 AMNP, MAM, 65, exp. 3.

38 Una copia del acta de entrega de esta obra a la Diputación de Jaén por R. O. de 14 de julio de 1928 se conserva en el AMNP, MAM, 30, exp. 2, doc. 1. Como recogió Chicharro, pasó al Museo Provincial el 15 de marzo de 1935 (Chicharro Chamorro, José Luis, 1999, p. 616, apéndice documental, doc. 23, asiento 17).

39 Fue depositado en el Ayuntamiento de Jaén por el Museo de Arte Moderno por Real Orden de 14 de julio de 1928, tal como consta en la documentación conservada en el expediente del AMNP, c. 5185, exp. 9. Como recogió Chicharro, pasó al Museo Provincial el 15 de marzo de 1935 (Chicharro Chamorro, José Luis, 1999, p. 616, apéndice documental, doc. 23, asiento 18).

40 AMNP, MAM 65, exp. 3.

41 AMNP, c. 86, leg. 15.11, exp. 10.

42 AMNP, MAM, 65, exp. 3.

43 AMNP, c. 5185, exp. 9.

44 Los listados de obras están transcritos en Chicharro Chamorro, José Luis, 1999, apéndice documental, doc. 32, pp. 731-735. Sobre este tema, véase también AMNP, caja 86, leg. 15.11, exp. 10; y AMNP, c. 269, leg. 198, exp. 8, doc. 92.

Breve semblanza social de la ciudad de Jaén en el tiempo de entreguerras, 1914-1930.

Texto: **Salvador Cruz Artacho**
Catedrático de Historia Contemporánea
Universidad de Jaén

Cuando se inicia el siglo XX la ciudad de Jaén alberga a poco más de veinticinco mil habitantes (concretamente 25.566), esto es, el 5,4% del conjunto de la población de la provincia. La imagen que ofrece la misma en este cambio de siglo es la de un mediano núcleo de población marcado, de una parte, por una fuerte impronta y conexión con su entorno agrario y rural y, de otra, por la pugna provincial que se dilucida en estos años de tránsito de centuria entre el poder económico que representa y ostenta ahora la ciudad de Linares y el papel político y administrativo que le correspondía a la ciudad de Jaén en cuanto capital provincial[1].

Esta imagen general marcada por un cierto halo de atonía no impide constatar la presencia de cambios en la fisonomía urbana de la ciudad, especialmente visibles a partir de la década de 1880, cuando se proyectan e inician procesos de ensanche hacia el norte en su tejido urbano que empujan la ciudad más allá de su tradicional casco histórico. En este sentido, la llegada del ferrocarril en 1881 y la definición de dos vías de ensanche que partían hacia el norte desde la antigua plaza del Mercado (Paseo de la Estación y Carretera de Madrid) pusieron las bases de lo que vendría a ser la nueva configuración urbana de la ciudad en el siglo XX, donde no faltaron nuevas tipologías edificatorias como la que representaban los casinos, balnearios, teatros, etc[2]. La construcción, entre 1889 y 1902, del Asilo de Ancianos San José constituyó, en este sentido, un claro ejemplo de modernidad arquitectónica en una ciudad que veía cómo, ya en las primeras décadas del siglo XX, se multiplicaban los ejemplos de edificios funcionales y racionalistas que convivirán, bien es cierto, con la tipología constructiva habitual de la casa-patio, así como con los proyectos de construcción de casas baratas y viviendas adosadas que comienzan a verse en los límites de la ciudad. Edificios emblemáticos del Jaén de estos años como el Seminario Diocesano de Jaén (1899), las Casas Consistoriales (1899), la casa de las Heras (1903-1904), la Granja Agrícola (1904), el Teatro Cervantes (1906), el Grupo Escolar de los Caños (1918-1922), el Casino Primitivo (1919), la Escuela Normal de Magisterio (1920) o el Teatro Darymelia (1922-1927) representan una clara muestra de este ambiente de transformación urbana, que sumar a otros ejemplos que en la misma dirección se ofrecen en la calle Bernabé Soriano, donde se concretan en estos años ejemplos igualmente emblemáticos de arquitectura historicista, regionalista, modernista, ecléctica y/o vanguardista[3].

Jaén en las primeras décadas del siglo XX. Cambios y permanencias en tiempos de la primera posguerra mundial.

Este proceso de transformación y modernización urbana, que se despliega en la ciudad a lo largo de todo el primer tercio del siglo XX modificando y ensanchando visiblemente los límites de su trazado urbano, respondió a motivaciones de diferente naturaleza. A las razones de índole estilístico-arquitectónico se le sumaron otras de dimensión social y política. En este sentido, los requerimientos de nuevos espacios públicos para la gestión político-administrativa, así como la necesidad de atender y, en alguna medida también, planificar/ordenar el crecimiento demográfico que vive la ciudad en estos años coadyuvaron igualmente a implementar procesos de ensanche que provocaron, entre otras cosas, efectos notables en el mercado inmobiliario de

Gráfico 1

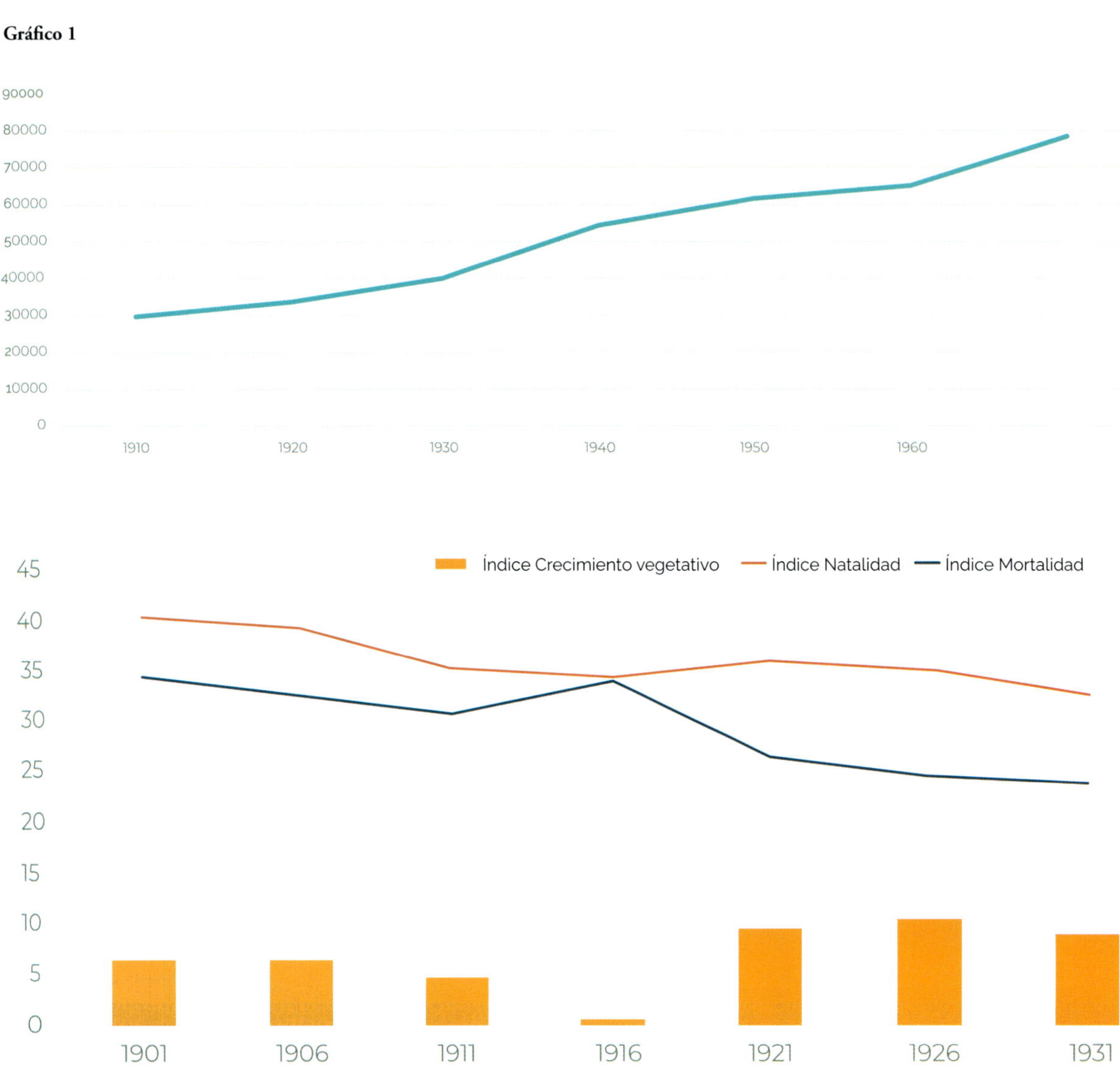

Gráfico 2

la capital, alentando un «boom constructivo» al calor de la liberación y ampliación de suelo urbanizable. Todo ello terminó cambiando la fisonomía urbana de la ciudad.

Como muestra el gráfico 1, en términos demográficos la ciudad de Jaén no dejó de crecer a lo largo de todo el período. Los 25.566 habitantes censados en 1900 se convirtieron, en 1930, en 39.787 almas. En tres décadas la ciudad había incrementado su población en un 55,62%. Si comparamos en esta misma dirección lo que representa demográficamente hablando la capital respecto del total provincial, el 5,4% de 1900 ha crecido en 1930 hasta situarse en el 5,9%, o lo que es lo mismo, en este ínterin de tiempo

el crecimiento poblacional de la capital presenta, a grandes rasgos, una curva alcista algo más pronunciada que la del conjunto de la provincia. No olvidemos, en este punto, que en las décadas iniciales del siglo XX la ciudad de Jaén consolida, de manera cada vez menos discutida, su lugar como centro neurálgico del poder político y administrativo provincial. Esta circunstancia, unida el crecimiento que experimenta el conjunto de las tierras de Jaén en los años de la primera contienda mundial, propició no sólo una imagen de relativo desarrollo económico y crecimiento del empleo sino también de paulatino trasvase de población rural al espacio urbano del que se benefició la ciudad de Jaén[4].

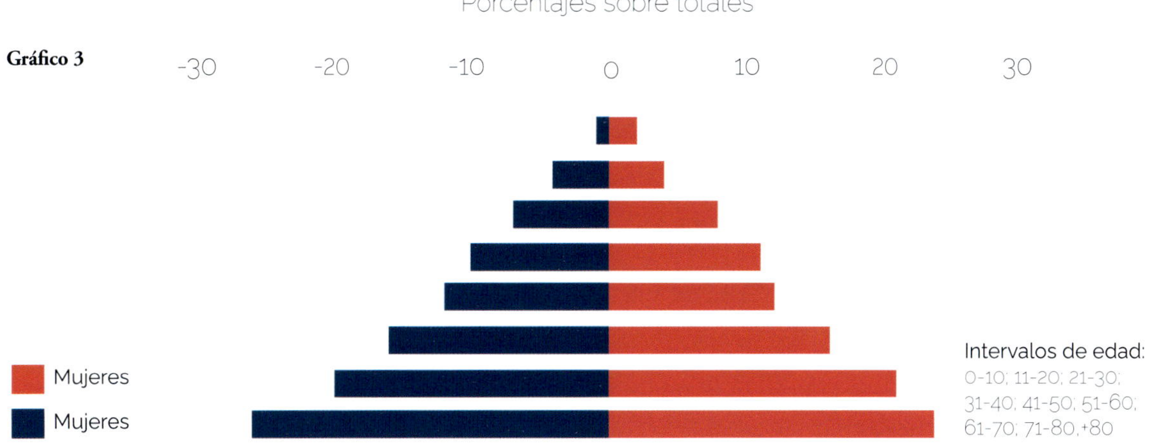

Muestra fehaciente de esta vitalidad demográfica va a ser el hecho de que la misma no se verá interrumpida ni por coyunturas depresivas como la de los años 1903-1905, ni en momentos de aguda crisis de subsistencia como la que se sustanció en 1913. Como se refleja en el gráfico 2, el crecimiento vegetativo ofrecerá en estos años guarismos claramente positivos, no abortados en agudas coyunturas de carestía como la que se dibuja en los años 1915/1916 por la escasez de subsistencias básicas o por epidemias como la conocida «gripe española» (1918), cuando la tasa de mortalidad se incrementó en la ciudad hasta alcanzar el 38,67/1000, esto es, 6,8 puntos más que la registrada el año anterior (1917) y sólo superada en este periodo por la que arrojó el año 1901 (39,75/1000)[5]. Es cierto que la natalidad muestra en estos años una curva ligeramente descendente, pero no lo es menos que igualmente lo hace, y de manera más pronunciada, la de la mortalidad (gráfico 2). Los progresos que se observan en estos años en las condiciones higiénico-sanitarias, los avances en materia de dotación de infraestructura urbanas -corriente eléctrica, alcantarillado, agua potable, pavimentación calles, recogida basuras, etc.- o las mejoras relativas en la dieta contribuirán, sin lugar a dudas, a esta evidente reducción de la tasa de mortalidad, así como al paulatino alargamiento de la esperanza de vida de la población. Jaén estaba entrando, en estos años de posguerra mundial, en el denominado ciclo demográfico moderno. Y para afrontarlo había que intentar en la medida de lo posible planificar su encaje en el tejido urbano de la ciudad.

A principios de la década de 1920 se proyecta, por el arquitecto Luis Berges Martínez, un nuevo proyecto de ensanche urbano, materializado ya en tiempos de la dictadura primorriverista -en 1927- y cuyo fin es completar el trazado de ampliación ya acometido en las décadas anteriores en la zona norte de la ciudad[6]. Entre sus objetivos estaba "lograr una densidad ideal de 200 habitantes por hectárea de terreno, planteando cinco zonas de uso: residencial-comercial, escolar-deportiva, industrial, salubre y agrícola. Entre las edificaciones proponía, entre otras: la necesidad de una iglesia, un mercado y grupos de casas baratas"[7]. Como es conocido, el proyecto de ensanche sufrió diversos contratiempos y dificultades que limitaron de hecho su alcance. Con todo, las mejoras que se derivaron del mismo, junto a otras que se acometieron en la ciudad también en estos años como la urbanización de la plaza de las Palmeras, la ampliación de la plaza de Santa María o la dotación de nuevas infraestructuras en materias de iluminación pública, saneamiento y alcantarillado, mejoraron las condiciones de vida de los y las giennenses. El descenso significativo que se produce en estos años en la mortalidad infantil y en la causada por enfermedades infectocontagiosas son buena prueba de las mejoras y avances que se producen en estos años en materia de sanidad e higiene públicas.

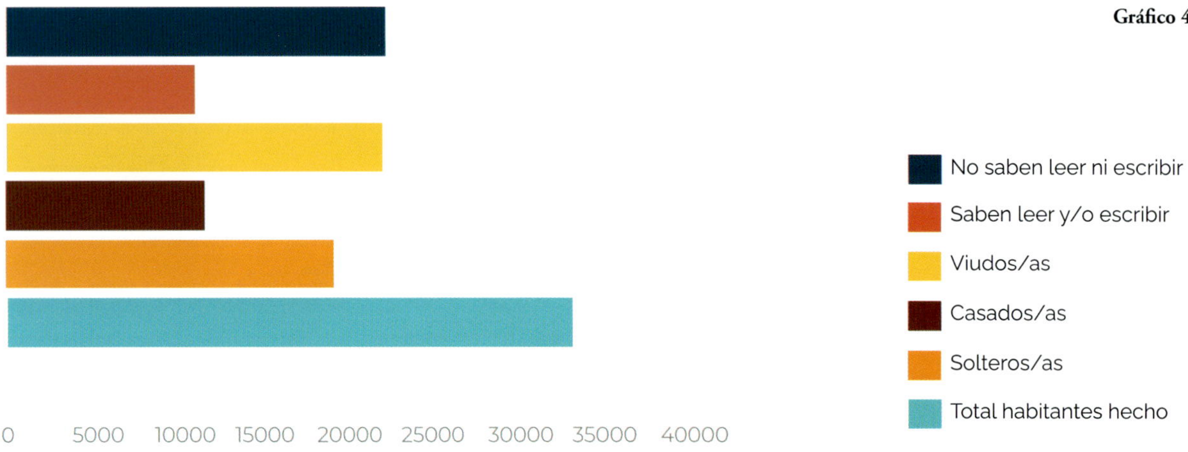

Todo ello se concretará en una imagen de la ciudad donde sobresale el peso cuantitativo y relevancia que adquiere la población joven. Como se puede observar en el gráfico 3, en estos años la pirámide de población ofrece una radiografía clara al respecto: a la altura de 1920 la población de hecho de la ciudad comprendida entre 0 y 20 años de edad representaba el 46% de total de los hombres y el 45% en el caso de las mujeres. Si alargamos el intervalo hasta los 30 años los porcentajes se sitúan ya en 62% y 61% respectivamente. Como se puede comprender, de la lectura de estas cifras porcentuales -y del propio dibujo de la pirámide poblacional- se desprende la imagen de una ciudad donde los jóvenes y, en general, la población en edad activa ocupa un lugar preferente, no sólo en términos demográficos, sino también en el espacio de las manifestaciones y problemáticas sociales, muchas de ellas obviamente asociadas al espacio laboral y las demandas de empleo. Como se constata en otros ámbitos urbanos que presentan una fisonomía demográfica similar[8], en Jaén este abultado volumen de individuos situados en los segmentos de población joven propició, entre otras cuestiones, un fenómeno de creciente movilización social y protesta popular con el que se expresaba no sólo un conflicto generacional más o menos latente, sino también un claro inconformismo de aquélla ante la difícil realidad socioeconómica que le había tocado vivir y su demanda, en no pocas ocasiones, de participación activa en proyectos de transformación, mas o menos reformista y/o radical, de dicha realidad. En este contexto irá tomando cuerpo en muchos de estos grupos de jóvenes una nueva visión e interpretación de la realidad en la que, de manera progresiva, pierden peso las viejas jerarquías asociadas a la concepción tradicional de familia y se cuestionan los valores y principios asociados a ésta. De esta manera, en este contexto de posguerra mundial el cambio social se abría paso, no sin obstáculos y dificultades, en una ciudad que afrontaba también un proceso de ampliación y transformación de su tejido urbano. La proliferación en estos años de nuevos lugares de sociabilidad política y popular -Casinos, Círculos, Casas del Pueblo, organizaciones políticas y sindicales, etc.- representará no sólo la evidencia empírica de ampliación y cambios en la fisonomía urbana sino también del alcance del proceso de socialización y politización popular que atraviesa y vertebra buena parte del tejido social de la ciudad en estos momentos.

Esta radiografía de la estructura de edad de la población determinará igualmente que en estos años el porcentaje de población soltera en la ciudad sea considerable y, en todo caso, claramente superior al que arroja la población casada y o viuda (gráfico 4). No se olvide en este sentido que, como ya se ha apuntado, una parte del crecimiento demográfico de estos años es producto del movimiento migratorio. En el caso de la ciudad de Jaén los migrantes proceden, preferentemente, de familias de modesta posición económica del hinterland provincial. A la altura de 1920 más de la mitad de la población migrante que reside en la ciudad procede de diferentes lugares de la provincia (el 64,6%), un 15,9% lo hace de otras provincias andaluzas mientras que

Gráfico 4

el restante 19,5% proceden de lugares situados fuera de Andalucía[9]. En muchos casos se trata de individuos poco cualificados -campesinos pobres, jornaleros, pequeños apareceros y/o arrendatarios, etc.- que buscan en la ciudad nuevas oportunidades de vida y trabajo al calor de la recuperación de la actividad industrial de base agroalimentaria o del incremento de la demanda en sectores como la construcción a raíz de la implementación de proceso de modernización y transformación urbana por el que atraviesa la ciudad en estos momentos. Como es natural, no todo se reduce al perfil del trabajo no cualificado y poco dotado de capital educativo. También llegarán a la ciudad en esto años individuos/familias de clase media al calor del fortalecimiento del aparato político y administrativo de Jaén como capital provincial. En todo caso, unos y otros ensancharán no sólo el paisaje social y demográfico de la ciudad en la década de los años veinte sino que también ampliaran un mercado laboral que ofrecerá evidencias cada vez más nítidas de articulación, tanto con el hinterland agrario de la ciudad cuanto con el avance de la terciarización del mismo.

La imagen que ofrecía en este sentido la estructura socio-profesional de la ciudad a la altura de 1920 no dejaba duda ni de las vinculaciones de su economía y mercado laboral con las actividades propiamente agrarias, ni del paulatino crecimiento de las actividades agroindustriales y fortalecimiento del aparato político-administrativo (gráfico 5). Esta imagen se repetía también en el destino laboral de la población migrante que llega a la ciudad en estos años: en datos de 1930, el 32,5% se ocupa como asalariados agrícolas y de la construcción, el 45,8% lo hace como empleados en actividades del sector secundario y de servicios, mientras que el 21,7% restante se vinculará a trabajos en el espacio de la administración pública[10]. La permanencia de la impronta agraria, junto a una interdependencia cada vez más notable entre el hinterland agrario y la ciudad constituirán también un efecto visible del modelo de crecimiento y modernización urbana por el que transita la ciudad de Jaén. La ya mencionada intensificación del flujo migratorio del entorno rural al espacio urbano no sólo fortalecerá los lazos/vínculos de sociabilidad familiar, amical y/o vecinal entre el espacio rural cercano y la ciudad, sino que también propiciará trasvases de parte de la renta agraria a un tejido productivo urbano en el que predominan las actividades agroalimentarias y comercial. Entre 1886 y 1959, las sociedades constituidas en la ciudad vinculadas a uno de estos dos sectores vinieron a representar el 12,33% y el 47,58% del global de las creadas[11].

De lo apuntado hasta ahora se deriva una estructura de la población activa de la ciudad que seguía marcada, pese a todo, por la fuerte impronta del sector agrario, junto a la industria agroalimentaria (gráfico 5). En definitiva, se dibujaba una imagen de ciudad marcada por una economía que seguía girando en torno a las actividades agrarias y las industrias agroalimentarias, en torno a las que se irán conformando otro tipo de establecimientos comerciales, pequeñas fábricas/talleres, así como actividades relacionadas con el servicio doméstico que atenderán la demanda creciente de una población en aumento. Si se tienen presentes estos rasgos de la estructura socio-profesional se podrá comprender igualmente cómo en estos años se registra un visible proceso de diferenciación interna y polarización en el paisaje social de la ciudad. En la parte superior de la estructura social nos encontraríamos un grupo más o menos heterogéneo de propietarios y patronos que venían a representar, a la altura de 1920, en torno al 13,11%. En algunos casos, los miembros de este grupo eran grandes propietarios agrícolas, inicialmente procedentes de diferentes comarcas de la provincia, que habían terminado instalándose en la ciudad, donde reforzaron su posición y privilegios sociales y políticos. Un caso paradigmático de este perfil social lo constituye la figura de José del Prado y Palacio, "gran propietario de Espeluy, entre otros términos, entusiasta defensor del olivar y de la modernización de la industria aceitera, [que] emparentó con la nobleza jiennense (se casó con Teresa Villalta, hija del Marqués de Villalta), ocupó, como jefe principal del Partido Conservador, altos cargos en la administración del Estado, y controló la vida política de la ciudad y de la provincia durante el primer tercio del siglo XX"[12]. Junto a este grupo de grandes propietarios agrarios se situaba otro grupo, más bien reducido, de patronos industriales, del ámbito del comercio y profesionales liberales que también copaban la cúspide la estructura social y cultural de la ciudad. Nombres como los de Justino Flórez Llamas, Inocente Fe Jiménez, Fermín Palma, etc. se situarían en este último sector social.

Debajo de este grupo oligárquico se situaba un heterogéneo sector de artesanos, comerciantes, pequeños y medianos propietarios agrícolas y funcionarios que, aun siendo todavía pequeño en términos cuantitativos, crecía al calor del proceso de transformación y modernización de la ciudad. En estos momentos su peso y status social seguía ligado, de una manera u otra y en la mayoría de los casos, a las actividades agrarias o al sector agroalimentario, sufriendo con ello las dificultades y aprietos por las que atravesó el sector, especialmente el olivar, en este periodo.

Si en la cúspide de la estructura social de la ciudad se situaba un pequeño grupo de patronos y grandes propietarios que venían a significar poco más del 13%, en el lado opuesto se situaban los sectores populares y el mundo del trabajo asalariado que venía a representar el 75% de aquélla. A la altura de los años veinte, se trataba de un sector igualmente heterogéneo, en el que destacaba sobremanera el grupo de los asalariados agrícolas, al que se le sumaban los empleados en el servicio doméstico, en la construcción, así como una extensa variedad de trabajadores en distintos tipos de talleres y/o comercios. En líneas generales, las condiciones de vida de estos grupos no eran del todo fáciles, aún cuando en términos relativos habían experimentado algunas mejoras respecto a décadas pasadas. Pese a todo, las retribuciones salariales eran, en la mayor parte de las ocasiones, muy ajustadas, cuando no claramente insuficientes. Ya se ha indicado que una parte significativa de los migrantes que llegan a la ciudad ahora son individuos jóvenes en busca de una oportunidad que les permitiera mejorar/colmar sus expectativas de vida y trabajo. Su llegada ininterrumpida en estos años amplió la base demandante de empleo en un mercado de trabajo que ofrecía un dinamismo más bien relativo, lo que determinó la reiteración de coyunturas de saturación de mano obra que actuaron negativamente sobre la cuantía de los salarios, con el consiguiente correlato de empeoramiento de la capacidad adquisitiva y condiciones de vida de estos sectores populares y del mundo del trabajo.

Año	Filiación	Nombre de la asociación/agrupación
1900	UGT	Sindicato de canteros y marmolistas
1900	UGT	Sindicato de Albañiles
1900	UGT	Unión de panaderos
1900	UGT	Sindicato de carpinteros y ebanistas
1901	UGT	Constructores de carruajes, herreros, carreteros y cerrajeros
1901	UGT	Agricultores "La Necesaria"
1903	UGT	Sindicato de zapateros
1903	UGT	Sindicato de silleros
1905	UGT	Mineros de óxidos de hierro "La Bondancia"
1911	UGT	Camareros y cocineros "La Fraternidad"
1915	CNT	Anarco-sindicalista "Luz y Progreso"
1918	UGT	Sindicato de Electricistas
1918	UGT	Sindicato de Herradores
1918	UGT	Sindicato de Mecánicos
1919	UGT	Sindicato de Oficios Varios
1919	UGT	Sindicato de trabajadores del mimbre
1919	UGT	Sindicato de canteros y yeseros
1920	UGT	Sindicatos de pintores
1929	UGT	Sección de chóferes
1930	UGT	Barberos y peluqueros "La Unión"

Cuadro 1: Constitución de organizaciones sindicales obreras. Ciudad de Jaén, 1900-1930

FUENTE: GARRIDO GONZÁLEZ, Luis: Riqueza y tragedia social. Historia de la clase obrera en la provincia de Jaén (1820-1939). Jaén: Diputación Provincial de Jaén, 1990 (vol. II), pp.: 492-503.

En este escenario las cuestiones relativas a salario, condiciones de trabajo, solidaridad obrera, etc., ocuparon el lugar central en la mayoría de las motivaciones de la conflictividad sociolaboral. Los efectos que había provocado la Gran Guerra desde 1914, medidos en muy buena medida en problemas de abastecimiento interno, alza de precios e inflación, empeoraron las condiciones de vida entre los sectores populares, de por sí ya difíciles, provocando la reiteración de situaciones de extrema necesidad en las que reaparecía el espectro del hambre. Los motines y las protestas callejeras se multiplicaron, dando pie al inicio de un nuevo ciclo de protesta en la primera posguerra mundial que se sumaba al contexto de inestabilidad política e institucional por la que atravesaba el régimen monárquico a la altura de finales de la década de 1910. A partir de 1917/18 en la ciudad se asiste al notable incremento de una conflictividad social y laboral que cambia igualmente muchas de sus formas de expresión. La huelga organizada avanza posiciones frente a otras maneras de expresar el descontento como los tumultos o motines. Este notable incremento de la presencia de huelgas organizadas en el paisaje urbano de Jaén estará claramente relacionado con el peso igualmente creciente que adquieren las organizaciones sindicales en el tejido societario de la ciudad (cuadro 1). Esta movilización laboral consiguió materializar parte de sus objetivos: en muchos casos la protesta y la presión popular se saldaron con incrementos en los salarios que amortiguaron, en parte al menos, el crecimiento del coste de la vida; de la misma manera, las condiciones de trabajo mejoraron, consiguiéndose en algunos casos hacer realidad la histórica demanda de la jornada laboral de ocho horas.

Como se puede suponer, los éxitos relativos que se sustancian en el mercado de trabajo producto de esta nueva ola de agitación social y laboral en el Jaén de la posguerra mundial generan, entre los sectores populares y el mundo del trabajo de la ciudad, la percepción de estar ante una ventana de oportunidad para materializar el ansiado cambio social, trasladándose los efectos de esta protesta sociolaboral a la arena de la lucha política y electoral. Como ya se ha apuntado, durante estos años el sindicalismo de clase se ha asentado en el tejido societario local y buena parte de la protesta estaba coordinada y/o dirigida desde las organizaciones obreras. En el comienzo de la década de 1920 lo que va a ocurrir es que este protagonismo comenzará a ejercerse y hacerse visible también en el espacio político, producto del apoyo político y electoral que el movimiento societario, y sus afiliados y/o simpatizantes, promoverán respecto de las candidaturas antidinásticas de republicanos y socialistas, muchos de los cuales accederán ahora a los asientos del consistorio municipal. La realidad socio-laboral estaba cambiando, la política también. Ahora, de la mano de un reconocimiento público cada vez mas evidente de la capacidad de acción y presión de los representantes políticos de las clases populares y del mundo del trabajo se comenzaba a gestar en el espacio de la política local giennense una autentica revolución que no sólo evidenciaba las debilidades de las viejas formaciones monárquicas y agudizaba la crisis entre sus élites políticas sino que también abría las puertas a la experimentación de otras formas de actuar y concebir el gobierno de la ciudad que alentaron procesos de movilización y aprendizaje político en los inicios de la década de 1920 que bien pudieran leerse en muchos casos en clave de democratización. La competitividad política creció, de la misma manera que lo hicieron las peticiones de veracidad y transparencia en los procesos y procedimientos electorales. Las reclamaciones de derechos sociales se sumaron a la defensa de derechos políticos y del libre, efectivo y universal ejercicio del sufragio. En estas condiciones, la reproducción sin más del viejo sistema de poder se hacía inviable. Las demandas propias de la denominada primera ola democratizadora se hacían presentes por esta vía en el espacio político de la ciudad. A principios de 1920, tras las elecciones municipales de febrero, se conforma en la ciudad un nuevo consistorio municipal, al frente del cual se situará, por vez primera, el socialista José Morales Robles. Unos años después, en 1922, lo hará Inocente Fe Jiménez. Con ellos al frente del poder local se asiste al intento de implementar una nueva manera de hacer política, centrada en la renovación completa y «saneamiento moral» de las prácticas y procedimientos de la gestión pública local, así como en la atención de las necesidades de los sectores populares y clases trabajadoras de la ciudad, tanto actuando activamente en los contextos reiterados de crisis de trabajo como promoviendo acciones concretas en relación a los abastecimientos de subsistencias básicas y mejora de infraestructuras básicas[13]. De esta manera, y en medio de un contexto marcado por las movilizaciones y las tensiones, se intentaba

abrir paso una nueva manera de hacer política, de gestionar los recursos públicos. Con todo, la experiencia de cambio fue breve, toda vez que desde los ámbitos e instituciones supralocales/provinciales se terminaron orquestando las convenientes argucias jurídico-institucionales que provocaron/justificaron, finalmente, la destitución de estos alcaldes. El miedo a una revolución social que tenía ahora el rostro de una creciente movilización política en demanda de cambio democrático se instaló en el imaginario de buna parte de los sectores acomodados de la ciudad, llevándolos en muchos casos al abandono consciente y progresivo del parlamentarismo y al abrazo de soluciones autoritarias como la que representó el golpe de Estado que protagonizó, en septiembre de 1923, Miguel Primo de Rivera y la consiguiente instauración de la dictadura.

La instauración de la dictadura primorriverista significó, en este sentido, el final del estado de agitación social y movilización política por el que había atravesado la ciudad en los años precedentes. Para muchos constituyó un alivio, aderezado ahora bajo el lema de la regeneración, el fin de la vieja política y el llamamiento a la acción renovada d los "hombres de buena fe", aglutinados en torno al proyecto que representará la Unión Patriótica y que en la ciudad se escenificó en torno al denominado Bloque Agrario, constituido a principios de 1924[14]. Se iniciaba de esta manera una nueva etapa en la vida pública de la ciudad marcada en términos político-ideológicos por la armonía de intereses que postulaba en aquel entonces la doctrina social de la Iglesia y por las llamadas a una nueva política de corte corporativo que, de hecho, obstaculizó la movilización social y la acción política y sindical de antaño. En este contexto, personajes de la "vieja política" de la monarquía, como José del Prado y Palacio, Joaquín Ruiz Jiménez, Niceto Alcalá Zamora, etc., toman de nuevo el control de las riendas del poder. Como ya se ha indicado, en este contexto se desarrolla el plan de ensanche de la ciudad de Jaén que elabora Luis Berges Martínez y que entrega definitivamente al Ayuntamiento en diciembre de 1927[15]. La inacción del propio consistorio municipal en estos años y los acuciantes problemas socioeconómicos por los que atravesará la ciudad a finales de los años veinte y principios de los treinta explicarán que, finalmente, el referido proyecto de transformación urbana, de ensanche, de la ciudad tenga que esperar aún años para hacerse realidad. Será a partir de 1939, ostentando el cargo de alcalde Juan Pedro Gutiérrez Higueras, cuando se aborde el comienzo del desarrollo del mismo con la construcción del Parque de la Victoria y de las viviendas de "las Protegidas" (1944), desplazándose paulatinamente hacia esa zona de la ciudad actividades comerciales, administrativas, financieras y de servicios[16].

Como he apuntado, el proyecto político y social de la dictadura convivió en los momentos finales de la década de 1920 con un importante enrarecimiento de las condiciones de vida que provocaron los efectos de la crisis económica del momento. El correlato esperado de esta coyuntura depresiva fue el incremento de las tensiones sociales y de la conflictividad laboral, ya claramente visible en la ciudad a partir de 1928/29 y que no eran sino respuestas más o menos airadas ante la situación cada vez más generalizada de escasez y paro. A la altura de 1930 la situación se volvió, por momentos, en claramente explosiva. La agitación socio-laboral, la creciente inestabilidad político-institucional y la crudeza con la que se manifestaban los efectos de la crisis económica abrieron las puertas a un nuevo escenario de cambio, la República. En este marco, la convocatoria de elecciones municipales para abril de 1931 se convirtió en un autentico test político entre Monarquía y República. El 12 de abril de 1931, en la capital provincial, se impone de forma rotunda la candidatura republicano-socialista, que llega a doblar en número de concejales electos a la candidatura monárquica. Los medios conservadores de la ciudad no ponían paños calientes a la derrota: "[…] el resultado de la elección de ayer, funesto en nuestra capital para la candidatura monárquica, constituye una

dura lección, pero necesaria, para la gran masa de ciudadanos, de gente de orden, que permanece todavía ciega ante la realidad y sorda ante las voces del deber. El triunfo de los antimonárquicos, que ha sorprendido a muchos, pero que no debe deslumbrar a ninguno, ha sido el producto de varios factores, de los cuales acaso el menor sea el de su fuerza positiva y real y el mayor el de que con la de su abandono y desorganización le han prestado los que más obligados estaban a impedir su triunfo"[17]. En el bando contrario (la candidatura republicano-socialista) la realidad se veía y describía de forma bien diferente. La victoria electoral, seguida del exilio del monarca, la proclamación de la República y la designación de un gobierno provisional otorgaba otra oportunidad para el ansiado cambio político y social. En la ciudad, el 14 de abril de 1931 la denominada "Comisión de representantes del pueblo", que se había hecho cargo provisionalmente del Gobierno Civil, publicó el siguiente bando dirigido al conjunto de la provincia de Jaén: "Al pueblo de Jaén. La Comisión nombraba para encargarse provisionalmente del Gobierno Civil de la provincia, se dirige al pueblo de Jaén para recomendarle guardar el mayor orden a las personas y a las cosas, como corresponde a su hidalguía y nobleza proverbial. Al mismo tiempo anuncia que el orden más completo será la mejor garantía que ofrezcamos al mundo en estos momentos tan solemnes. Esperamos que el pueblo de Jaén nos auxiliará en nuestra difícil misión hasta que el Gobierno de la República nombre sus legítimos representantes. ¡Ciudadanos, Viva la República! […]"[18]. Comenzaba de esta forma una nueva etapa en la vida de la ciudad y de sus ciudadanos y ciudadanas.

Notas

1 AA.VV.: Jaén entre dos siglos. Jaén: Museo Provincial de Jaén y Fundación Caja Granada, 2000. En palabras de Julio Artillo González, "[...] nota distintiva de esta provincia, y lo será hasta nuestros días, es su descentralización real. Jaén es la capital administrativa, pero la pujanza económica comercial o agrícola de determinados núcleos como Linares, Úbeda, Andújar, Martos o Alcalá la Real, propiciarán siempre la creación de otros centros subsidiarios de poder, que convierten de hecho a esta provincia en la más acéfala y descentralizada de Andalucía". Vid. Artillo González, Julio: "El periodo revolucionario (1868-1874)", AA.VV.: Historia de Jaén. Jaén: Diputación Provincial de Jaén, 1982, pp.: 408-409.

2 Quesada García, Santiago y Ruiz López, Ana Belén: "La arquitectura del siglo XX en la provincia de Jaén", e-ph cuadernos (3). Cien años de arquitectura en Andalucía. El Registro Andaluz de Arquitectura Contemporánea, 1900-2000. Sevilla: Instituto andaluz de patrimonio Histórico, 2012, pp.: 236-243

3 Jiménez Parras, Fernando: "Una mirada hacia la arquitectura del movimiento moderno en la provincia de Jaén", Almenas, nº 9 (2012), pp.: 56-81; Grima Cervantes, Juan y Soler Belda, Ramón (eds.): Jaén modernista: postales en blanco y negro, 1900-1910.Almería: Arraez Editores, 2010.

4 Hernández Armenteros, Salvador: El crecimiento económico en una región atrasada. Jaén, 1850-1930. Jaén: instituto de Estudios Giennenses, 1999.

5 Hernández Armenteros, Salvador: "La población andaluza", en Martín Rodríguez, Manuel; Aprejo Barranco, Antonio y Zambrana Pineda, Francisco (dirs.): Estadísticas históricas de Andalucía. Sevilla: Instituto de Estadística de Andalucía, 2000, pp.: 53-97; Egea Jiménez, Carmen: La población en los municipios de Jaén: evolución en el siglo XX y situación actual. Jaén: Instituto de Estudios Giennenses, 1999.

6 Cuevas Mata, Juan: "El proyecto de ensanche de Luis Berges (1927)", Senda de los Huertos, nº 23 (1991), pp.: 71-84.

7 Casuso Quesada, Rafael: "La ciudad y su arquitectura: Jaén (1875-1931)", AA.VV.: Jaén entre dos siglos. Jaén: Museo Provincial de Jaén y Fundación Caja Granada, 2000, p.: 39.

8 Martínez López, David: "El cambio social en la Andalucía urbana en el primer tercio del siglo XX", Martínez López, David (coord..): Urbanización, modernización y cambio social en la Andalucía contemporánea. Sevilla: Fundación Centro de Estudios Andaluces, 2015, pp.: 53-78.

9 Martínez López, David: "El cambio social en la Andalucía urbana en el primer tercio del siglo XX", Martínez López, David (coord..): Urbanización, modernización y cambio social en la Andalucía contemporánea. Sevilla: Fundación Centro de Estudios Andaluces, 2015, p.: 61.

10 Martínez López, David: "El cambio social en la Andalucía urbana en el primer tercio del siglo XX", Martínez López, David (coord..): Urbanización, modernización y cambio social en la Andalucía contemporánea. Sevilla: Fundación Centro de Estudios Andaluces, 2015, p.: 71.

11 Hernández Armenteros, Salvador: "Jaén (1875-1930). Una sociedad en cambio", en AA. VV.: Jaén entre dos siglos. Jaén: Museo Provincial de Jaén y Fundación Caja Granada, 2000, pp.: 108-111.

12 Hernández Armenteros, Salvador: "Jaén (1875-1930). Una sociedad en cambio", en AA. VV.: Jaén entre dos siglos. Jaén: Museo Provincial de Jaén y Fundación Caja Granada, 2000, p.: 114.

13 Cruz Artacho, Salvador: Socialismo, Democracia y República. Historia del PSOE en la provincia de jaén (1887-1931). Jaén: Agrupación Provincial de PSOE de Jaén, 2020, pp.: 274-283.

14 Hernández Armenteros, Salvador: Jaén ante la Segunda República: bases económicas, so-

ciales y políticas ante una transición. Granada: Universidad de Granada, 1988.

15 Instituto Andaluz de Patrimonio Histórico: Plano original de ensanche de Jaén (1927). Sevilla: Consejería de Cultura, 2009.

16 Pardo crespo, J.M.: Evolución e historia de la ciudad de Jaén. Jaén: Ayuntamiento de Jaén, 1978; Olivares Moreno, Ana y Palazón, Pilar: La ciudad de Jaén a través del plano: un recurso didáctico en el estudio de la geografía urbana. Jaén: Centro de Profesores de Jaén, 1996.

17 El Pueblo Católico, 14 de abril de 1931.

18 Los firmantes del escrito eran: José Morales, Francisco Ángel Bago, Ángel García Fonseca, Pablo Florez, Manuel García Pérez, José Campos Perabá, Sixto Santa María Muñoz". Véase "Cosas del pasado. Cómo se proclamó la República en Jaén", Democracia, 24 de enero de 1936.

Gráficos

Gráfico 1: Evolución de la población de hecho. Ciudad de Jaén,
1910-1970. **FUENTE:** INE: Censos de población. Elaboración propia.

Gráfico 2: Índices (por 1000 habitantes) de natalidad, mortalidad y crecimiento vegetativo. Ciudad de Jaén, 1901-1931.
FUENTE: INSTITUTO NACIONAL DE ESTADÍSTICA: Censos de población.
Elaboración propia.

Gráfico 3: Pirámide de población. Ciudad de Jaén, 1920.

Gráfico 4: Estado civil y grado de instrucción de la población. Ciudad de Jaén, 1920.
FUENTE: INSTITUTO NACIONAL DE ESTADÍSTICA: Censo de población 1920. Elaboración propia.

Gráfico 5: Estructura socio-profesional. Ciudad de Jaén, 1920.

FUENTE: HERNÁNDEZ ARMENTEROS, Salvador: "Jaén (1875-1930). Una sociedad en cambio", en AA.VV.: Jaén entre dos siglos. Jaén: Museo Provincial de Jaén y Fundación Caja Granada, 2000, p.: 114.

El Museo en su arquitectura

Texto: **Pedro Galera Andreu**
Catedrático de Historia del Arte
Universidad de Jaén

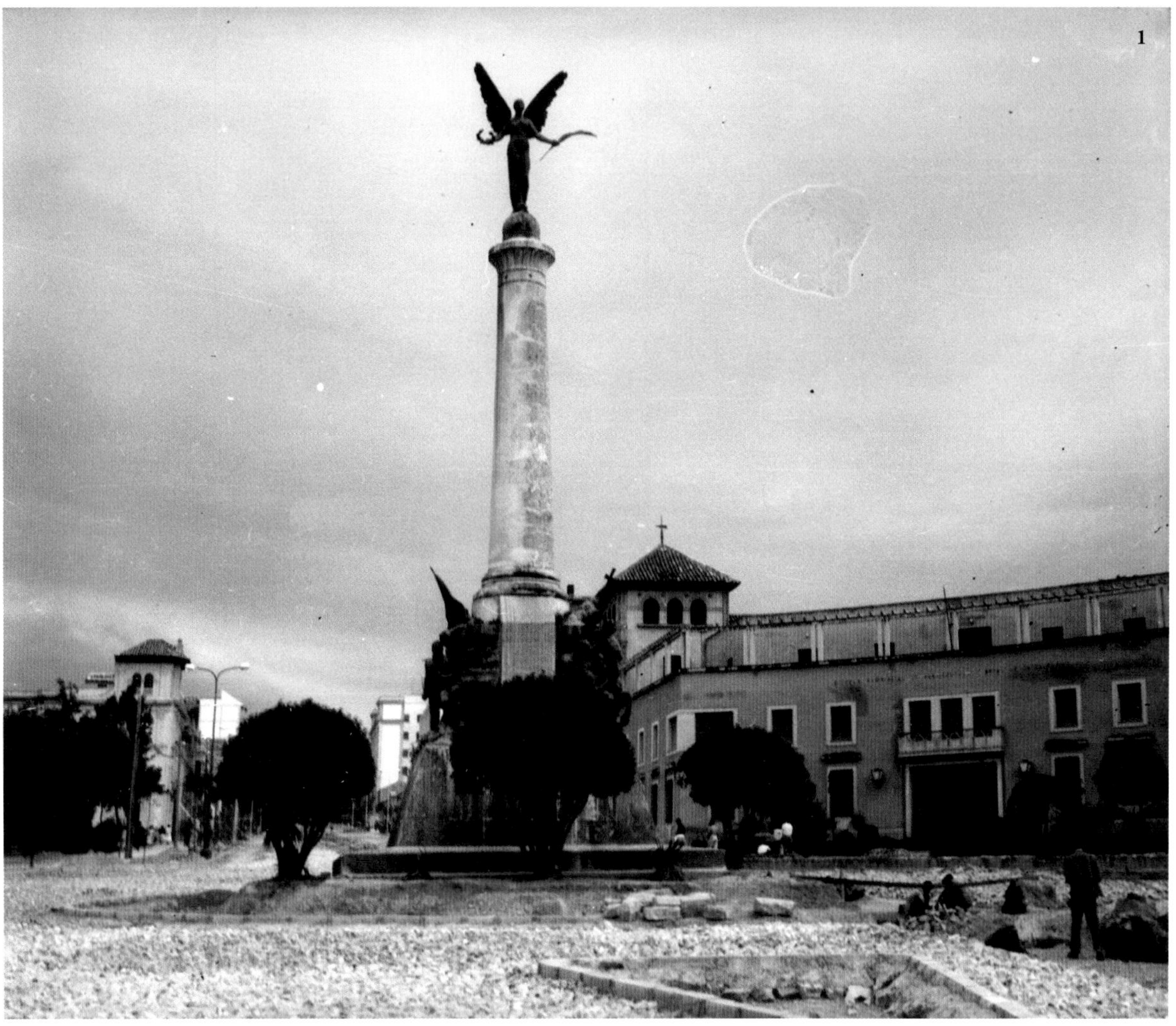

1. Monumento a las Batallas (Fondo Roselló, Archivo IEG -Instituto de Estudios Giennenses-).

Pese a la azarosa existencia del Museo Provincial de Jaén desde su proyecto original (1919) hasta el de su rehabilitación (1973), el edificio ha mantenido la imagen de aquella pieza, en su día fundamental, para consolidación de la principal arteria del Jaén moderno: el Paseo de la Estación, en aquellos momentos rebautizado como Paseo de Alfonso XIII.[1] Testigo de una época, ha sabido conservar su carácter monumental y con él la "memoria", no ya solo de la historia de Jaén por su contenido, sino en sí mismo como continente.

La consecución de dicha imagen fue la feliz combinación, o encuentro, de dos singulares

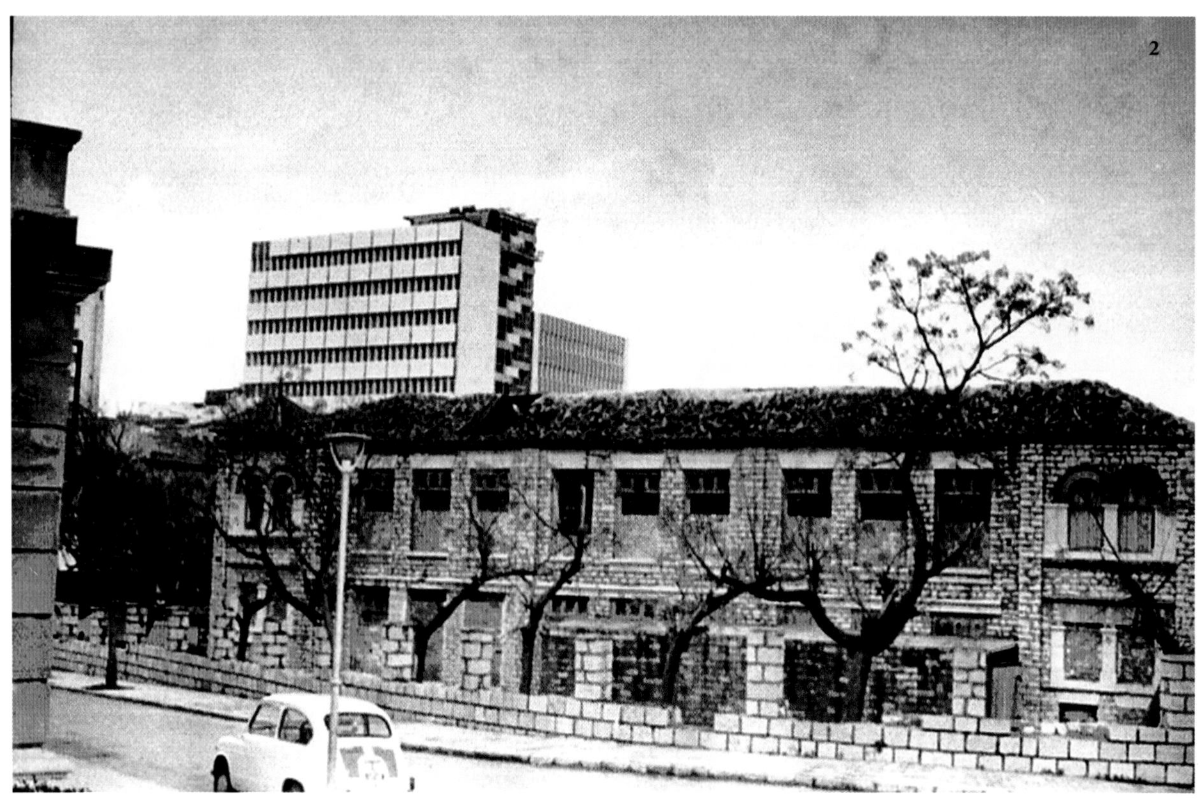

2. Grupo escolar de "Las Batallas".

personalidades, un promotor político, José del Prado y Palacio (1865-1926), y la de un arquitecto, Antonio Flórez de Urdapilleta (1877-1941). El primero, jiennense de origen; el segundo, de adopción, pero desde muy temprana edad e hijo de un arquitecto que lo había sido todo en Jaén en su profesión, Antonio Flórez Llamas (1850-1927).

Prado y Palacio, figura histórica controvertida[2] ejerció desde el caciquismo regeneracionista que profesaba como político conservador, un interés por la provincia, que pocos políticos, antes y después, han tenido por Jaén. Desde sus cargos de responsabilidad política, primero como alcalde de la ciudad (1892) y más tarde como ministro de Instrucción Pública y Bellas Artes (1919-1920), procuró embellecer a Jaén a la par que estimular su desarrollo con proyectos como el del Balneario de Jabalcuz[3] , aunque su

mayor -y también particular- interés estuviera en la modernización de la agricultura y en la explotación de riqueza oleícola (Garrido 2008). Consciente, no obstante, de las limitaciones de la capital de la provincia por su emplazamiento, desarrollo urbano y volumen patrimonial, quiso ver en ella un potencial de cultura centrado en su rico pasado histórico por ser, sobre todo, escenario de grandes hechos de armas, que el mismo prócer materializó con la construcción del monumento de las Batallas, conmemorativo a los dos trascendentales triunfos de Las Navas de Tolosa y de Bailén, que hoy presiden la rotonda en el centro del eje del Paseo de la Estación **(fig.1),** "gran símbolo de nuestra vida provincial…aurora de una nueva y fecunda época para nuestro adorado rincón"[4]

Este monumento, inaugurado en 1912 con la asistencia de Prado en representación del

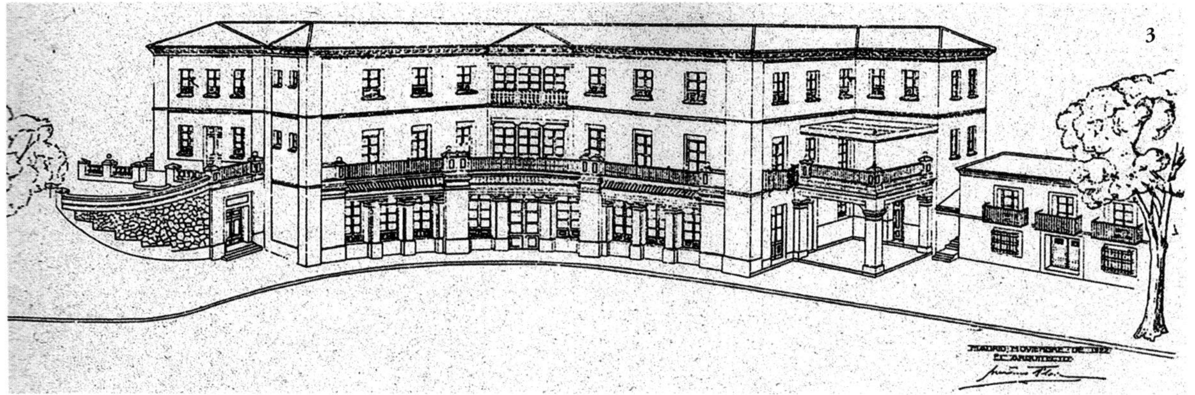

3. *A. Flórez Urdapilleta.* **Proyecto de Balneario para Jabalcuz (1922) (S. Guerrero, ed., Antonio Flórez, arquitecto, p. 207).**

rey Alfonso XIII, obra del escultor Jacinto Higueras[5],se erigía en un entorno vacío, pero destinado a ejercer un poderoso polo de atracción para el desarrollo urbano articulado por el moderno bulevar del Paseo de la Estación. El primer paso para cubrir ese vacío lo tenía previsto el mismo Prado y Palacio mediante un equipamiento, también monumental, de "Instrucción y Educación": un grupo escolar, que llegó a construirse en el espacio que hoy ocupa la sede del Gobierno Civil **(fig.2)** y frente a él el Museo Provincial de Bellas Artes o de Arte e Historia, como se le denomina en un momento[6].

En la idea regeneracionista que late en este texto germinal, "Laborar por la Cultura", la "Historia" se convierte en revulsivo para el "porvenir" de la provincia y el monumento a las Batallas, más allá de su materialidad, es el símbolo de esa trascendencia histórica. De ahí la importancia de construir el Museo Provincial en la proximidad de dicho monumento y formando conjunto con el grupo escolar. Si a este último le corresponde la función de "educar", al primero le toca la de "instruir"[7]. Y en ese sentido el museo venía a ser el depositario a través de la Arqueología y las Bellas Artes del acervo histórico -y en consecuencia- idcntitario dc la provincia.

En sintonía con el principio de Regeneración perseguido por el ministro Prado y Palacio, el arquitecto Antonio Flórez se convierte en el estrecho colaborador, no solo para los proyectos jiennenses del Grupo Escolar de "Las Batallas" y el Museo Provincial, entre otros que acometió en la ciudad el político, como el malogrado proyecto del balneario de Jabalcuz (1922) **(fig.3),** sino en todo el ámbito nacional desde que fuera nombrado Arquitecto-Jefe de la Oficina Técnica de Construcciones Escolares, dentro del Ministerio de Instrucción Pública en 1920 (Guerrero 2002). Diferentes tipológicamente, Grupo Escolar y Museo, sin embargo, ambos guardan signos personales del arquitecto, que obedecen al común denominador de una arquitectura basada en la inspiración tradicionalista; en una "tradición popular modernizada", en que ha sido encuadrada su arquitectura (González Amezqueta 1969). Por tanto, el binomio "Instrucción" y "educación" perseguido en el plan trazado por el ministro y sellado por el valor de la Historia, encontraba en Antonio Flórez de Urdapilleta el perfecto ejecutor.

El proyecto original del Museo Provincial de Bellas Artes y su autor.

El museo provincial se creó por R.O. del 8 de febrero de 1914, pensado su emplazamiento -como se ha dicho- en lo que hoy es la Plaza de las Batallas de la capital jiennense. Sien embargo, en tanto no se construía, se instaló en los bajos

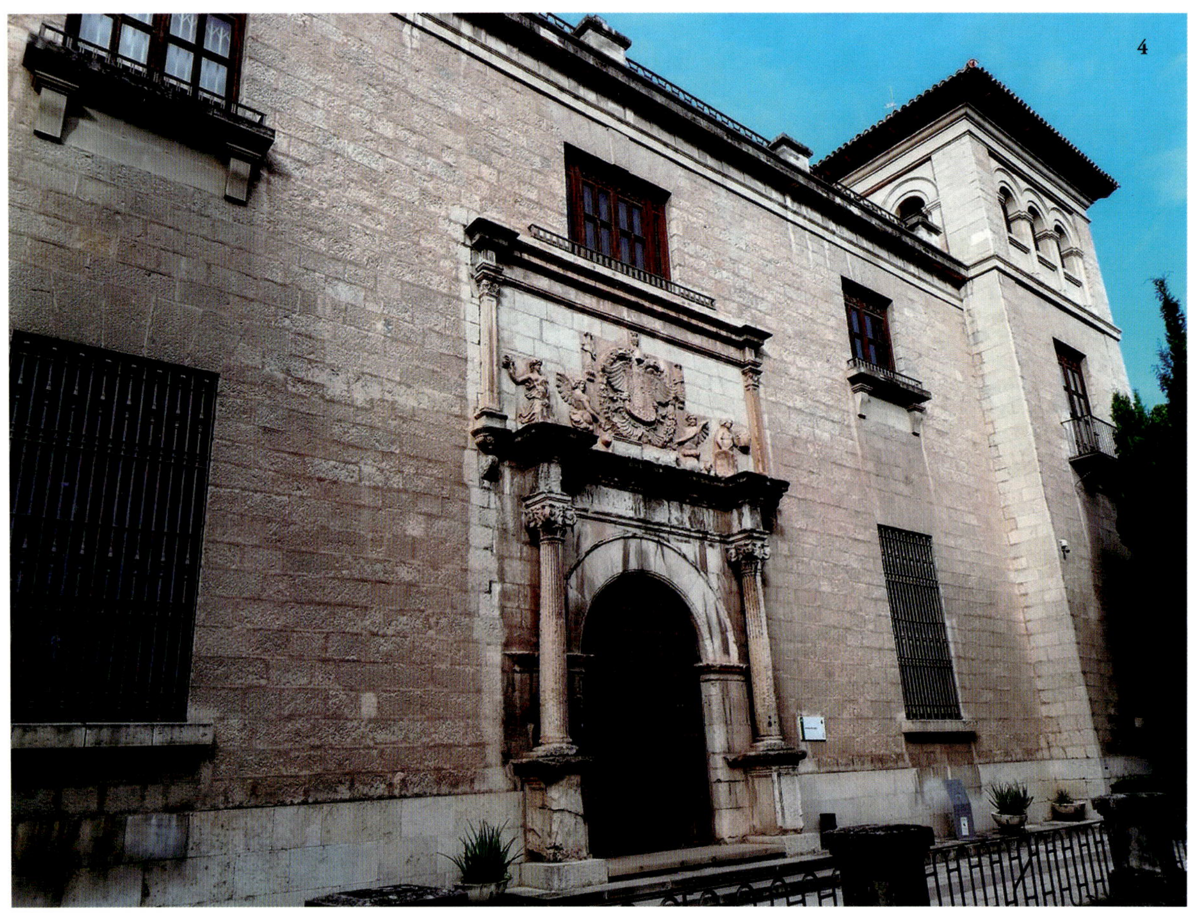

del palacio de la Diputación Provincial, donde permanecería hasta bien entrada la segunda mitad del siglo. Distintos avatares sufridos a lo largo de ese tiempo fueron la causa de ese retraso (Chicharro 1999). No obstante, el proyecto del nuevo edificio fue aprobado solo seis años después (R.D. de 6 de febrero de 1920) con un presupuesto de 521.880, 75 pesetas[8], si bien el emplazamiento ya había variado unos pocos metros del pensado en origen, alineado al lado izquierdo del Paseo de la Estación, en el solar que hoy ocupa, adquirido un mes más tarde de la aprobación del proyecto[9] **(fig.4).** El autor del mismo, como ya se ha indicado, Antonio Flórez de Urdapilleta.

El arquitecto, aunque nacido en Vigo, vivió su primera infancia en Jaén **(fig.5),** donde se había trasladado su padre, el arquitecto Justino Flórez Llamas, en 1883, pero por la estrecha relación familiar con la Institución Libre de Enseñanza[10], su formación escolar y después profesional, es fundamentalmente madrileña, a la sombra de la Institución. De la esta tomaría el interés y la preocupación por la pedagogía plasmada en la idea arquitectónica para las construcciones escolares, que centrarían lo más nutrido de su carrera como arquitecto e incluso para un organismo asociado a la Institución, la Junta para Ampliación de Estudios, aunque dependiente del Ministerio de Instrucción Pública, proyectó la Residencia de Estudiantes (1913). Edificación ésta, que muestra con claridad la línea esencial de esa "tradición popular modernizada", que hoy la crítica considera el primer revulsivo para la modernización de la arquitectura española. En el seno precisamente de la Residencia, por donde pasaron intelectuales de las vanguardias

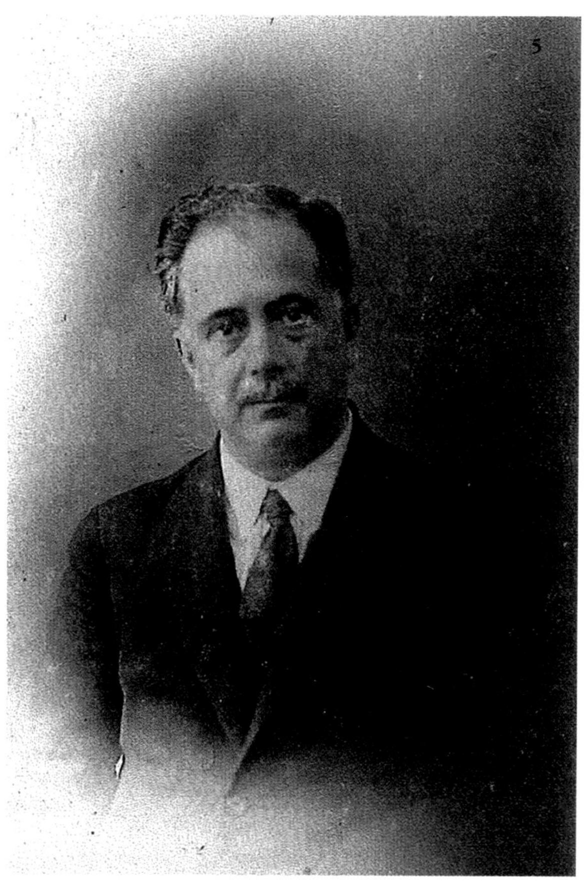

5. Retrato de Antonio Flórez Urdapilleta
(S. Guerrero, ed., Antonio Flórez, arquitecto, p. 206).

científicas y artísticas europeas, se suscitó un vivo debate sobre la arquitectura del Movimiento Moderno a raíz de la visita y conferencia de Le Corbusier(1928) , donde la postura de una parte de los arquitectos españoles era de aunar tradición con modernidad[11]. Se aceptaban las innegables virtudes de la funcionalidad del Movimiento Moderno, pero tamizada por la necesaria identidad regional legada por la tradición. Flórez que había sido becado en Roma (1904-1908), amplió su conocimiento de la arquitectura clásica y medieval con el contacto directo de la vanguardia europea en su visita al estudio de Otto Wagner(1841-1915), en Viena(1907), además de un recorrido por los países limítrofes. Sin embargo, como ya subrayara su discípulo, Leopoldo Torres Balbás(1888-1960), "Flórez no se deja llevar por el arte moderno en confusa gestación", y a su vuelta a España "es un tradicionalista". Los edificios de la Residencia de Estudiantes y los grupos escolares los estima Torres Balbás como "claros, alegres, en los que el sol y la luz penetran por todas partes", pero construidos con ladrillo, maderas y teja árabe…(Torres 1919) En resumen, el discípulo alaba del maestro su predilección por las formas equilibradas y sobrias resueltas con la experiencia constructiva de la tradición.

En el discurso de ingreso en la Real Academia de Bellas Artes de San Fernando, en 1932, Antonio Flórez reflexiona acerca de la figura del arquitecto y la arquitectura a partir del inexcusable principio de libertad que ha de guiar al artista sin más limitación que el "espíritu de la época", el momento histórico, que siempre se ha de conjugar con la idea abstracta de la arquitectura; es decir, la dialéctica entre lo "permanente" de la idea abstracta y lo "variable" del tiempo concreto en que se desarrolla. En virtud de esa dialéctica entiende el proceso arquitectónico como un proceso biológico de "iniciación", "apogeo" y "decadencia", en similar paralelismo con el de la vida. Estimaba Flórez que la arquitectura de su tiempo estaba en esa fase

inicial de "manifestaciones parciales y confusas de un nuevo sistema de construcción", atentas siempre al contexto social y material de la época; una arquitectura que denomina funcional, que viene todavía configurada por "elementos y conjuntos compositivos pertenecientes a formas de una etapa anterior"[12].

A la luz de estas manifestaciones, creo que puede entenderse la idea pensada y trazada para el Museo Provincial de Jaén **(fig.6 y 6a).** Un inmueble que tipológicamente se inspira directamente en la arquitectura de lo Público en los siglos del Renacimiento en España. Un tipo versátil de inspiración doméstica, pensado tanto para residencia palaciega, como para funciones educativas, sanitarias o de similar aplicación civil. Un espacio centrípeto protagonizado por la oquedad de un patio rodeado por cuatro crujías que configuran la estructura cerrada del tipo. La

6

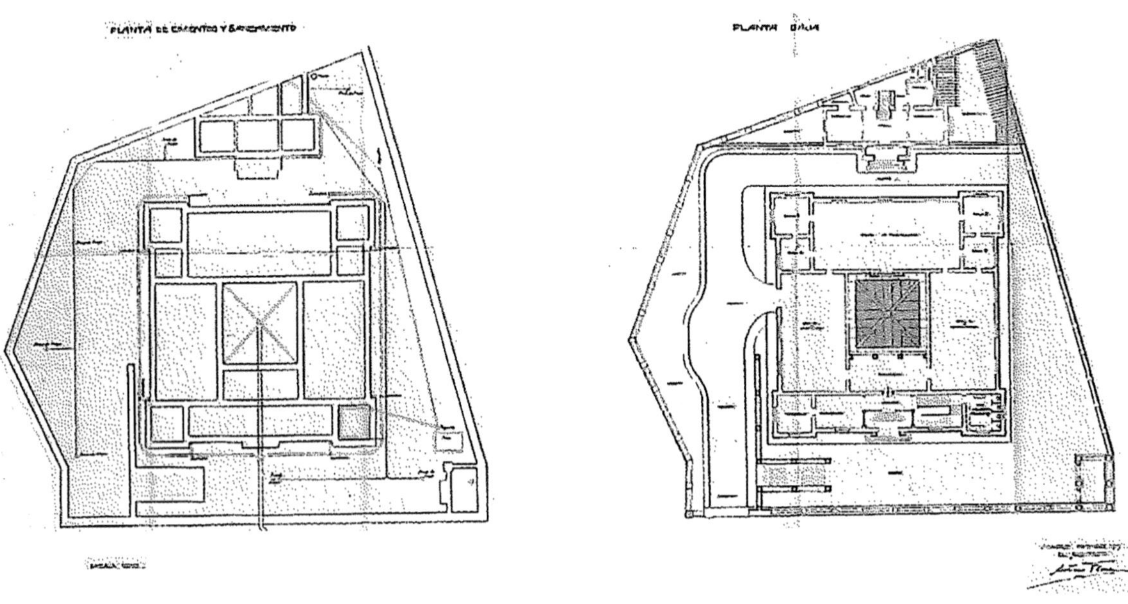

6a

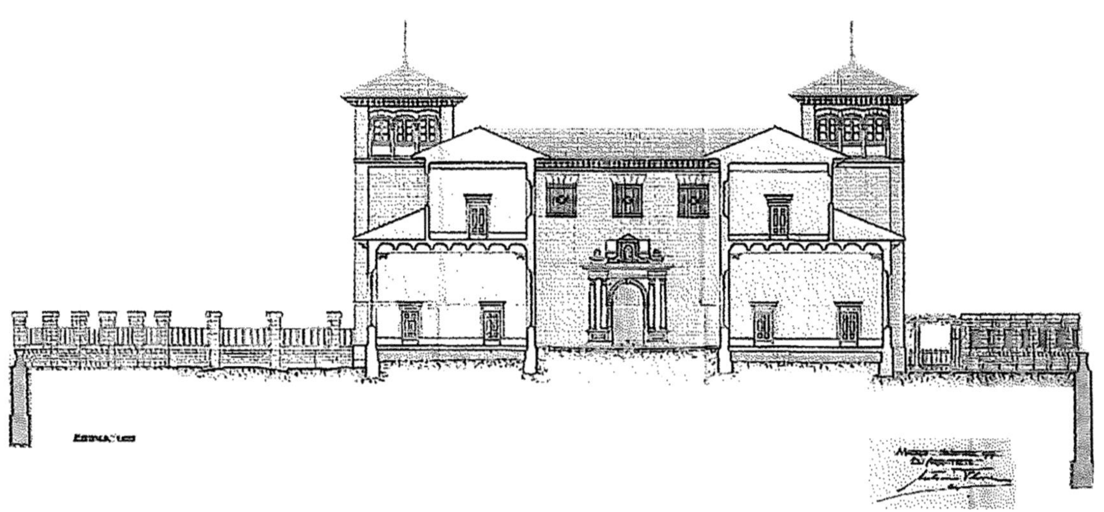

6. *A. Flórez.* **Plantas del proyecto original del Museo (1919) (Idem, p. 203).**
6a. Fachada y corte transversal del Museo Provincial (1919) (Idem, p. 203).

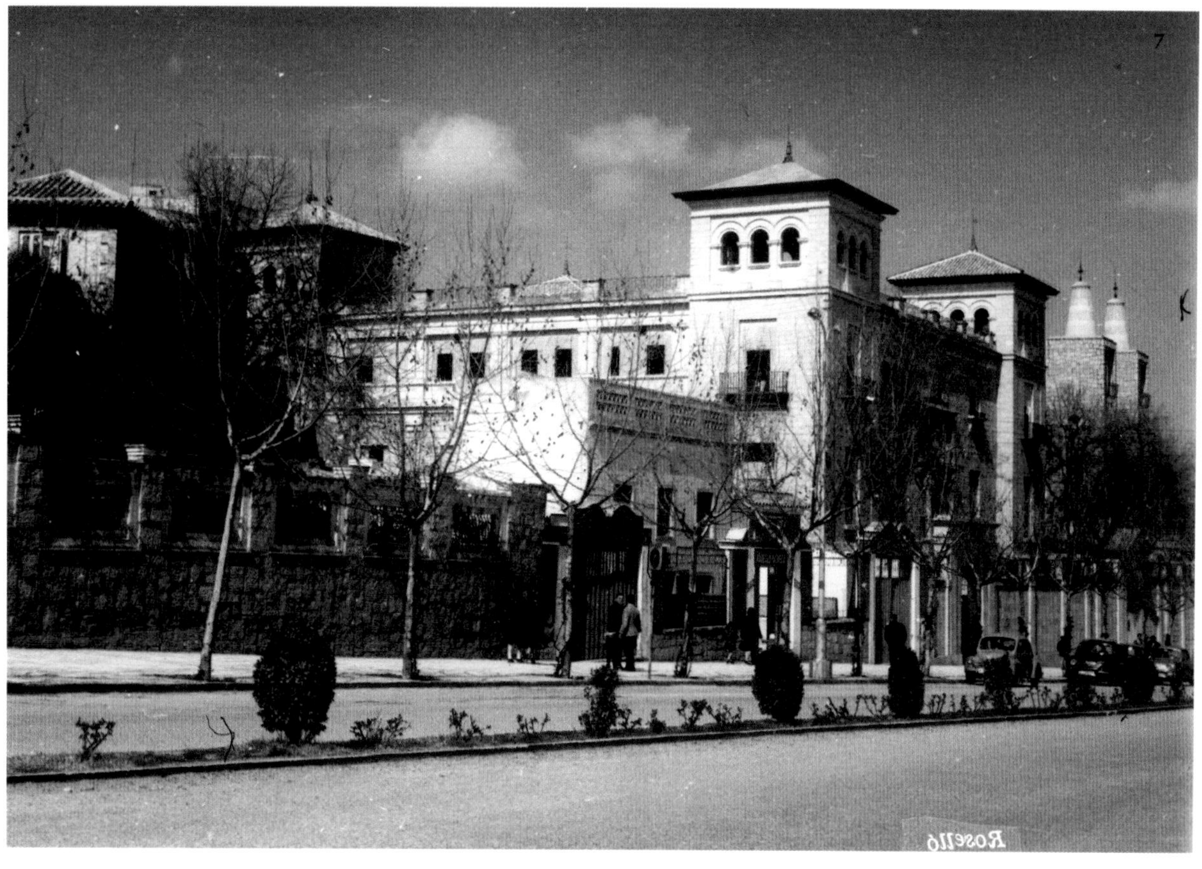

7. Panorámica del museo (Fondo Ortega, Archivo IEG).

fachada principal, como plano representativo, se flanquea por dos torres, además de elaborar una portada donde se concentran los motivos identificadores, ya sean privados o públicos, marcando el eje simétrico de la composición, con una ordenada distribución de los vanos a un lado y a otro del eje central.

Aunque la figura de este Museo remita a modelos historicistas, sin duda en consecuencia con el continente al que estaba destinado y con el contexto ideológico y urbanístico en el que se inscribía, desde su propia arquitectura se apartaba sutilmente de la mimética reproducción de modelos ejemplares del pasado. Como A. Capitel ha observado, el patio articulador no es tal, en la mediada que carece de la estructura "claustral" de las galerías circundantes, características en la tipología tradicional, que

daban acceso a las crujías laterales y pese a que guarda acceso al piso superior en un ángulo no lo hace mediante el arranque directo de escalera, sino por un simple vano que enlaza con la escalera que parte del vestíbulo en la crujía delantera. El patio vendría a quedarse entonces como un mero "patio de luces"(Capitel. 2008). Las cuatro "torres", o mejor, cuerpos angulares, de idéntica forma, cumplen una función compositiva para las cuatro fachadas perfectamente ordenadas al exterior **(fig. 7),** en tanto que internamente determinan pequeñas salas autónomas sin juego rotular con las crujías adyacentes. Los chapiteles sobre los cuerpo angulares con tres vanos de medio punto por cada una de las caras, cubierta de teja a cuatro aguas y con amplio vuelo del alero, tiene cierto rasgo de identidad, repetido en sus grupos escolares, Escuela Normal de Granada, Residencia de Estudiantes de Madrid etc…, lo mismo que los vanos rasgados en fachada. Vistos aisladamente, estos cuerpos turriformes, levemente adelantados de las fachadas, curiosamente recuerdan a las potentes torres delanteras del Hospital de Santiago de Úbeda, una de las cuales, fue restaurada por Flórez en 1927.

De acuerdo con la fundamentación historicista del contenedor, atenta siempre además al lugar y su pasado, el material y la técnica empleados es la estereotómica, de la que Jaén podía lucir un brillante catálogo de edificios y maestros, a cuya cabeza hay que situar a Andrés de Vandelvira[13] y su hijo Alonso, distanciándose así del empleo del ladrillo por el que Antonio Flórez mostraría su predilección.

Por la misma razón, el arquitecto incluyó dos portadas arquitectónicas de dos edificios señeros del Quinientos jiennense: el Pósito y la iglesia de San Miguel, ambos en manos particulares y en trance de desaparecer, por lo que las dos portadas, desmontadas, se incorporaron a esta nueva edificación. En el caso de la primera fue el Ayuntamiento, su titular y propietario, quien la sacó a la venta en 1917 con la cláusula de la segregación de la portada para el Museo e incorporada como portada principal de entrada. Documentada como obra de Francisco del Castillo "el Viejo", se fecha en 1548 (Lázaro 1984). La portada, que ofrece el interés de ser una de las escasas piezas de la arquitectura de lo público de la primera mitad de siglo XVI **(fig.8)**, manifiesta un lenguaje todavía balbuciente del clasicismo renacentista, de desajustes proporcionales en el orden arquitectónico empleado alejado del canónico uso de los elementos, como los fantasiosos capiteles cercanos a los capiteles "itálicos" descritos gráficamente por Diego de Sagredo. Sin embargo, la leyenda del entablamento alusiva al carácter benéfico, acompañada por las alegorías clásicas de la mitología relativas a la Agricultura y el despliegue heráldico, imperial y local, eran apropiadas como

excepcional documento plástico monumental para la institución museística.

La segunda portada, la de la iglesia de San Miguel, parroquia del viejo casco urbano intramuros desacralizada y adquirida por Antonio Alcázar Martínez, quien la dona al Museo, se destina al interior del patio en el testero del fondo, en línea con la portada exterior. Fechada en 1561 y atribuida con todo fundamento a Andrés de Vandelvira, presenta un lenguaje formalmente más ortodoxo del clasicismo renacentista **(fig.9)**. Desde el primer momento de la idea fundacional del Museo, en 1913, Flórez escribía un artículo en la revista Don Lope de Sosa acerca de esta portada en la que reconoce la conjunción entre ornamentación y estructura arquitectónica, como quizá no existiera otra en Jaén (Flórez 1913). En su hipotética atribución a Andrés de Vandelvira tacha a éste de frio academicista, seguidor de Vignola, por esa sorprendente armonía o equilibrio que ve en esta obra, contraponiéndolo a la fuerte y original "expresión", que a su juicio tenia ese fantasmagórico padre, Pedro de Vandelvira. Años más tarde, en su discurso de ingreso en la Academia de San Fernando, ajustaría esa virtud original en Andrés.

El proyecto sufriría modificaciones posteriores en virtud de los avatares a que se vio sometido en la turbulencia de los acontecimientos políticos que agitaron al país en las siguientes décadas, pero mantuvo su volumetría original y su monumental elevación sobre la línea del Paseo mediante la escalinata imperial que lo realza y el muro pétreo que lo aísla del tráfico callejero, vista la planimetría del primer proyecto que está en propiedad particular. El archivo del Museo de Jaén, guarda tan sólo de este primer proyecto los dibujos al carboncillo de la Casa del Director, fechados el 26 de agosto de 1919, con fecha, firma y escala autógrafas **(fig.10)**. Se trata de dos dibujos, uno de la fachada principal y el otro de la fachada oriental. La primera dibuja un plano

8. Portada del antiguo Pósito (Fondo Roselló, Archivo IEG).

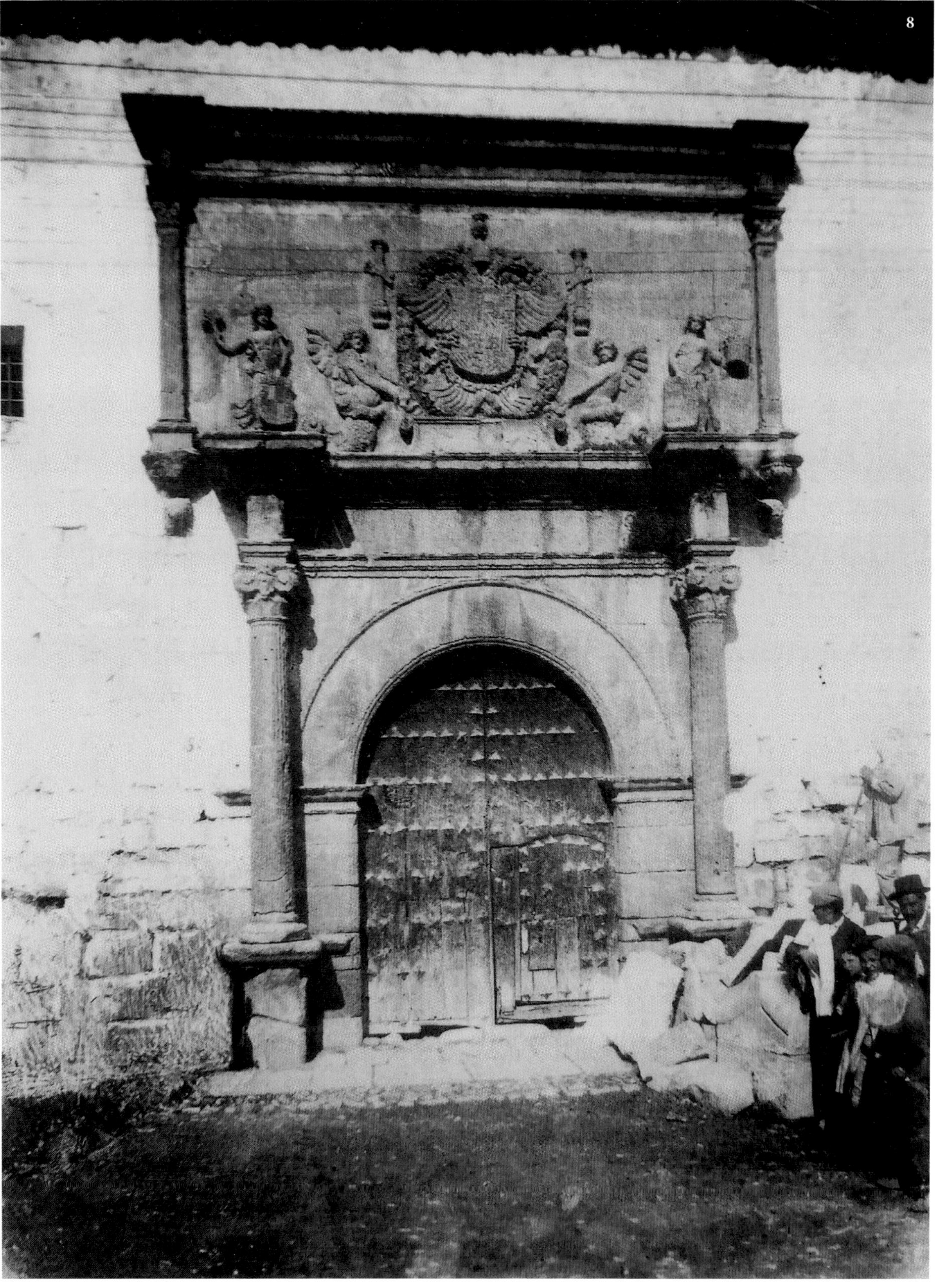

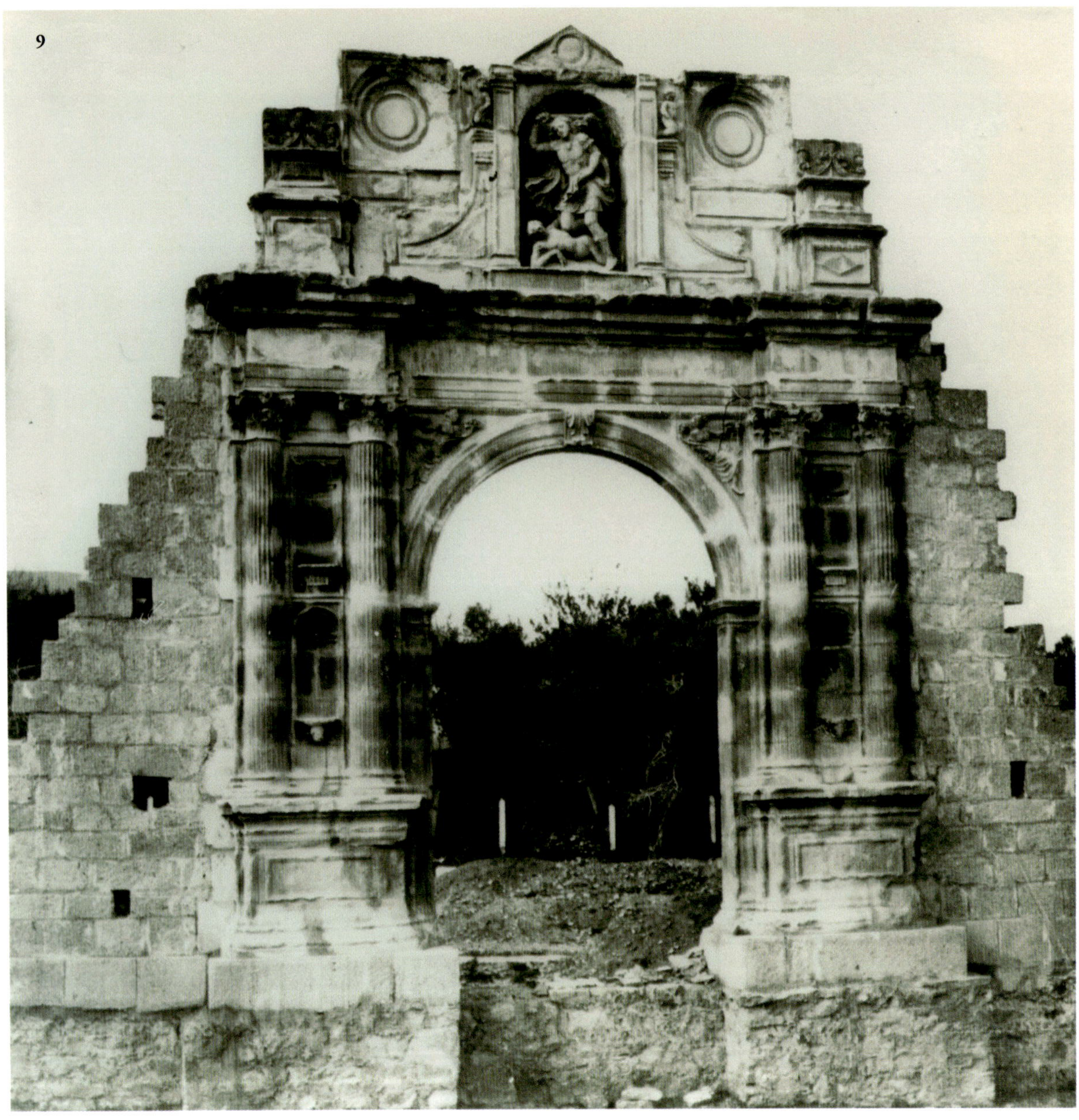

9. Portada de la Iglesia de San Miguel (Archivo IEG).

apaisado de dos alturas en rigurosa composición simétrica, la entrada protegida por un porche que avanza sobre cuatro pilares. A ambos lados, dos ventanas, también apaisadas, y en eje con ellas en la planta alta dos balcones, mientras que sobre el porche abren tres ventanas pequeñas, igualmente apaisadas. El muro, de sillares y la cubierta de teja. Toda ella manifiesta la fuerte impronta de la arquitectura popular, si bien pasada por el tamiz de la racionalidad académica. El segundo dibujo muestra mayor complejidad de conjunto, con dos cuerpos bien diferenciados: el principal, que se corresponde con la crujía delantera del dibujo anterior, en cuyo frente abre una puerta flanqueada por columnas y ventana en la planta superior. Al lado, retranqueado se alza el otro cuerpo, que se corresponde con la parte más íntima del hogar, con vanos más pequeños; chimenea y coronado en un extremo con un mirador, a modo de chapitel abierto a los cuatro

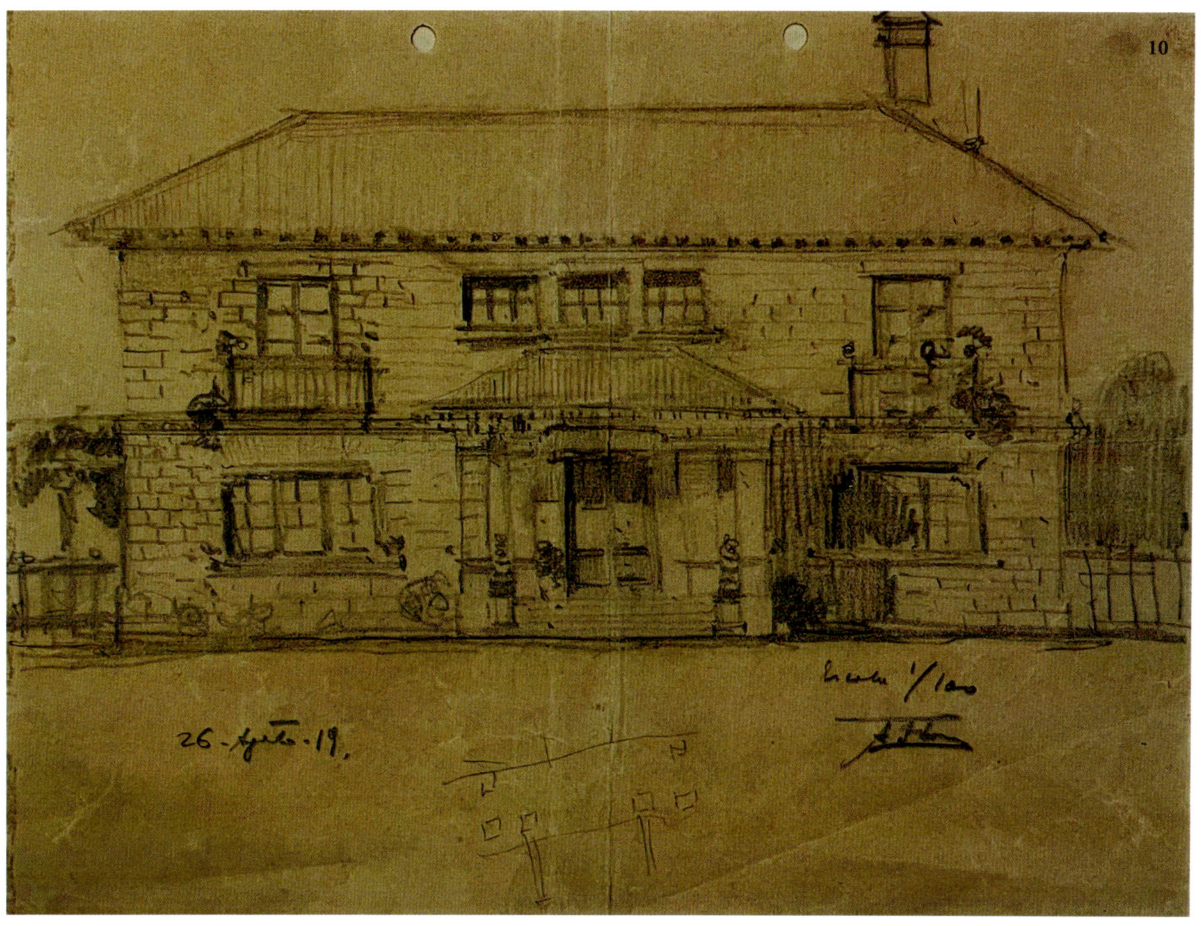

10. *A. Flórez.* **Dibujo de la Casa del Director (Archivo del Museo de Jaén).**

costados y cubierto a cuatro aguas. El hueco del retranqueo se aprovecha para un pequeño jardín o huerto. Se completa así el proyecto de un tipo de vivienda en el que el peso de la inspiración en la tradición popular y culta se da la mano con el rigor compositivo del estudio académico.

Los proyectos posteriores

Pese a la celeridad con que se inició la construcción del Museo Provincial de Jaén, las obras se paralizaron en 1921 (Chicharro 1999) y habría de pasar todavía medio siglo para que al fin cumpliera su función original. Entre medias, el inmueble cambió de destino y hasta de ocupantes, consecuencia de la convulsa situación política por la que atravesó el país desde el inicio de la década de 1930.

Varios proyectos se escalonan en ese intermedio: uno de adaptación (1931); otro de rehabilitación (1965-1971) y de urbanización y reformas interiores (1974).

El primero, tiene como objetivo el cambio de uso, toda vez que sin terminarse la obra la idea de Flórez de destinar la planta principa a un "museo ibérico" (sic), dada la riqueza arqueológica al respecto de la provincia, que, según propia confesión del arquitecto, no tuvo eco en las instancias oficiales, al menos locales. En virtud de esto, el mismo autor del proyecto comunicó al Ministerio la conveniencia de adaptarlo para Escuela Normal de Magisterio[14]. Conviene recordar la similitud tipológica de los dos edificios, el Museo de Jaén y la Escuela Normal de Granada, proyectada y

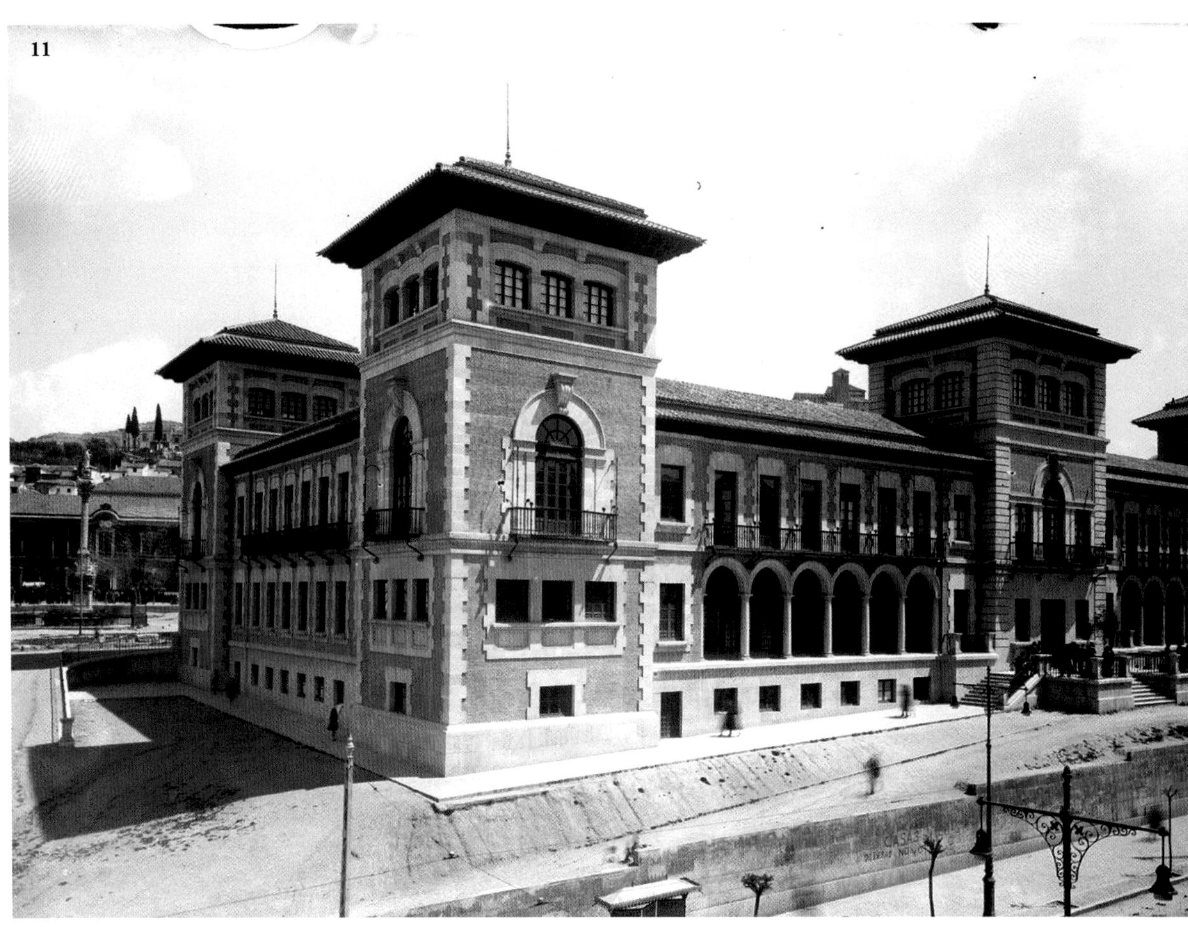

11. Escuela Normal de Granada (1933) (Archivo UGR- Universidad de Granada-).

construida esta última en la década 1923-1933 también por Flórez de Urdapilleta **(fig. 11)**.

El proyecto consta en realidad de dos, uno fechado en 1931, que se desarrolló en dos fases, la primera en ese mismo año y la segunda dos años después, que se limitaba al muro de cierre al Paseo. El segundo proyecto, de 1932, se centra en la adaptación del inmueble a su nueva función[15].

El muro de cerramiento es el todavía existente con pocas variaciones respecto al original. El lienzo, todo de piedra, está jalonado por sobrios resaltos enlazados por una imposta corrida, prolongados por encima del muro en breves pilares en los que engarza la crestería de forja que lo corona y sirve de antepecho a la plataforma ajardinada sobre la que se alza el inmueble. Los intervalos mantienen un ritmo regular, salvo en los extremos y en los que flanquean el vano de entrada principal, de mayor anchura. Dos son los vanos de acceso, el citado como principal, en eje con la entrada al Museo, diseñado con arco de medio punto de fuerte rosca enmarcado por pilastras y cerrado con frontón triangular y adorno de bolas en eje con las pilastras, una composición de claro corte viñolesco **(fig.12).** El otro vano, abierto en un extremo, para paso de carruajes o de servicio, es un simple arco de medio punto, de excelente despiece de cantería, cerrado con dintel y sobre él una montera de teja a cuatro aguas. En el extremo opuesto se alza en alto una estructura columnaria, que se corresponde con una pérgola que enfatizaba la esquina y el jardín superior. Hoy se ha perdido este elemento al igual que la puerta principal, limitada a un hueco entre

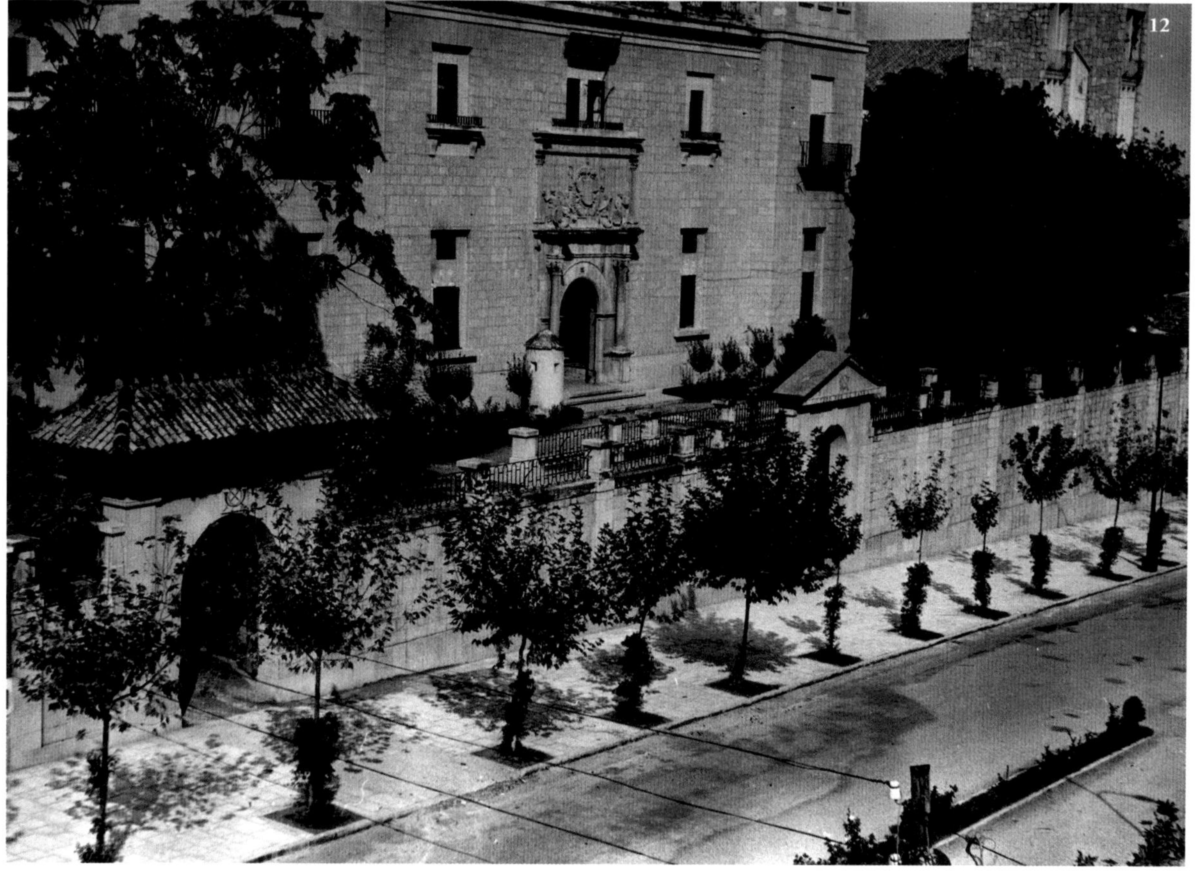

12. Museo con el muro de cerramiento del proyecto de 1931 (Fondo Ortega, Archivo IEG).

pilares cerrado por verja, así como la montera de la puerta accesoria. Sin embargo, hasta los años sesenta del pasado siglo, subsistían todos ellos, fieles al diseño de 1931.

El proyecto de adaptación del inmueble inacabado al nuevo uso, revisa y completa los alzados exteriores. Así, se percibe en la fachada principal un recrecido por el mayor distanciamiento entre el segundo cuerpo de la portada y la cornisa **(fig.13)**, espacio en el que más tarde, en el último proyecto, se abrirá una ventana. Las fachadas laterales dibujan los grandes vanos verticales en planta baja, acordes con los de la fachada principal, mientras en la segunda planta abre amplias ventanas flanqueadas por dobles pilastras toscanas, tal como se ven hoy. En la Memoria del proyecto su autor subraya

la continuidad con la construcción originaria, encaminada a "conseguir unidad estética y constructiva" (Chicharro 1999).

Interiormente se hacía necesaria una restructuración del espacio para acomodarlo a las directrices que desde el Centro de enseñanzas del Ministerio de Instrucción Pública estaban establecidas para este tipo de edificios en que ya tenía experiencia Antonio Flórez. Esto pasaba por la introducción de una entreplanta, entre la planta baja y la principal, y en una mayor fragmentación de las cuatro crujías proyectadas para museo. Así, en planta baja, las crujías laterales recortan los amplios espacios junto al patio para ubicar la Biblioteca y el despacho del bibliotecario, al lado derecho, y en la de la izquierda se ubica un aula y un pasillo entre ésta y el patio. La crujía norte

13. Alzados de los edificios anexos. Proyecto de Luis Berges (1971) (Archivo del Museo de Jaén).

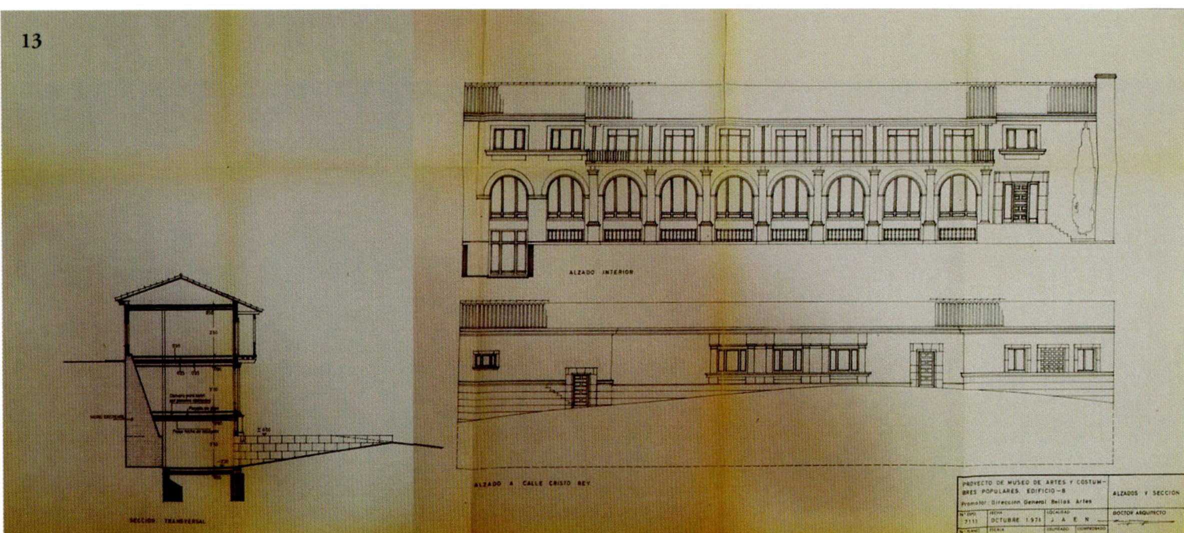

es la que sufre menos cambios, dedicada ahora a "Salón de Actos y Proyecciones". Mientras que la crujía delantera mantiene una compartimentación similar a la originaria con espacio para conserjería, lavabos y otros despachos. La Entreplanta repite la misma distribución de la planta baja y la principal o superior dispone en la crujía delantera el despacho de dirección, Sala de profesores y un "hall" en el centro y deja las tres restantes crujías para aulas, con semejante distribución de espacios a la de la planta baja, reducidos por la caja de escalera en el lado derecho y la galería que circunda el patio, al que se abre mediante amplios vanos flanqueados por pares de columnas en sustitución de las pequeñas ventanas visibles en la sección transversal del proyecto originario para Museo[16]. Finalmente, el ático aterrazado, solución corriente en las tipologías de centros educativos proyectados por Flores, aprovecha los cuatro cuerpos torreados de los ángulos para ampliación de aulas, laboratorios y biblioteca para profesores.

Aunque el arquitecto dice en la Memoria que el solar originario (4.084 metros) era capaz para albergar a la Escuela Normal, sin embargo, la decisión del Ayuntamiento de abrir una nueva calle a espaldas del edificio (la actual de Cristo Rey), suponía cercenar una parte del mismo necesaria para el "campo escolar". Además, la nueva rasante entre esa calle y su enlace con la Carretera de Córdoba (actual calle de Ejército Español), dejaba "enterrado" al edificio del museo. La Escuela de Niños, aneja a la Normal, como era preceptivo, no tenía espacio y en previsión destinaba el grupo escolar construido en la Plaza de las Batallas a tal fin.

La Escuela Normal no pasó del proyecto, coincidiendo su ejecución con el preludio de la contienda civil, por lo que al final de la guerra el edificio, prácticamente terminado, tuvo un destino militar. Aquí se instaló el Batallón Ciclista en 1940 **(fig.14)** y en él permanecería hasta 1964. El nuevo uso alteró y deterioró el inmueble. Se tabicó en parte, por ejemplo, la galería interior del patio, reduciendo el hueco de los vanos, aunque se mantuvieron las columnas, y se construyó una garita de guardia en la fachada principal, junto a la puerta, de forma precaria.

De nuevo, museo.

En enero de 1952, el entonces alcalde de Jaén, Alfonso Montiel Villar, solicitaba al Ministerio de Educación el retorno del edificio de Flórez Urdapilleta a su función original de museo del que había sido desviado[17]. El deterioro sufrido

15. Planta baja y principal según proyecto de Luis Berges (1965) (Archivo del Museo de Jaén).

16. Planta baja y principal del proyecto de adaptación para Escuela Normal (Archivo General de la Administración).

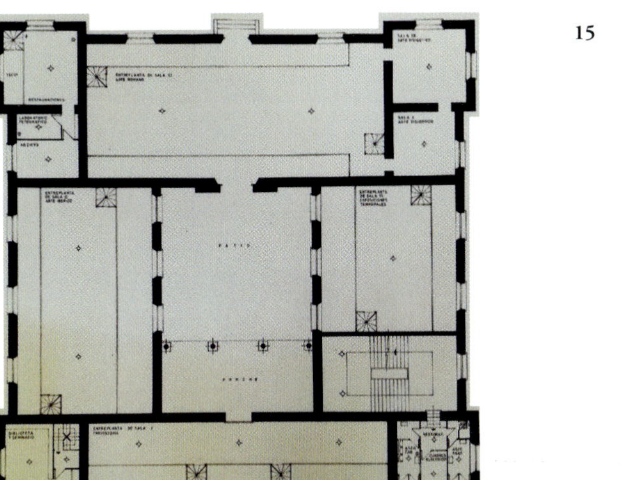

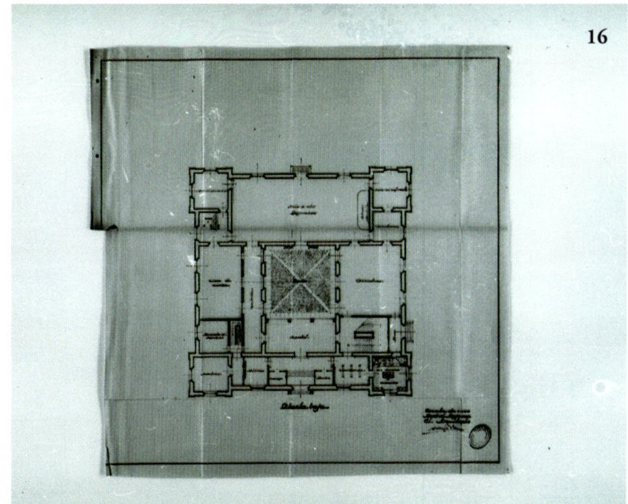

14. Ocupación del museo como cuartel militar (Fondo Roselló, Archivo IEG).

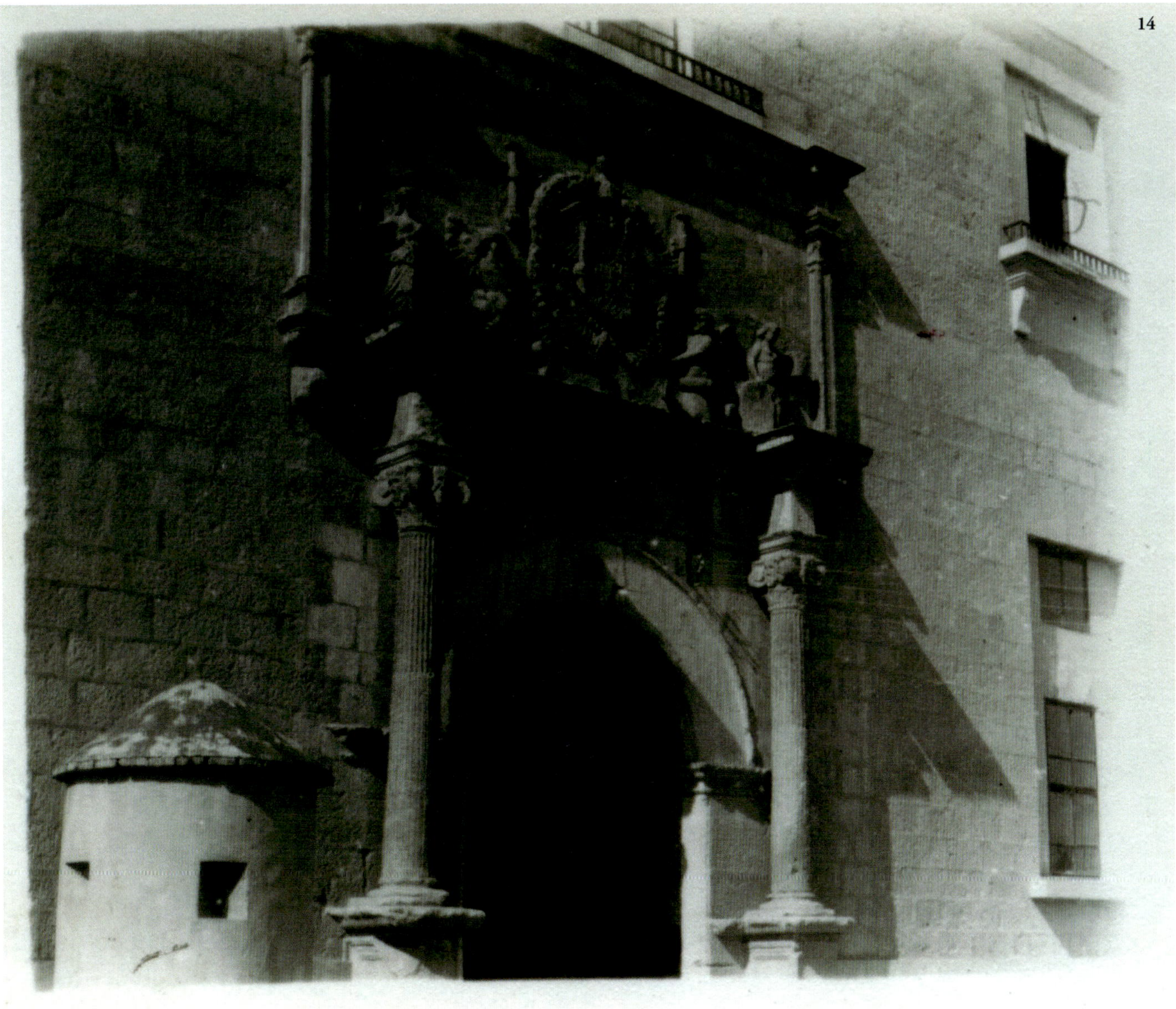

durante la ocupación militar y la exigencia museográfica para el nuevo destino obligó a un proyecto, encargado al arquitecto Luis Berges Roldán (1925) en 1962 y aprobado dos años después, cuando ya se hubo desalojado por completo la milicia (Chicharro, 1999, p.341).

Los planos de este proyecto llevan fecha de 1965[18]y en líneas generales, vuelve a recuperar la amplitud de las crujías laterales y la de fondo del proyecto original de 1919. No obstante, mantiene la entreplanta del proyecto de 1932 y la caja de escalera en la crujía nororiental, único acceso para el público, toda vez que se eliminaron los dos caracoles laterales previstos en principio **(fig.15),** ante el rechazo de la dirección del Museo (Chicharro, 1999, p.346). La crujía delantera queda libre de los compartimentos previstos en proyectos anteriores y queda como un amplio vestíbulo ocupado solo por la conserjería en lado izquierdo, si bien en este proyecto todavía se contemplaba la ocupación de los espacios angulares en planta baja para laboratorio fotográfico y restauración, lado izquierdo, y servicios en el opuesto. El patio, mantenía la apertura de vanos en la galería alta y los dos vanos de comunicación en enfilada a las crujías laterales bajo el pórtico de entrada.

Años después, en 1971, a la par que se modificaban por razones museográficas el proyecto de 1964-65, Luis Berges presentaba un proyecto para edificios auxiliares, que permitían recuperar el máximo espacio expositivo para la construcción de Flórez. Este consistía en un inmueble para muestras temporales y otro para oficinas y talleres. El primero, levantado en paralelo al Museo, de tres plantas: semisótano; baja, de acceso y planta alta **(fig.16).** Todas ellas libres y de gran amplitud, limpias de ornato, que se traslada a la composición de la fachada principal abierta en la cara menor del paralelogramo del edificio. En cambio, en la fachada lateral que mira al edificio de museo, dialoga con éste mediante una arquitectura de corte académico y tradición popular. En planta baja abre vanos de medio punto entre pilastras de orden toscano y en la alta, vanos en sintonía con los fronteros del Museo, precedidos por una balconada de madera sostenida con pies derechos y zapatas.

El edificio de usos múltiples ocupa la trasera del Museo, junto al muro de la calle Cristo Rey, salvando en parte el peligro denunciado en su día por Flórez del "enterramiento" de aquél. Se trata de otro paralelogramo, de planta más estrecha y alargada que el anterior, destinado a un contenido etnográfico principalmente, estructurado también en tres plantas, semisótano, baja y principal. En las dos inferiores se preveían talleres y una exposición de aperos de almazara, ocupadas finalmente por talleres, en tanto que la principal, con fachada exterior a calle Cristo Rey, quedaba para biblioteca y oficinas, mismo uso que mantiene además del despacho de dirección. La fachada interior, repite la composición del anterior edifico, en busca de una unificación estilística de las nuevas dependencias con la original del Museo.

Otros proyectos, menores e incluso no realizados, se sucedieron en la década de 1970. El de "urbanización y reforma interior en el Museo Arqueológico", firmado por el arquitecto Miguel A. Hernández Requejo en 1974 y ejecutado entre ese mismo año y el siguiente. Dividido en dos fases, la primera ordena el entorno entre los nuevos edificios proyectados por Berges y el Museo, con nueva jardinería y escaleras de acceso. En la segunda fase se concentra en el área destinada a la arqueología, en planta baja y entreplanta, una vez libre de la ocupación de parte de esos espacios por talleres y oficinas.

El proyecto no realizado era un gran salón de actos, exterior al Museo, en el lado opuesto al de las Salas Temporales, redactado por Francisco Moral Moral en 1979, espacio que quedó de acceso para vehículos.

Conclusiones

A pesar de todos los avatares sufridos por el Museo Provincial de Jaén, proyectado en 1919 por Antonio Flórez de Urdapilleta, desde el cambio de uso a Escuela Normal hasta la ocupación para cuartel, el edificio tal como hoy lo contemplamos, guarda la imagen originaria. Una imagen que responde, ante todo, al carácter de Monumento de lo Público, propio de un edificio que ha de hacer ciudad y por tanto con voluntad de permanencia al compás de otras piezas cercanas en torno al Monumento a Las Batallas, de Jacinto Higueras, como era el grupo escolar que llevaba el mismo nombre del monumento escultórico, obra también de Flórez. Toda una operación cultural e ideológica sostenida por el prócer jiennense, José del Prado y Palacio, quien llegó a ser ministro de Instrucción Pública, símbolo de un programa regeneracionista para Jaén, que tuvo su plasmación arquitectónica en estas dos piezas realizadas por un mismo arquitecto.

Una arquitectura, cuyo común denominador es también la idea de una regeneración del arte de la construcción atenta a una renovación en las tipologías y en los materiales y procesos constructivos, pero inspirada en la larga y fecunda tradición local y nacional. La estructura cerrada y perfectamente ordenada en sus cuatro frentes, al igual que la ordenación de las plantas de las cuatro crujías, que delimitan necesariamente en su interior un patio a modo de hueco para iluminación, habla del rigor racionalista de su autor en la composición, si bien al exterior deja ver su inspiración tradicional en la potencia de los cuerpos torreados de esquina, tan propios de la arquitectura palaciega y edificios civiles del Renacimiento en España, y los aleros volados bajo las cubiertas de teja a cuatro aguas. Rasgos compartidos con sus queridos tipos de edificios para la docencia, grupos escolares o Escuelas Normales de Magisterio, como la de Granada. Por eso, no supuso un cambio sustancial para

Flórez el segundo proyecto para adaptación a Escuela Normal, de 1932, aunque enturbiara la clara ordenación del espacio interior en las crujías. Claridad que se recuperaría en el proyecto de Luis Berges, de 1964-65, completado con los edificios auxiliares de 1971, para desahogo del núcleo expositivo, y las reformas interiores llevadas a cabo por Hernández Requejo tres años más tarde.

Así, pasado algo más de medio siglo, el Museo Provincial ideado por Antonio Flórez pudo hacerse realidad, ya como testigo único de aquella monumentalidad cultural soñada por el ministro Prado y palacio para Jaén.

Referencias bibliográficas

Anguita (1995) Anguita Herrador, Rosario, Jacinto Higueras. *El artista y su obra*. Jaén, Universidad.

Barrios (2023) Barrios Rozúa, José Manuel, "Encuentros y desencuentros con la arquitectura de vanguardias: la crítica arquitectónica de Torres Balbás (1918-1933)", Archivo español de Arte, 96 (381), pp.59-75

Capitel (2002) Capitel, Antón, "La idea de composición en la arquitectura de Antonio Flórez", en S. Guerrero (ed.), Antonio Flórez, arquitecto (1877.1941), Madrid, Publicaciones de la Residencia de Estudiantes, pp. 229-233

Correa (2019) Correa Alvarado, Claudia, El Paseo de la Estación de Jaén, Jaén

Chicharro (1999) Chicharro Chamorro, José Luis, El Museo provincial de Jaén (1846-1984), Jaén, Instituto de Estudios Giennenses.

Flórez (1913) Flórez de Urdapilleta, Antonio, "Portada de la iglesia de San Miguel", DLS, VI, 1913, pp.188-190

Flórez (1932) Flórez de Urdapilleta, Antonio, "La formación de los arquitectos", en S. Guerrero (ed.), 2002, pp. 251-260

Garrido (2008), Garrido González, Luis, "Empresarios Giennenses", Elucidario, 6, 2008, pp.225-235

González Amezqueta (1969), González Amezqueta, Adolfo, "El camino hacia la modernidad", Arquitectura, 125, 1969, pp. 70-71.

Guerrero (2002) Guerrero López, Salvador (ed.) Antonio Flórez, arquitecto(1877-1941) Madrid, Publicaciones de la Residencia de Estudiantes.

Lara et als (2001) Lara martín-Portugués, Isidoro, Biografías jiennenses, Jaén.

Lázaro (1984), Lázaro Damas, María Soledad, "Aproximación a la arquitectura plateresca en Jaén, Francisco del Castillo, el Viejo, y la portada del Pósito", Boletín del Instituto de Estudios Giennenses, 119, 1984, pp.129-140

Torres (1919) Torres Balbás, Leopoldo, "El arquitecto Flórez Urdapilleta", DLS, 83, 1919, pp.323-325

Notas

1. Para un conocimiento de la evolución de esta importante arteria de la ciudad, con un exhaustivo levantamiento gráfico de su arquitectura (Correa 2019).

2. La figura de Prado y Palacio historiográficamente resulta controvertida. Ponderada desde la historiografía local, como político emprendedor y modernizador para economía agraria, sobre todo del olivar (Garrido 2008), sin embargo como político de la Restauración se ha considerado "sin carisma alguno"(Cuenca Toribio, José M, dbe.rah.es/biografias/14265/jose-del-prado-y-palacio). Sobre esta figura, también Lara et als.(2001)

3. De 1922 data un dibujo del Balneario de Jabalcuz, perteneciente a un proyecto de reforma firmado por Antonio Flórez.

4. Carta abierta escrita al Director de la revista Don Lope de Sosa (Del Prado 1913), titulada "Laborar por la Cultura".

5. La primera piedra del monumento se puso en 1908. El nombre viene de las dos célebres batallas libradas en territorio jiennense: "Las Navas de Tolosa" y la "Batalla de Bailen", que en dos altos relieves en bronce se representan en la base. La maqueta de este último relieve le mereció a su autor, Jacinto Higueras la Segunda Medalla en la Exposición Nacional de 1910 (Anguita 1995)

6. Noticia suelta en la revista Don Lope de Sosa (en adelante DLS), XII, 1913, p. 384

7. Conviene recordar la respecto, al denominación del Ministerio en el que ejercía Del Prado, "Ministerio de Instrucción Pública" y que en 1882 se había creado en Madrid, el Museo de Instrucción Primaria.

8. DLS, 103, 1921, p.213

9. DLS. 81, 1920, p.93

10. Su padre, Justino Flórez y su tío, Germán Flórez, estuvieron vinculados a la Institución Libre de Enseñanza (ILE) desde su fundación en 1876, sobre todo, su tío German(1853-1916), quien ejerció como profesor de Derecho y tuvo diversos cargos en la Junta Directiva.

11. Entre los representantes de esa postura crítica con los postulados de Corbusier, aunque lo admirara en otros aspectos de su modernidad, el más conspicuo quizá fuera Leopoldo Torres Balbás, discípulo muy directo de Flórez, y no es casual que ya manifieste esta postura en el perfil biográfico que hace de él, que se acaba de citar (Torres, 1919). Sobre este posicionamiento y diatriba en la arquitectura española del primer tercio del siglo XX se ha ocupado buena parte de la historiografía, que por razones de espacio no puedo reseñar, baste un reciente artículo de J.M. Barrios (2023).

12. Reveladora de su visión de la arquitectura de su momento y de su propia posición profesional, diría, cito este párrafo de su discurso:

"estamos muy dentro del momento como elementos activos de este proceso [el evolutivo De la Arquitectura] y por ello es difícil fijar con exactitud el lugar que ocupamos en En la evolución presente. Sin embargo, puede afirmarse que no hemos llegado al Apogeo, que no está creado el arquetipo correspondiente, y que, por tanto, nos Encontramos actualmente, al final del periodo de iniciación, sin querer decir, al Emplear la palabra "final", que esté próximo, en tiempo, el apogeo" (Flórez 1932)

13. No deja de ser interesante -aunque no comparta pon entero- su visión de Vandelvira, que contrapone a la de Herrera, el arquitecto de El Escorial, en el Discurso de Ingreso a la Academia de San Fernando, que versó sobre "La formación del arquitecto". Para Flórez, en las obras de Vandelvira "puede estudiarse el proceso de su formación como artista en constante renovación de ideales, que logra encontrar al final de su vida, en sus últimas obras la verdadera expresión del concepto de arquitectura…Un cantero errante llega a abstracciones de masas con justa y ponderada expresión, no exenta de modalidades populares que tienen gran sentido expresivo…" (Guerrero, 2002, p. 255).

14. Sin descartar connivencia con la decisión tomada por la Corporación Municipal (Chicharro 1999, pp. 313 y ss.).

15. La amplia documentación de este Proyecto de adaptación a Escuela Normal se encuentra en el AGA (Caja 6148, 31/47) y ha sido parcialmente reproducido (Chicharro 1999, pp. 319-332).

16. Los planos del proyecto original, ahora en propiedad particular, fueron parcialmente dados a conocer en Guerrero 2002, pp. 203 y 233.

17. El escrito, fechado el 17 de enero, daba cuenta de lo aprobado en Pleno del Ayuntamiento el 27 de diciembre de 1951, alegando la dispersión de obras artísticas por toda la ciudad y el deseo de restituir el fin para el que había sido concebido, desviado "por una infundada petición de las Autoridades locales republicanas y socialistas…a que fuera destinado a Escuela Normal…No llegándose a realizar la instalación por no reunir aquél las condiciones necesarias para la función docente" (Archivo de la Diputación provincial de Jaén).

18. Se conservan en el Archivo del Museo y presentan alguna corrección y leyenda autógrafas en el vestíbulo de planta baja y espacio de la "torre" lateral derecha. Tres plantas: Entreplanta de Planta Baja Baja, Principal y Terraza, reproducidas en Chicharro, 1999 (p.344,435 y 347).

Catálogo

110 Años | Museo de Bellas Artes de Jaén

Retrato de Don José del Prado y Palacio

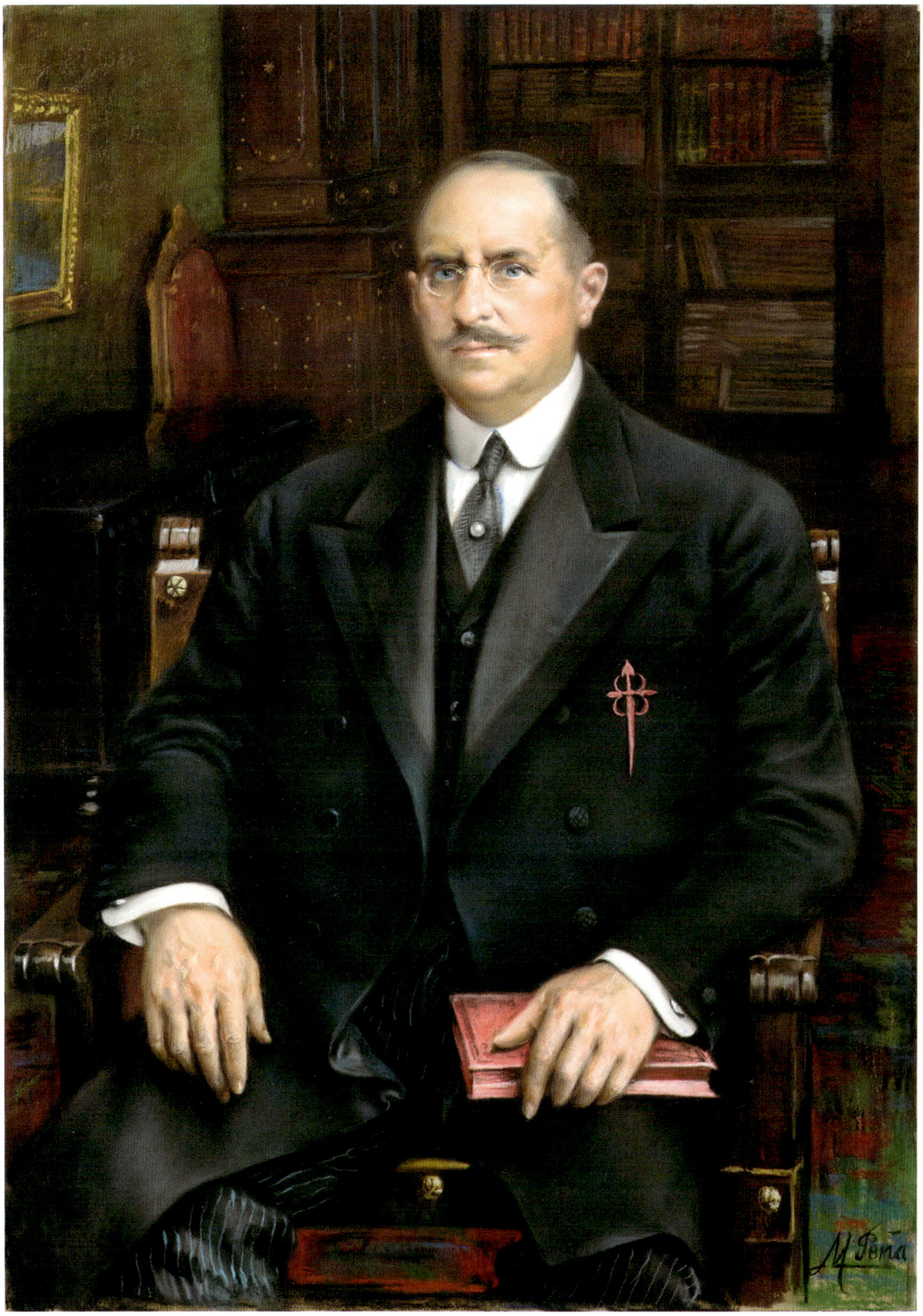

Inventario: CE/BA00073
Autor: Maximino Peña Muñoz
Salduero (Soria), 1863-Madrid,
1940.
Cronología: 1917
Técnica: Pastel
Dimensiones: 120cm x 85cm

Donación de Manuela Rubio
Huertas. Ingresa el 06/05/1917

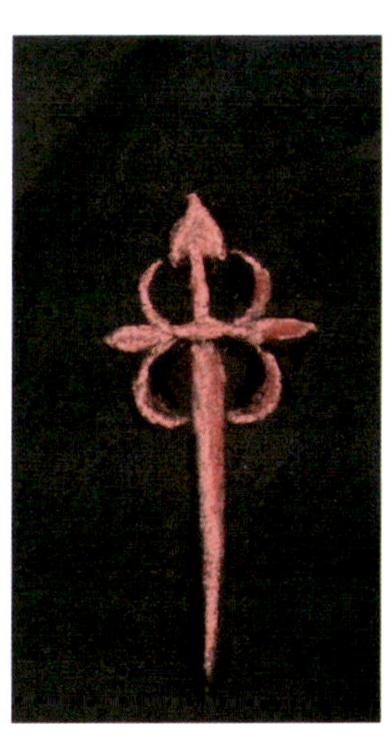

Detalle de la Cruz de Santiago.

Busto de Don José del Prado y Palacio

Inventario: CE/BA00223

Autor: Jacinto Higueras

Fuentes Santisteban del Puerto (Jaén), 1877-Madrid, 1954.

Cronología: 1914

Técnica: Vaciado en bronce

Dimensiones:

61 cm x 35 cm x 36 cm

La obra ingresa procedente del taller del autor el 25/08/1915

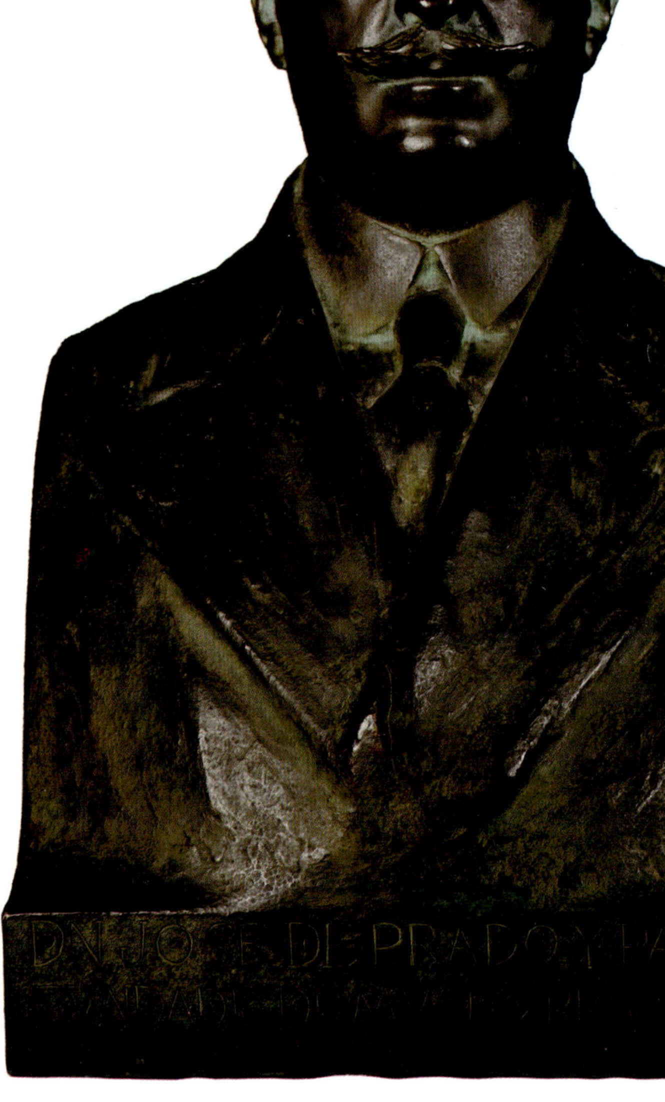

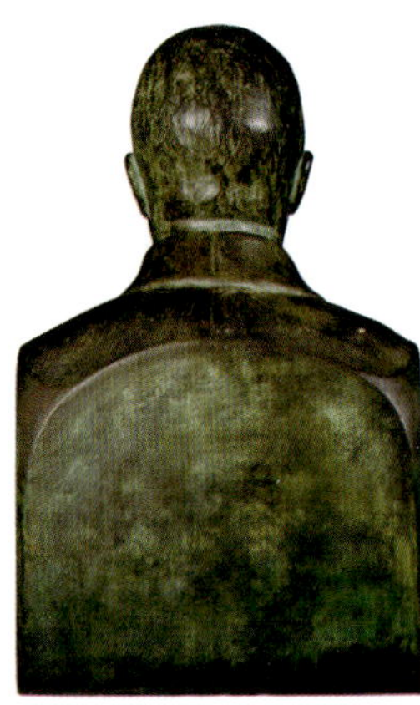

Vista trasera de la obra.

Retrato de Don Alfredo Cazabán Laguna

Inventario: CE/BA00560
Autor: Jacinto Higueras Fuentes
Santisteban del Puerto (Jaén)
Cronología: 1915
Técnica: Vaciado en Bronce
Dimensiones:
39cm x 27.5cm x 22cm

Don Alfredo Cazabán Laguna
Úbeda (Jaén), 1870 - Jaén, 1931

Periodista y escritor.
Director del Museo de Bellas
Artes de Jaén entre 1914 y 1931

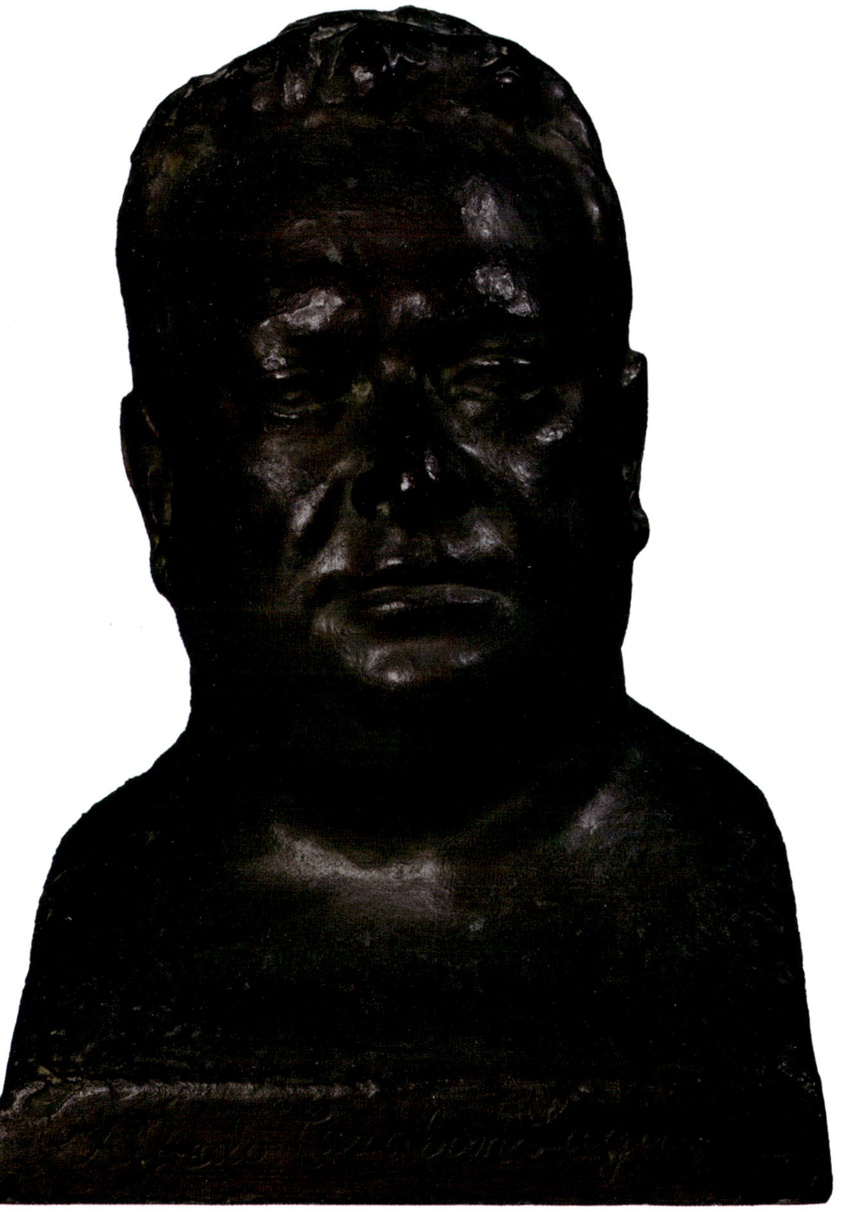

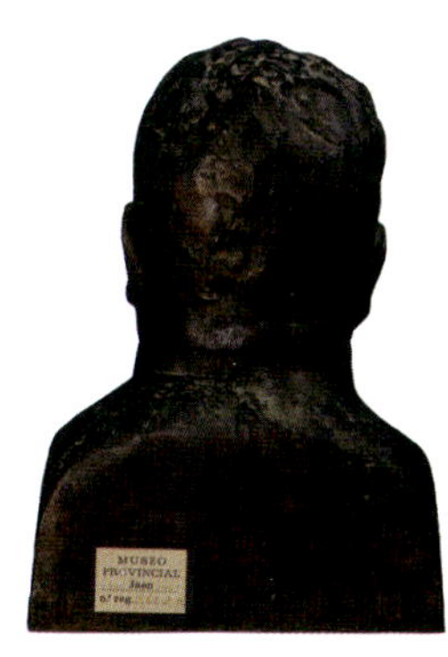

Vista trasera de la obra

Retrato de Don Alfredo Cazabán Laguna

Inventario: CE/BA00671

Autor: José María Tamayo Serrano.

Úbeda (Jaén), 1888 – Jaén, 1975.

Cronología: 1970

Técnica: Óleo sobre lienzo

Dimensiones:

70,5cm x 61,5cm

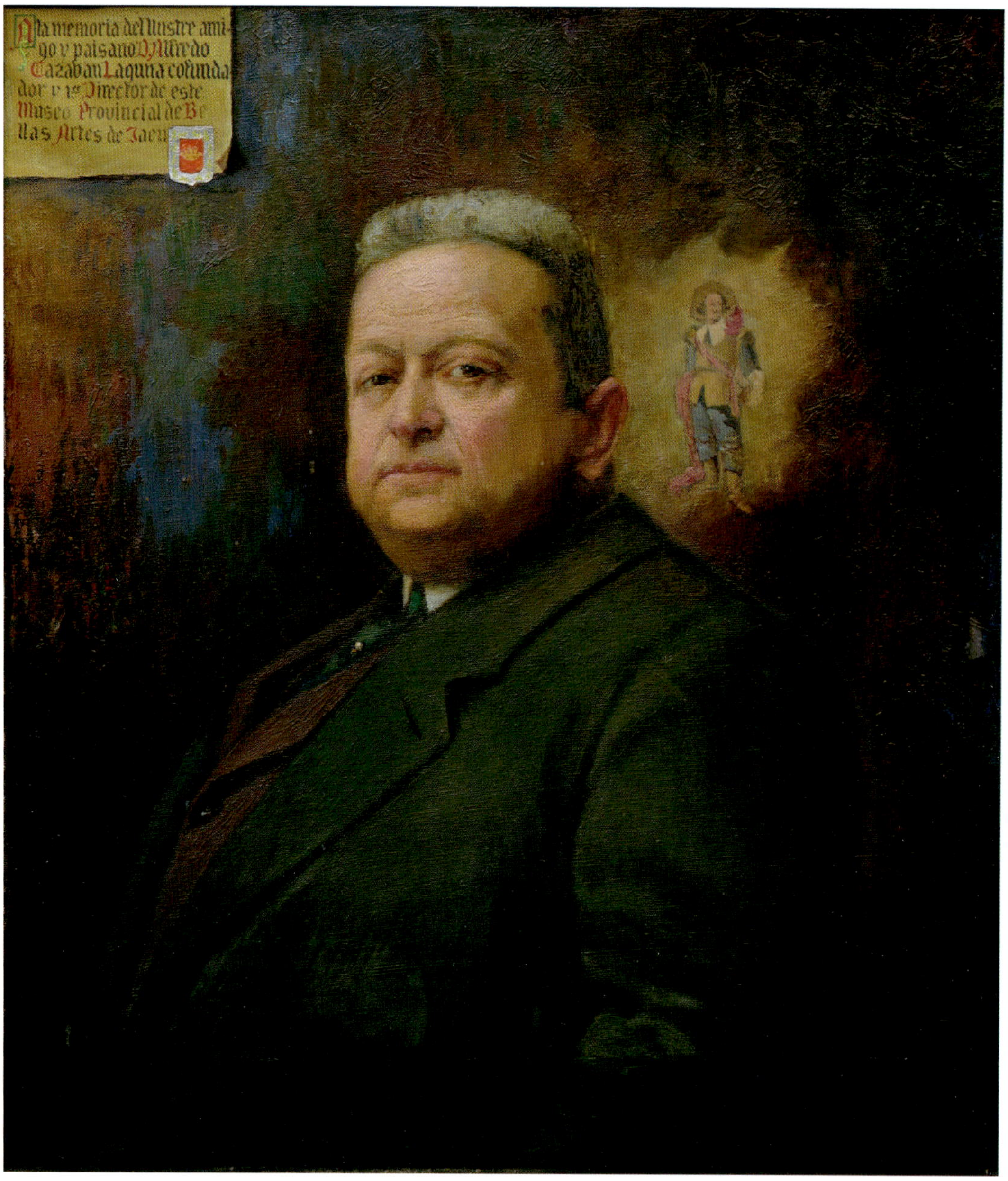

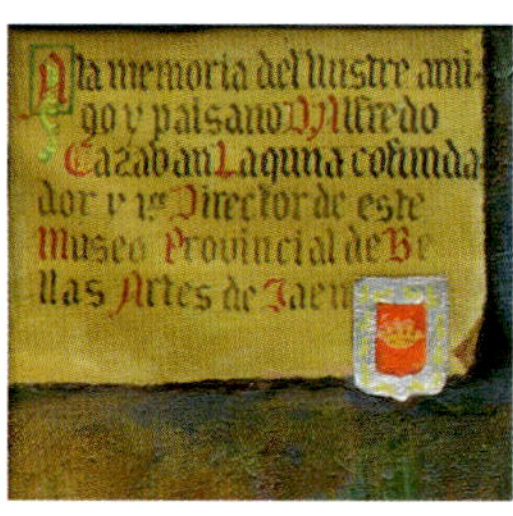

Detalle del texto en la parte superior izquierda.

Capitel

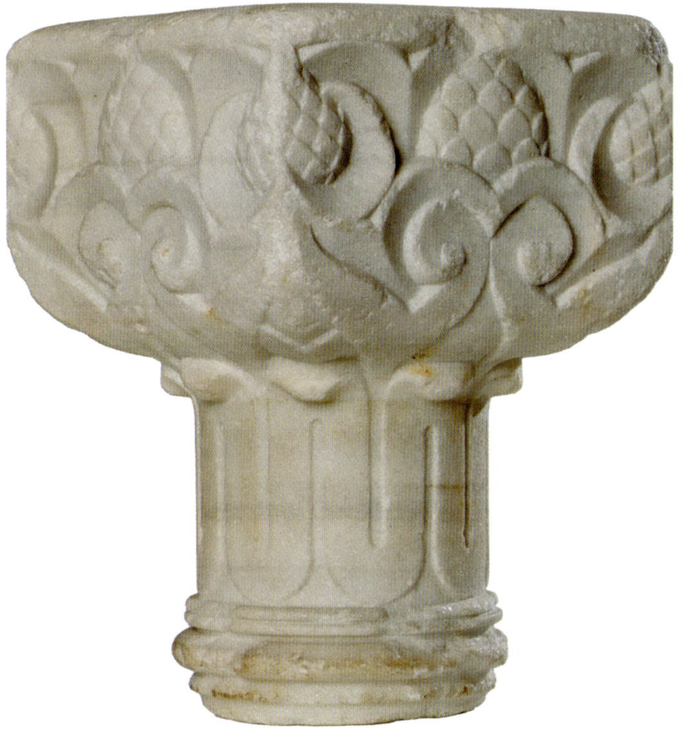

Inventario: CE/DA02830
Autor: Procedencia desconocida
Cronología: Nazarí (Siglos XIV)
Técnica: Talla en mármol
Dimensiones: 25cm x 24cm

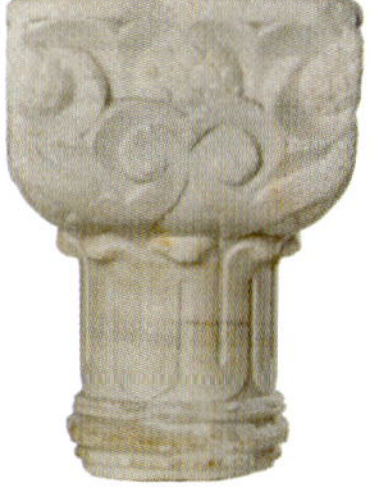
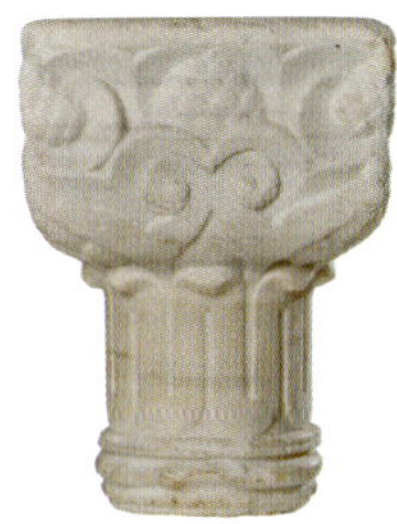
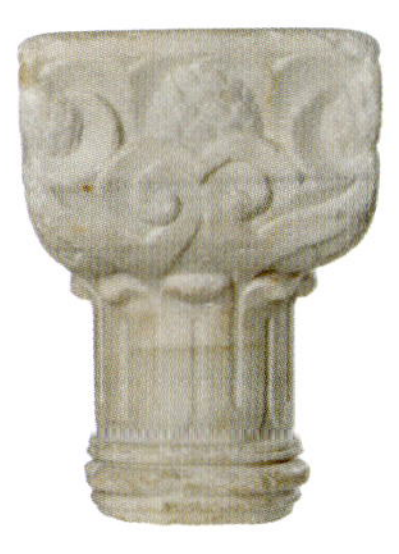
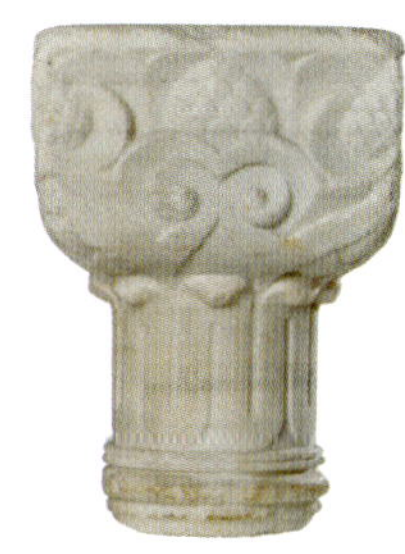

Fachada principal de la Catedral de Jaén

Inventario: CE/BA00614
Autor: Genaro Giménez de la Linde (Jaén, 1827 – 1885)
Cronología: 1884
Técnica: Fotografía monocromática
Dimensiones: 34cm x 25,9cm

Donación de Teodoro Calvache y Martínez. (Jaén, 1841 – Madrid, 1921)

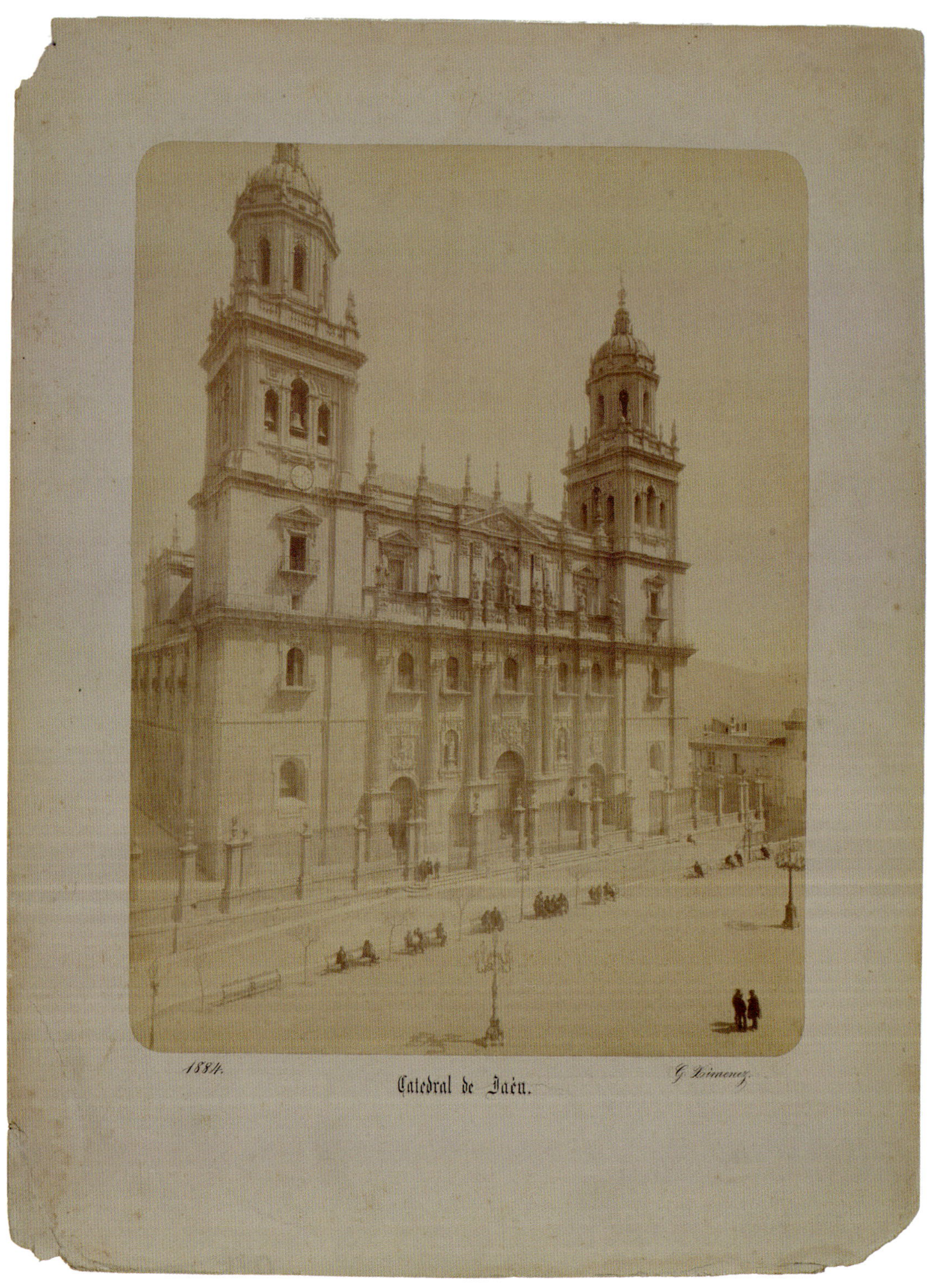

Patio de Santo Domingo, Jaén.
Hospicio de hombres

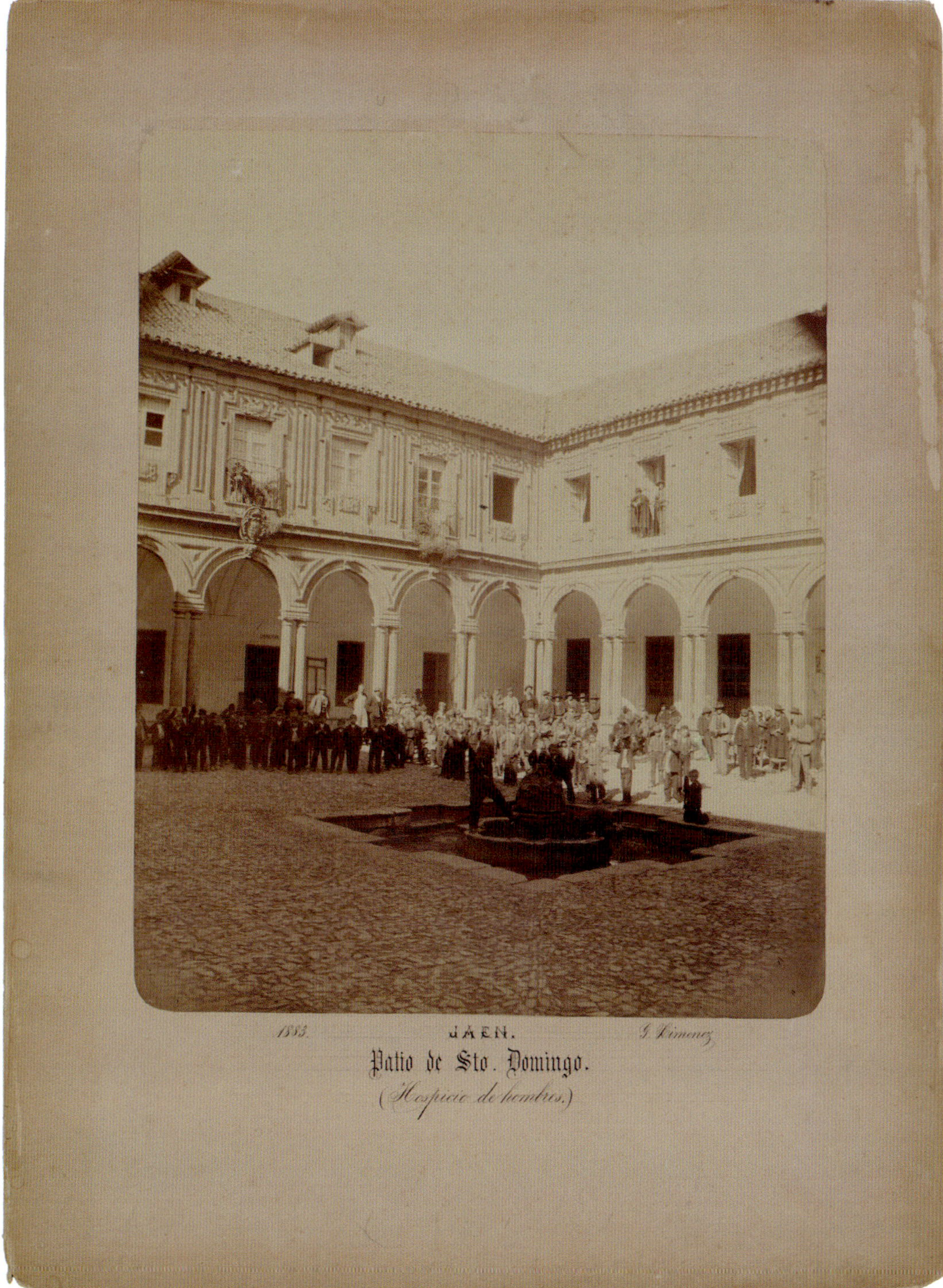

Inventario: CE/BA00608
Autor: Genaro Giménez de la Linde Jaén, (1827 – 1885)
Cronología: 1883
Técnica: Papel fotográfico
Dimensiones: 32cm x 25,5cm

Donación de Teodoro Calvache y Martinez (Jaén, 1841 – Madrid, 1921).

Plaza del Deán Mazas

Inventario: CE/BA00603
Autor: Genaro Giménez de la Linde, (Jaén, 1827 – 1885)
Cronología: 1884(ca)
Técnica: Papel fotográfico
Dimensiones: 30,4cm x 23,7cm

Donación de Teodoro Calvache y Martínez , (Jaén, 1841 – Madrid, 1921).

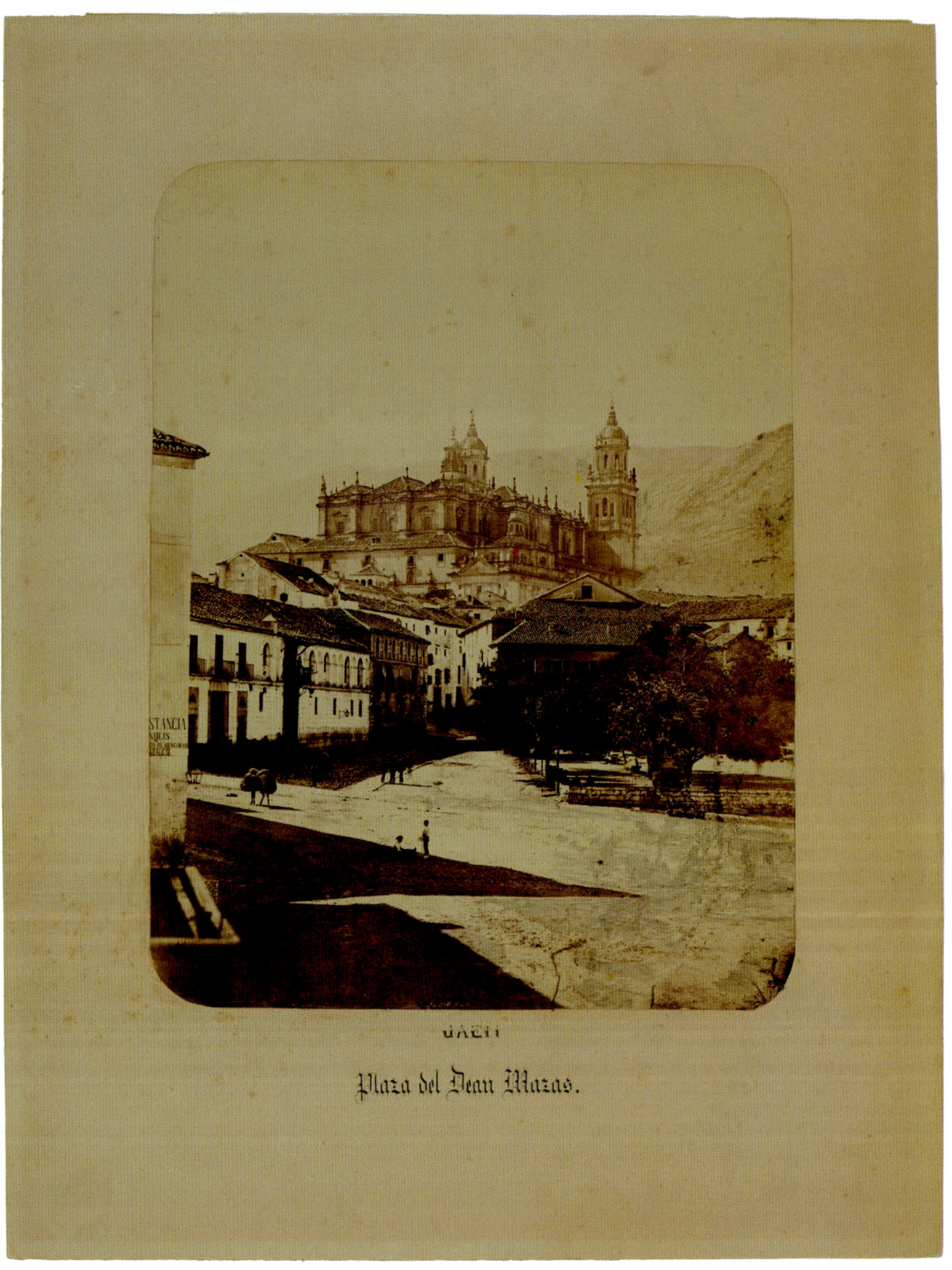

La Custodia desaparecida de la Catedral de Jaén

Inventario: CE/BA00600
Autor: Genaro Giménez de la Linde Jaén, (1827 – 1885)
Cronología: 1884Ical
Técnica: Papel fotográfico
Dimensiones: 32.7cm x 25.3cm

Donación de Teodoro Calvache y Martinez (Jaén, 1841 – Madrid, 1921).

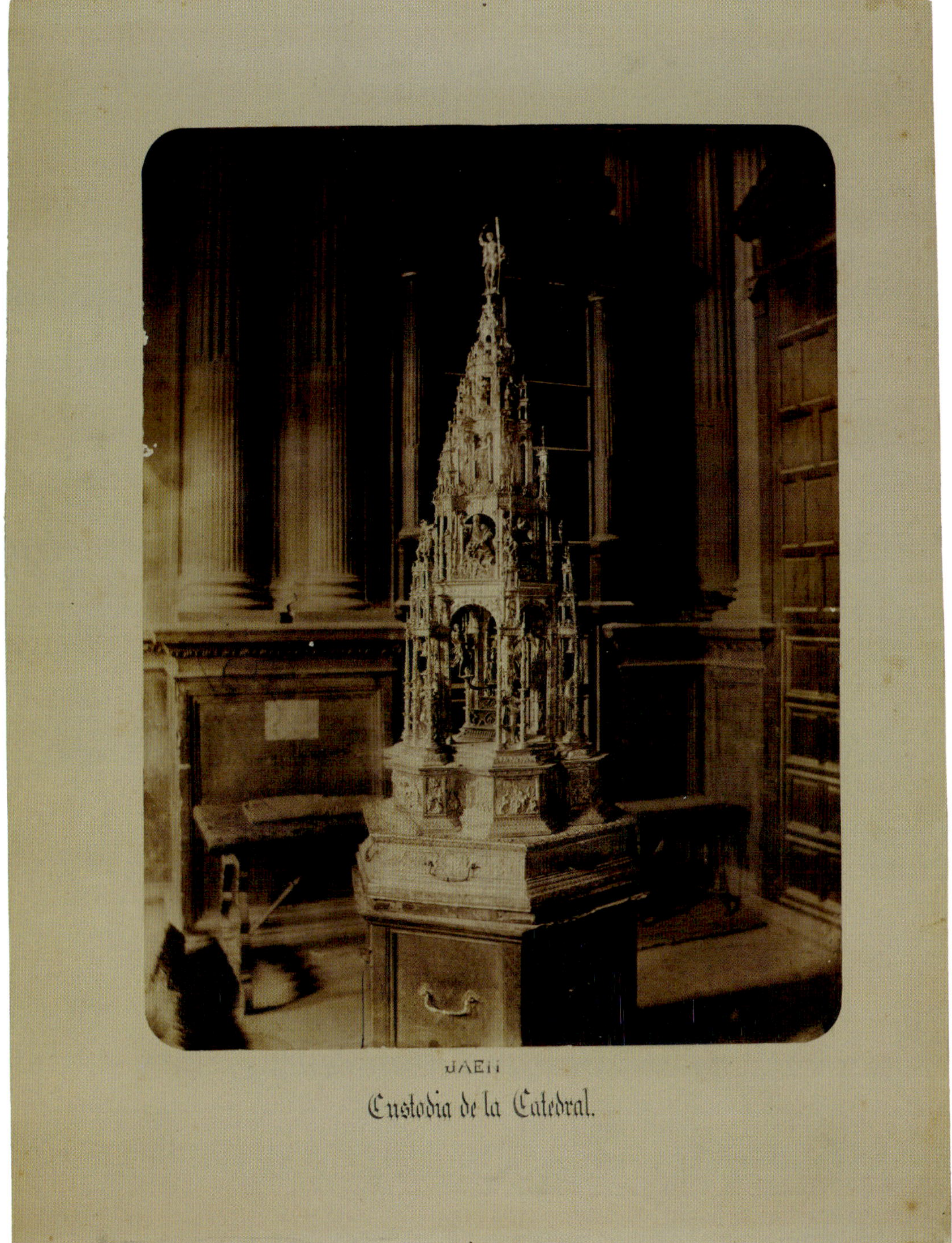

Custodia de la Catedral.

Afueras de la Puerta de Granada

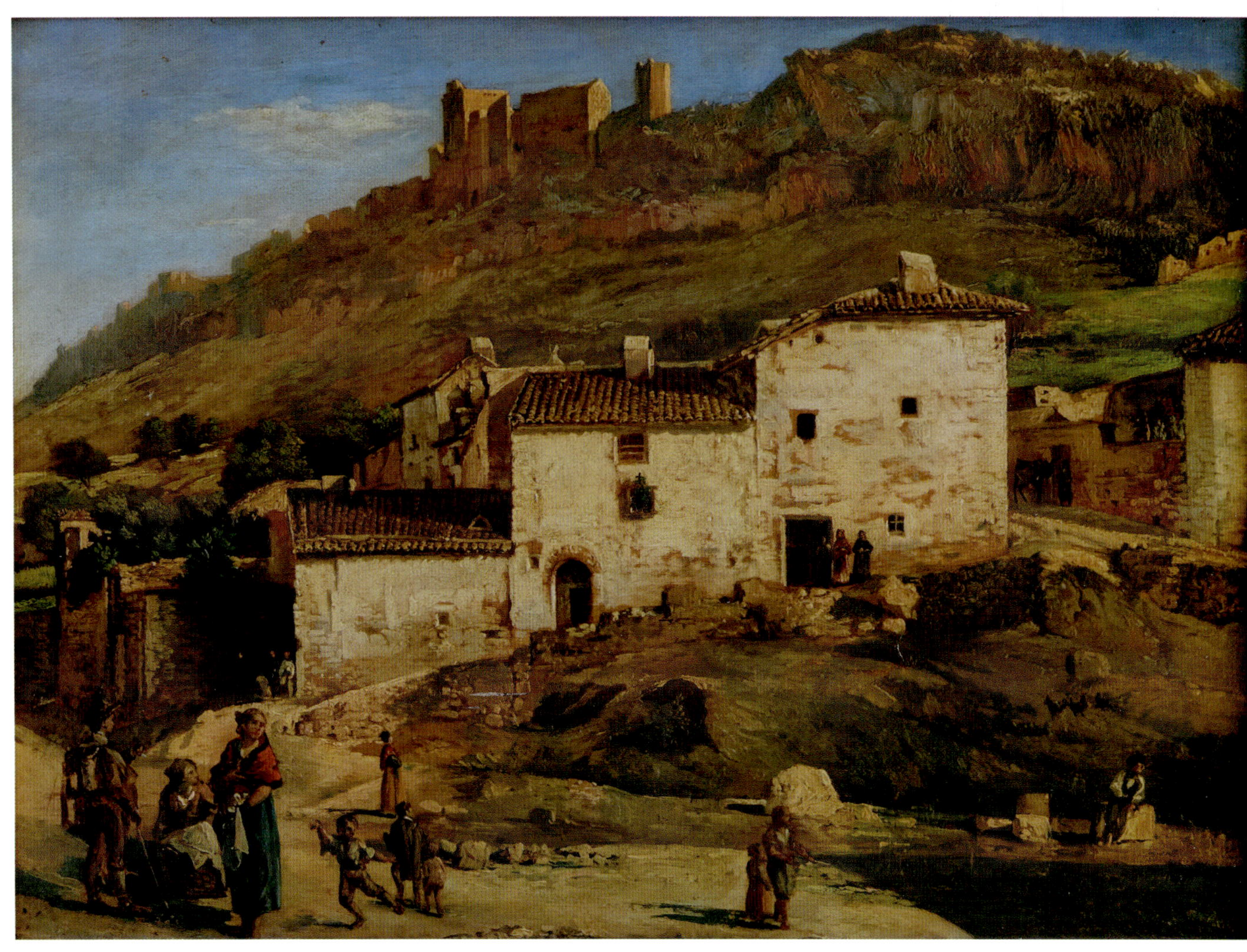

Inventario: CE/BA00050

Autor: Genaro Giménez de la Linde, (Jaén, 1827 – 1885)

Cronología: 1879

Técnica: Óleo sobre lienzo

Dimensiones: 36,3cm x 46,3cm

Donación de Teodoro Calvache y Martínez , de Madrid,. 15/10/1915.

Séneca

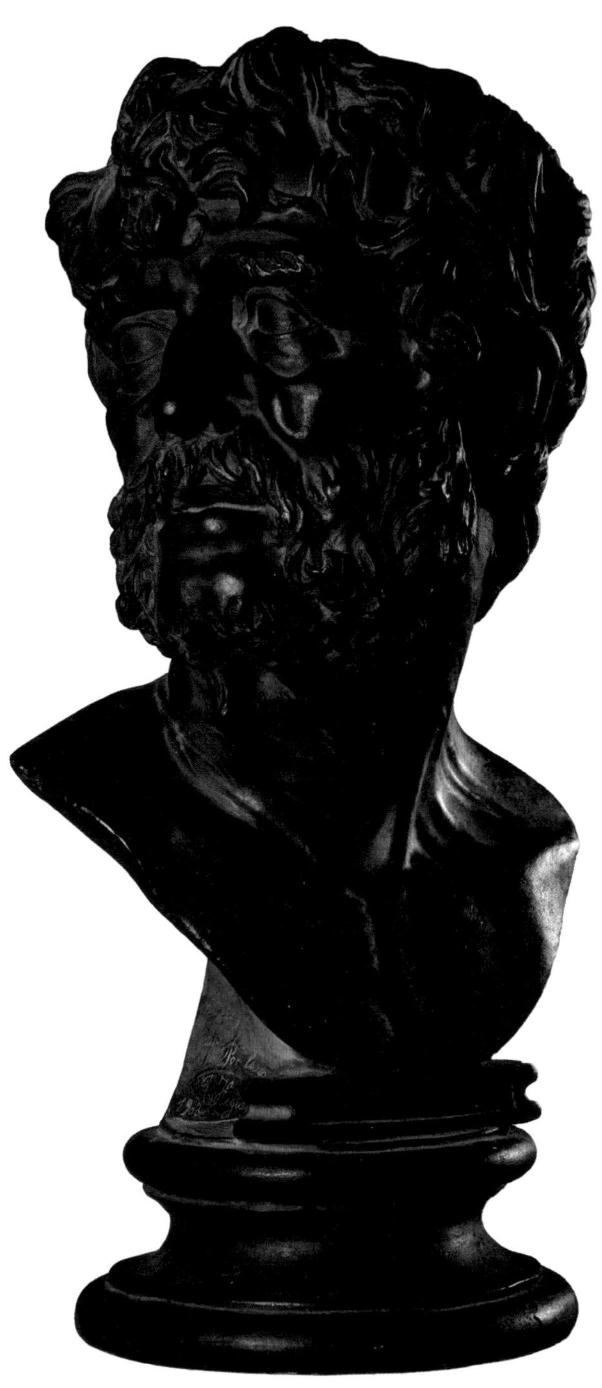

Inventario: DO/BA00222
Autor: Jacinto Higueras Fuentes, Santisteban del Puerto (Jaén), 1877 -Madrid, 1954
Cronología: 1903
Técnica: Vaciado en escayola
Dimensiones: 59cm

Depósito de la Diputación Provincial de Jaén en 1915.

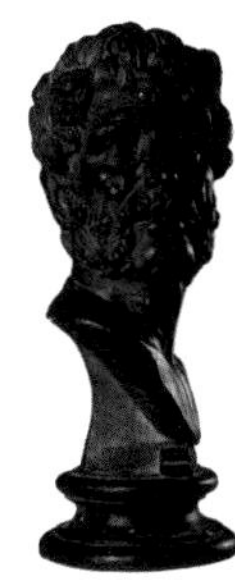

Detalle Vista izquierda

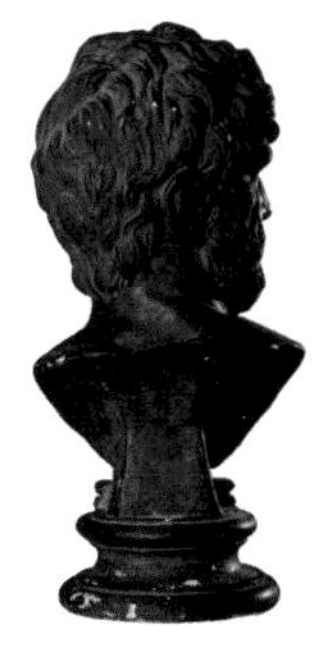

Detalle Vista trasera

¿Alcanzará?

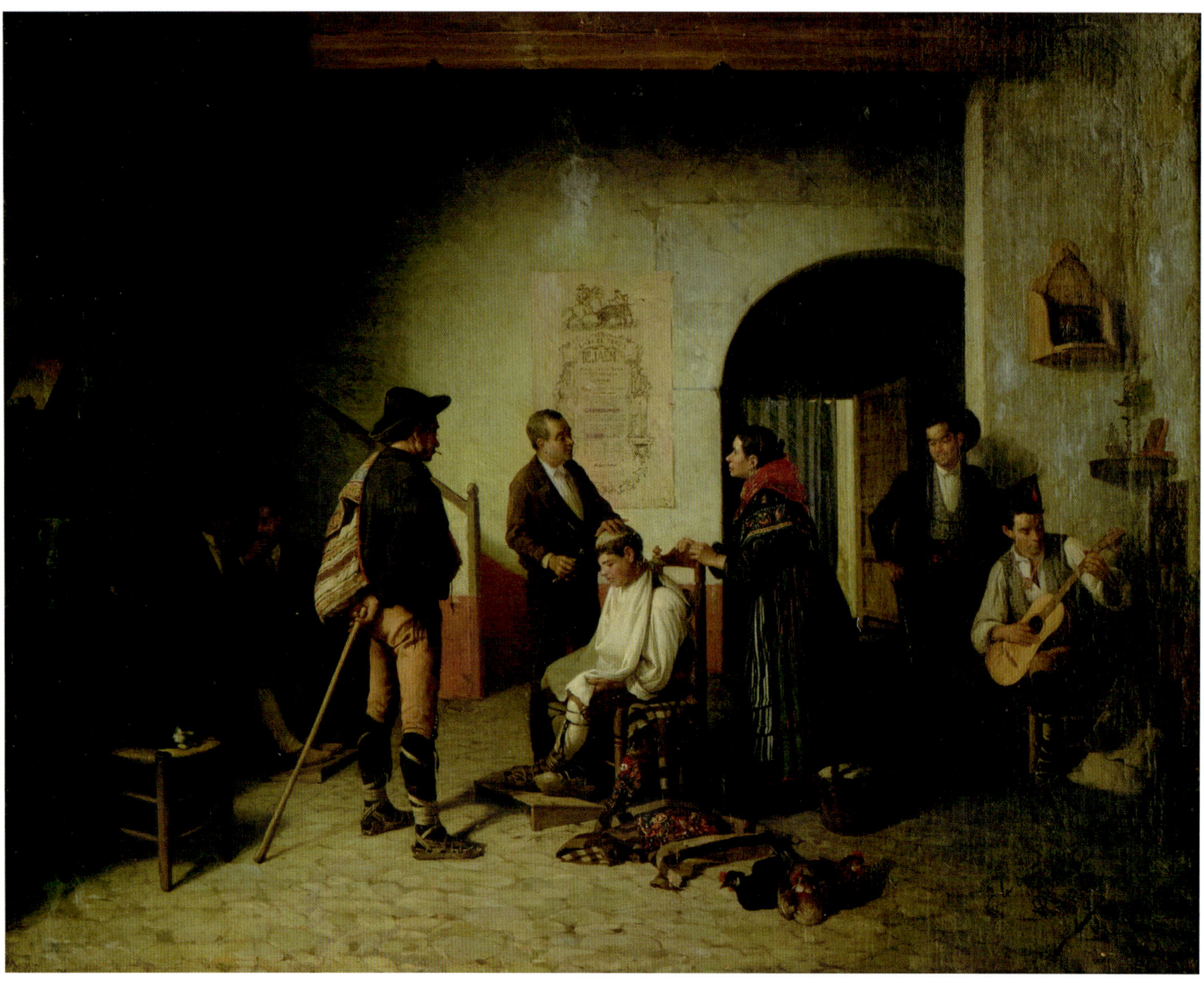

Inventario: DO/BA00031
Autor: Pedro Rodriguez de la Torre, Jaén, 1847 - Zaragoza, 1915
Cronología: 1878
Técnica: Óleo sobre lienzo
Dimensiones: 63cm x 79,5cm

*Depósito de la Diputación
Provincial de Jaén en 1915.*

Moisés convirtiendo las aguas en sangre

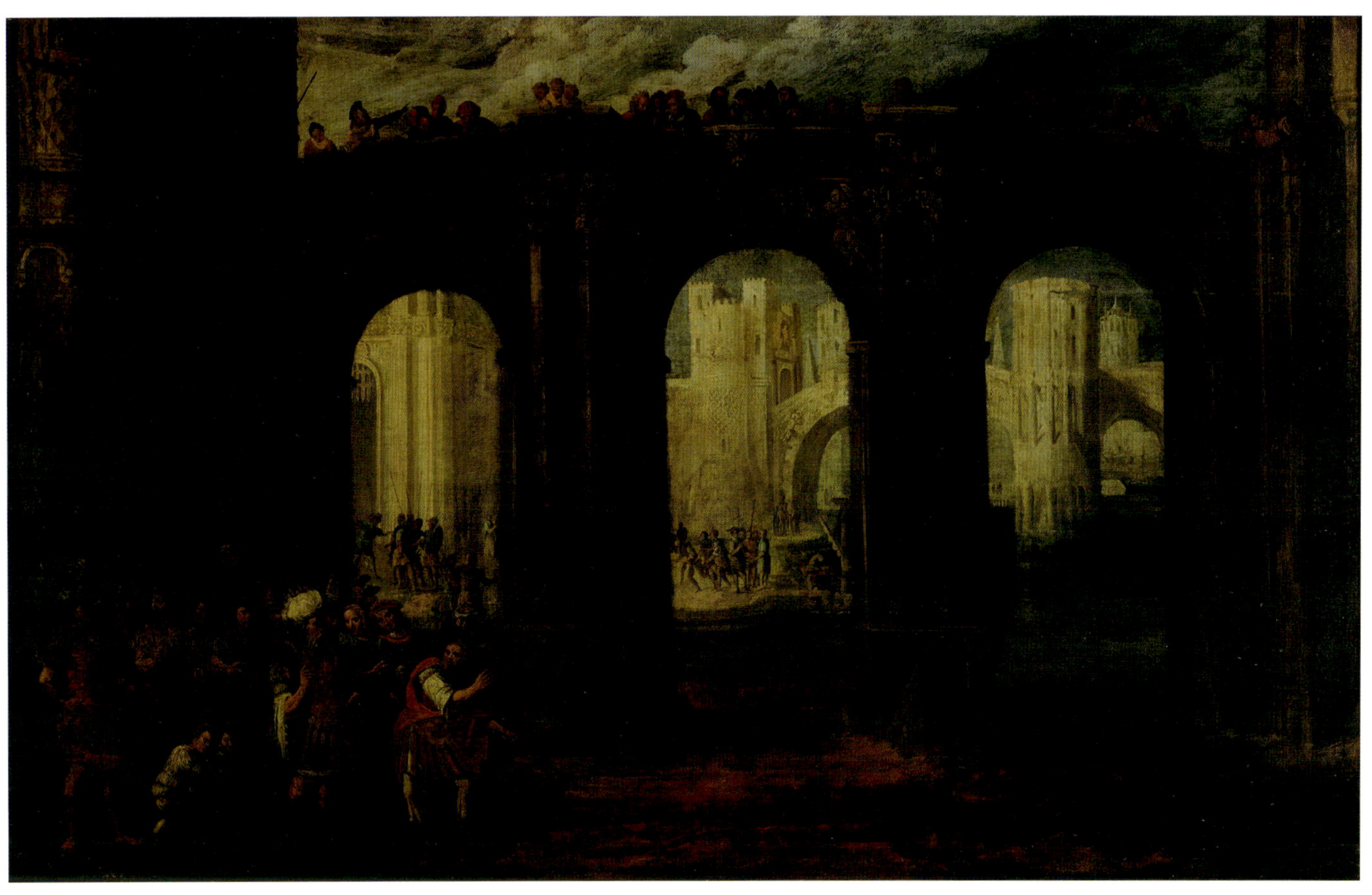

Inventario: DE/BA00001

Autor: Anónimo

Cronología: S. XVII

Técnica: Óleo sobre lienzo

Dimensiones: 133cm x 204cm

Colección Real. Palacio del
Buen Retiro, Madrid, 1974,
nº 1230.

Depósito del Museo Nacional
del Prado.

Cristo yacente

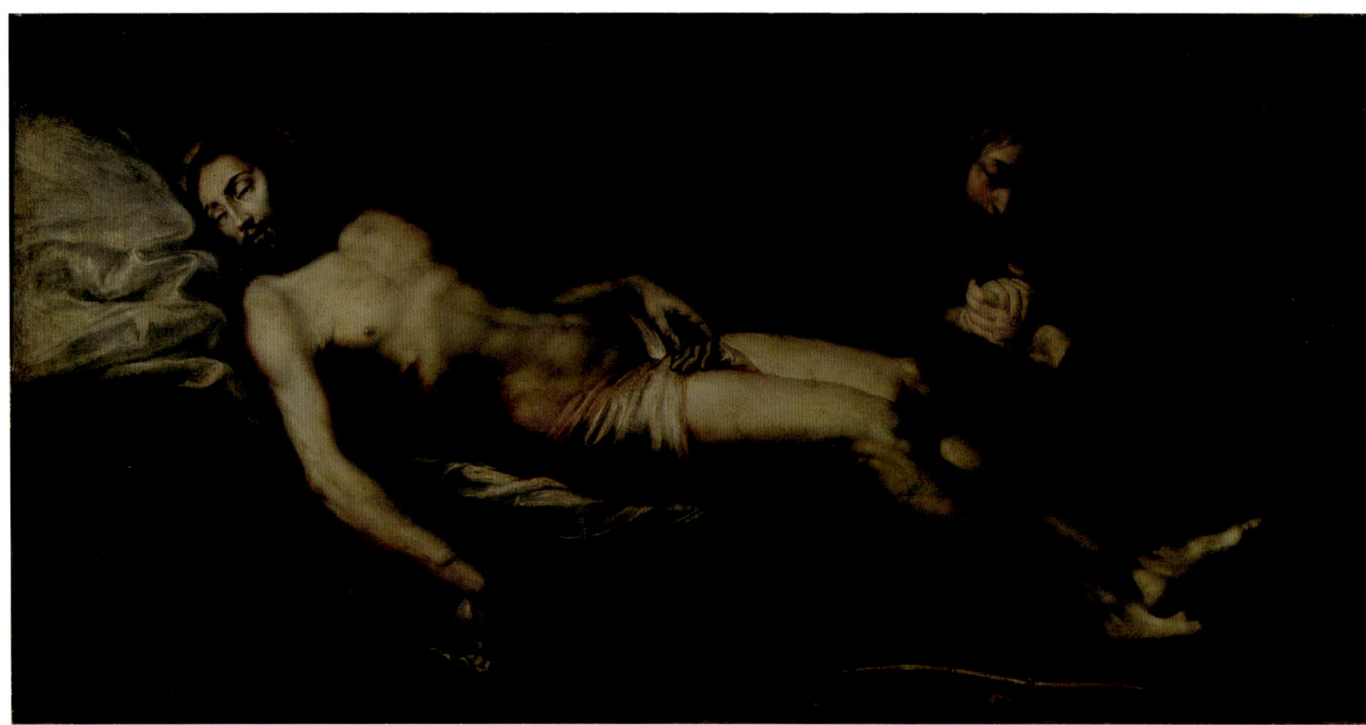

Inventario: DE/BA00004

Autor: Francisco Camilo Peréz

(Madrid. 1615 – 1673)

Cronología: 1647

Técnica: Óleo sobre lienzo

Dimensiones: 121,5cm x 223cm

Procede del Museo de la Trinidad.
Depósito del Museo Nacional del Prado.

Música de aves

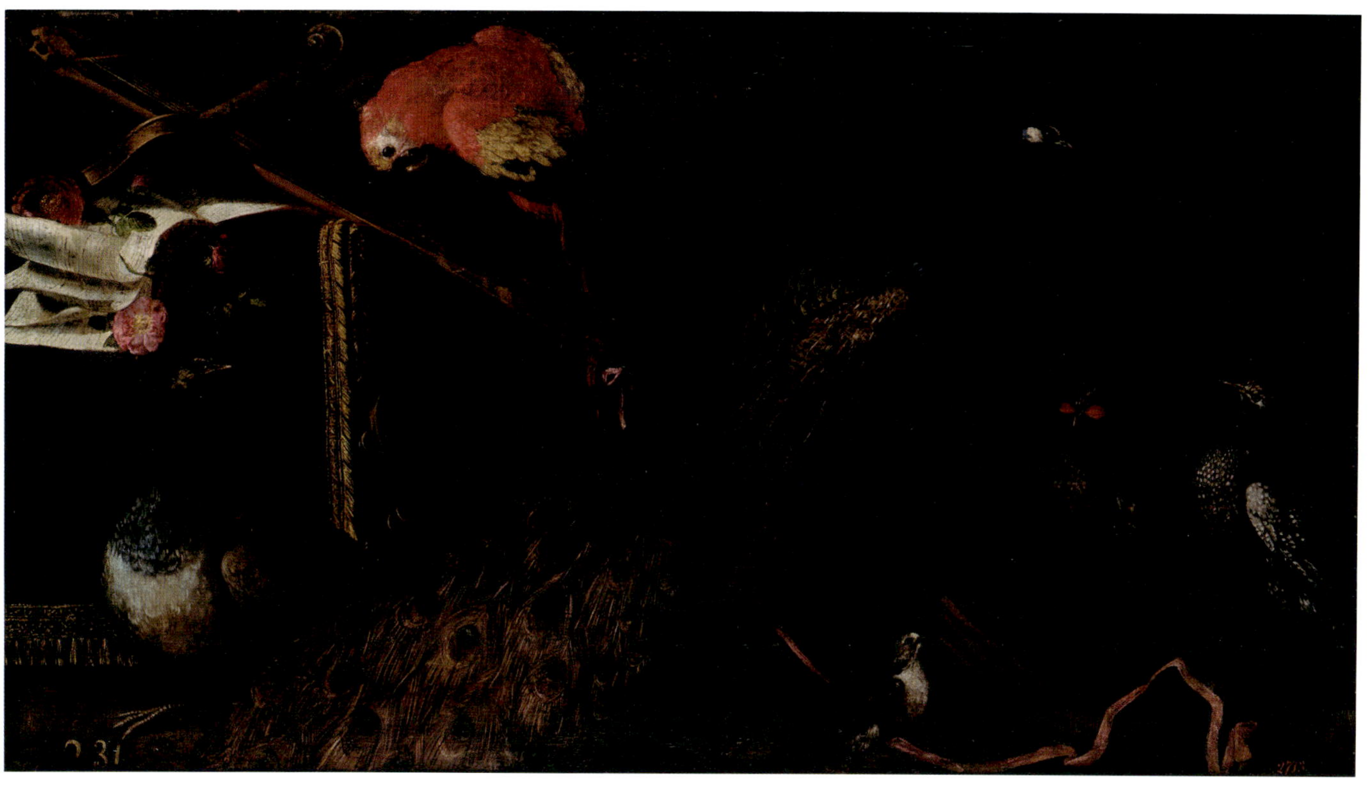

Inventario: DE/BA00003
Autor: Jan Fyt
(Amberes, 1611 - 1661)
Cronología: S. XVII
Técnica: Óleo sobre lienzo
Dimensiones: 85cm x 153cm

Depósito del Museo Nacional del Prado

Candil de bronce

Inventario: CE/DA02823
Procedencia: Jimena (Jaén)
Cronología:
Califal (Siglos X-XI)
Técnica: Vaciado en bronce
Dimensiones:
10,1cm x 13,4cm
Peso - 394 gr
Cazoleta: Diámetro - 5,8 cm

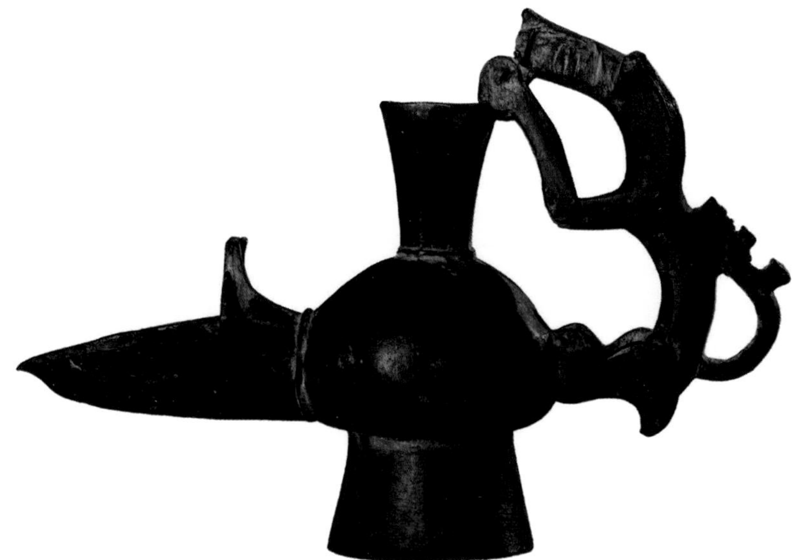

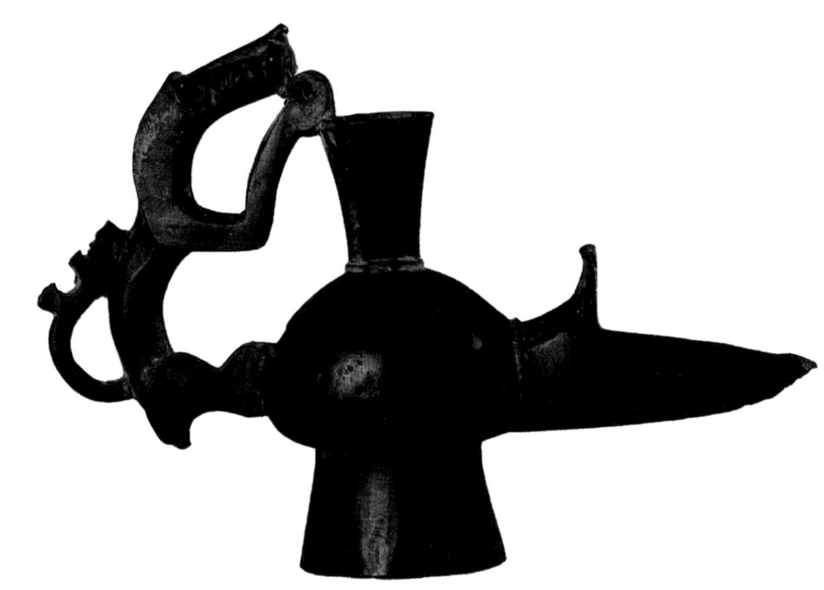

Herma

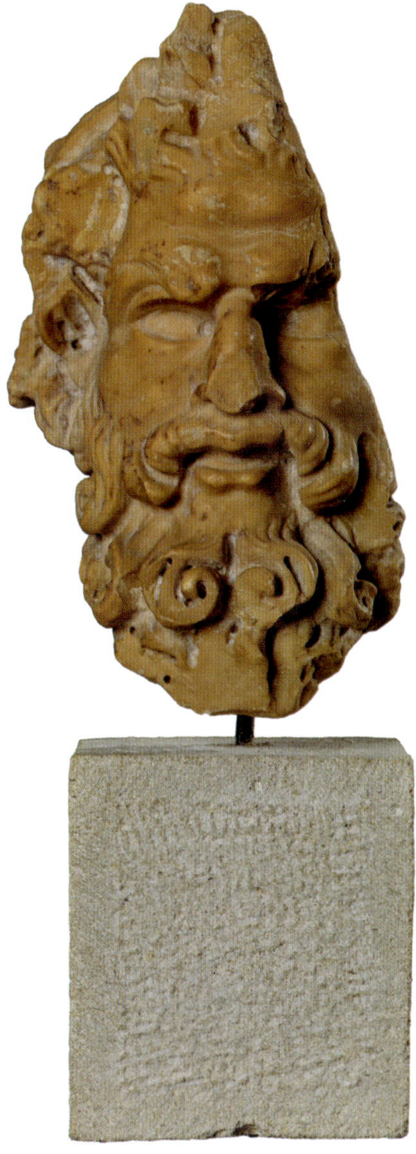

Inventario: CE/DA01244
Procedencia: El Berrueco en Torredelcampo (Jaén)
Cronología: Alto Imperio Romano (Siglo I-II)
Técnica: Talla en mármol
Dimensiones: 17cm x 12cm

Hallada muy cerca del Castilllo del Berrueco en Torredelcampo (Jaén) en 1915 y donada por D. Antonio Parras al Museo de Bellas Artes de Jaén.

Se encontraba formando parte de las piedras que pavimentaron un antiguo camino de Jaén a Arjona. El sitio en el que se encontró fue próximo a la cortijada El Berrueco, muy cerca de las ruinas de la torre fortaleza. La escultura volvió a perderse y se encontró de nuevo, a los cuatro años, al remover un labriego las tierras de un próximo olivar.

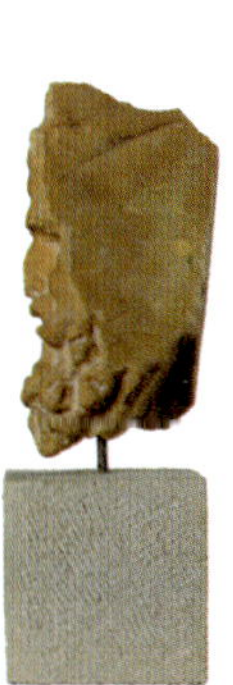

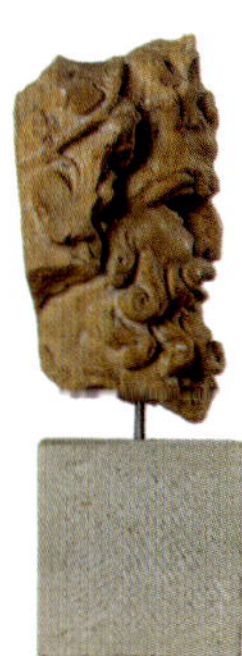

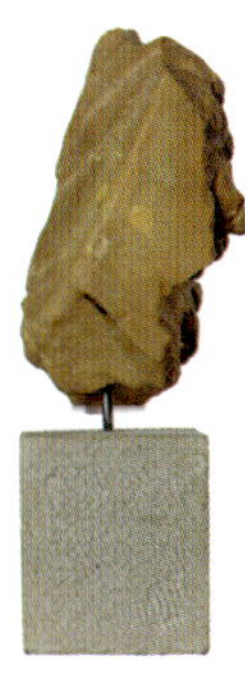

Urna cineraria

Inventario: CE/DA00876

Procedencia:
Torre de Fuencubierta en
Torredonjimeno (Jaén)

Cronología: Alto Imperio
Romano (Siglo I)

Técnica: Talla en piedra caliza

Dimensiones:
25cm x 36.5cm
Grosor máximo - 21.5 cm

Hallada en Torre de
Fuencubierta, de
Torredonjimeno en 1914.

Ingresa desde la Colección de
Félix García, correspondiente
de la Real Academia de la
Historia en Jaén.

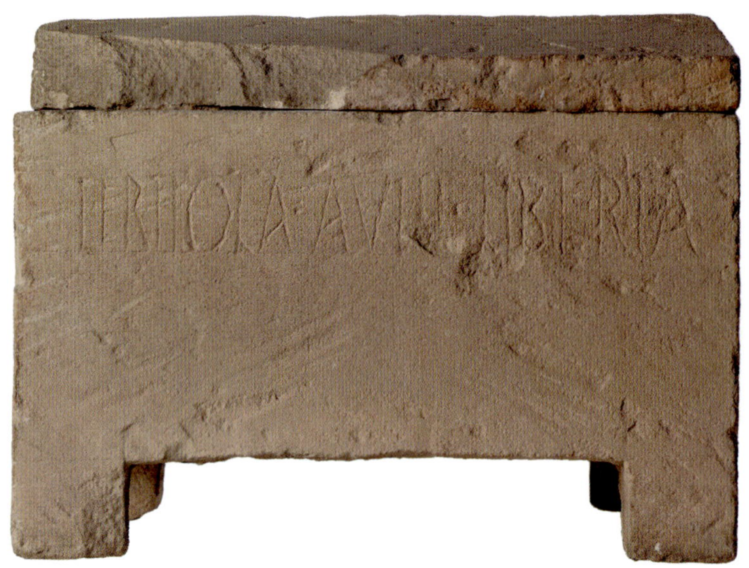

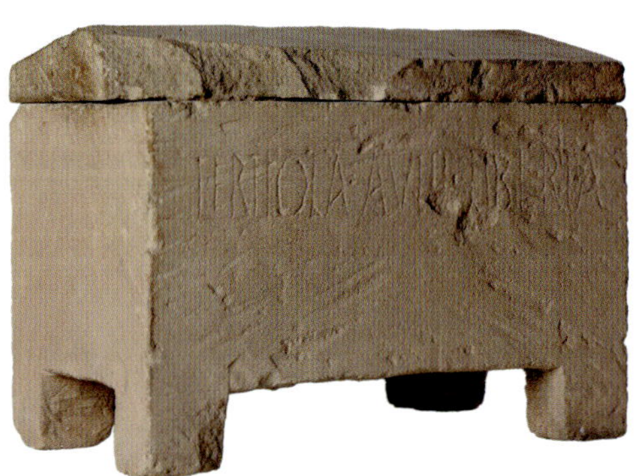

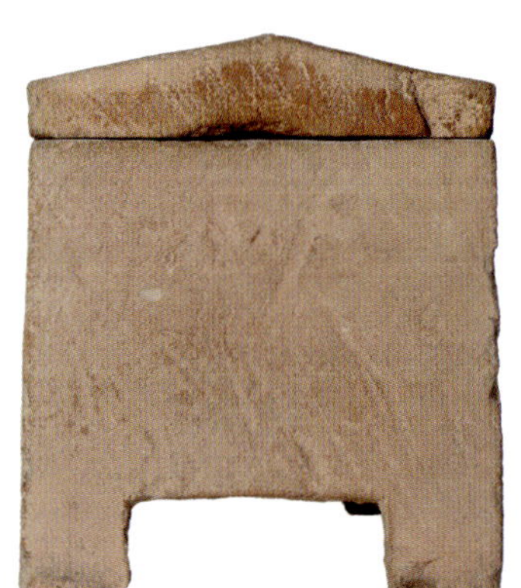

Hachas y azuelas (selección de piezas)

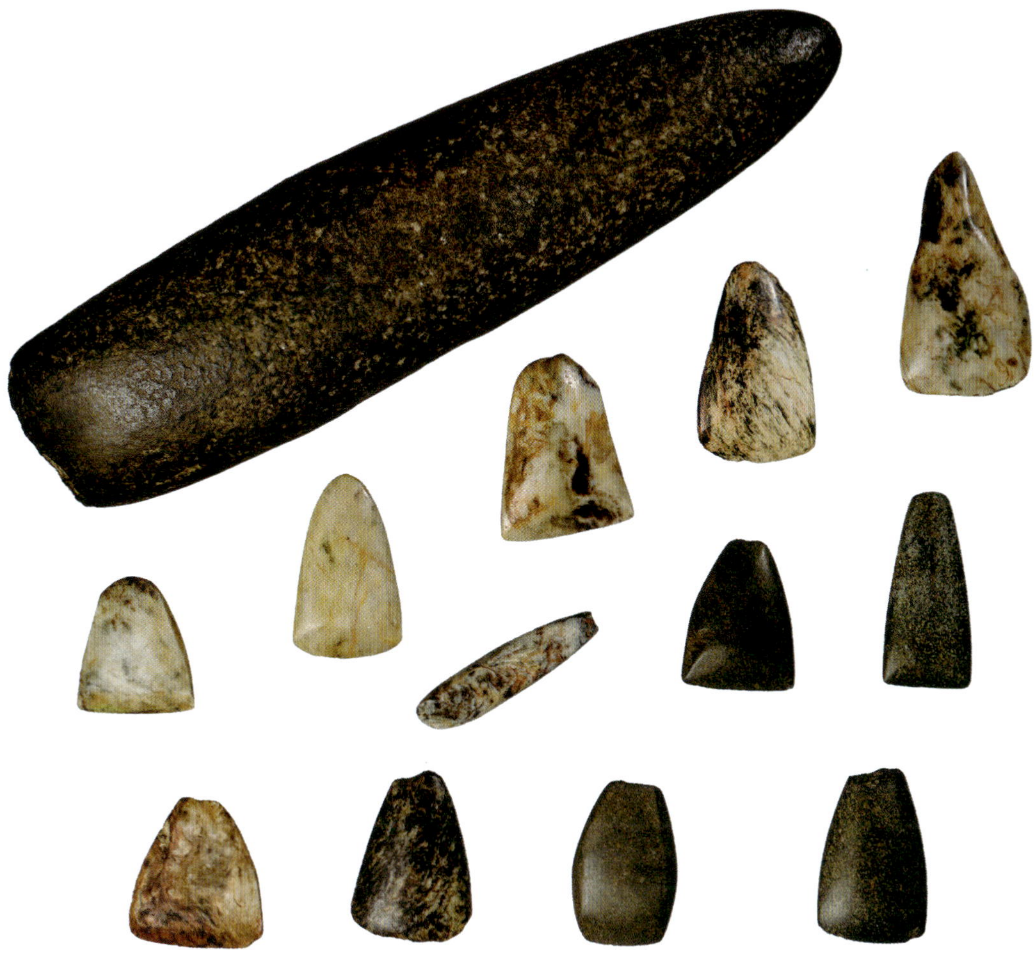

Inventario: De CE/DA01595 a
CE/DA01673

Procedencia:

Colección Félix García

(Sin contexto arqueológico)

Cronología:

Neolíticas y calcolíticas

Técnica: Tallado y pulido

Dimensiones:

Donación de Félix García y García
(Ortigosa de Cameros, La Rioja),
1832 – Jaén, 1922.

Retrato de mi madre

Inventario: CE/BA00224

Autor: Jacinto Higueras
Fuentes. Santisteban del Puerto
(Jaén), (1877 - Madrid, 1954)

Cronología: 1912

Técnica: Vaciado en escayola

Dimensiones:

23,5cm x 12cm

Profundidad - 9 cm

La obra ingresa procedente del
taller del autor el 30/03/1915

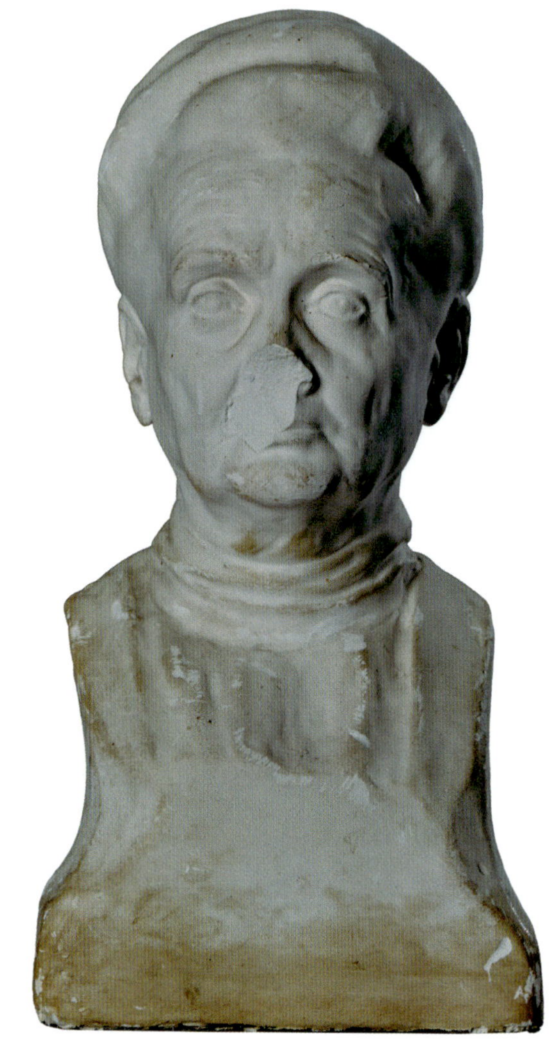

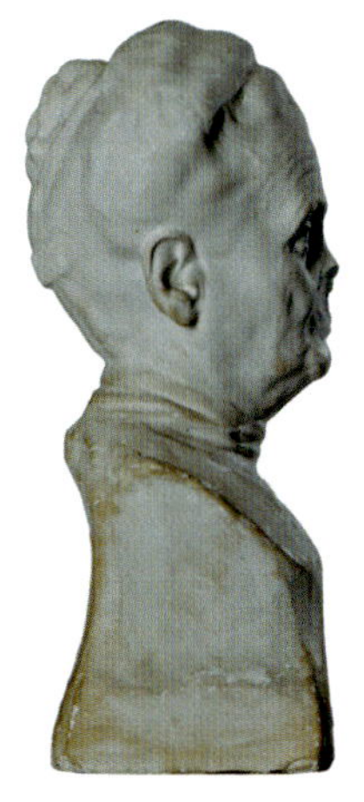

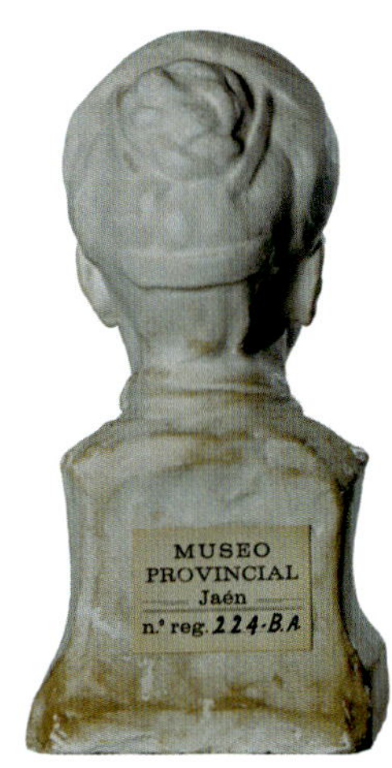

Retrato de la señorita Ángeles Jiménez

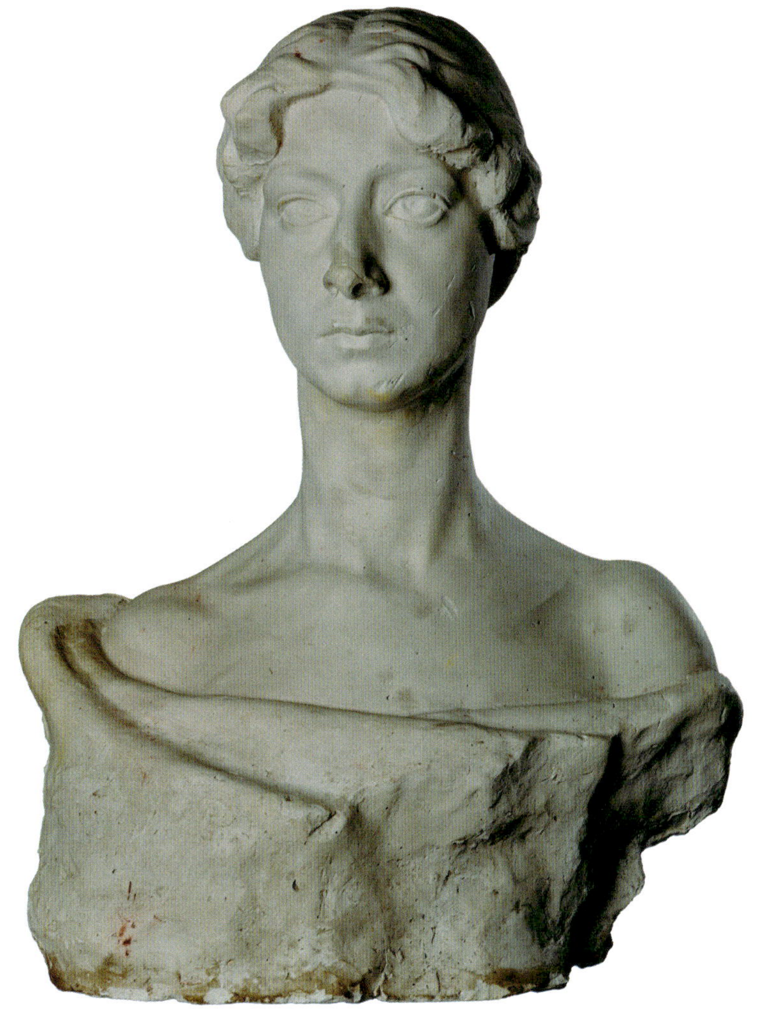

Inventario: CE/BA00225
Autor: Miguel Jiménez
Cronología: S.XX
Técnica: Vaciado en escayola
Dimensiones:
52cm x 45cm
Profundidad - 24cm

La obra ingresa procedente del
taller del autor el 20/08/1915

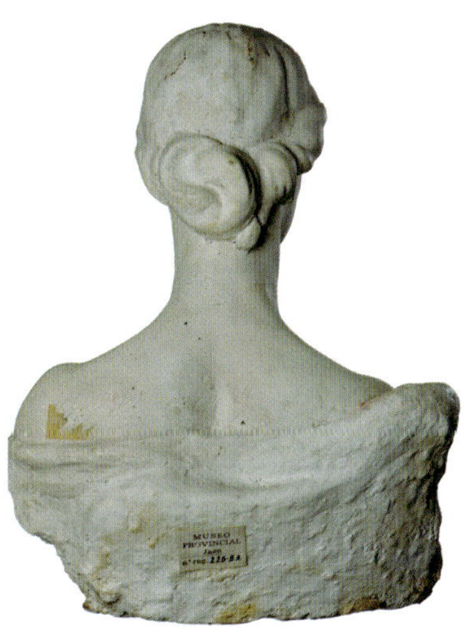

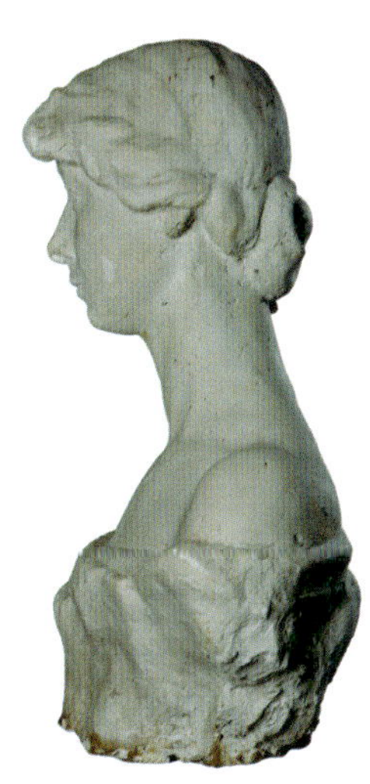

La Sagrada Familia del Pajarito

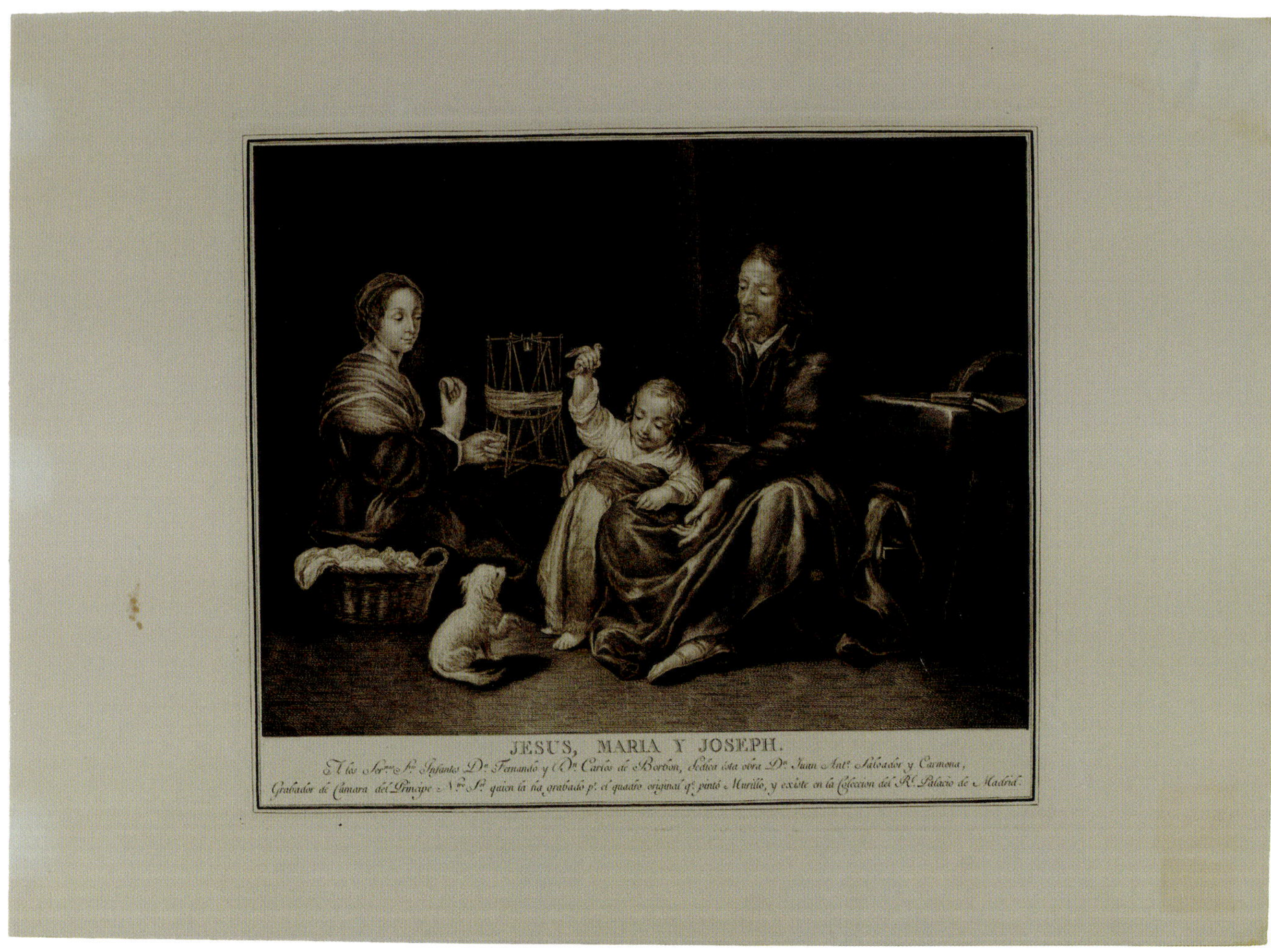

Inventario: CE/BA00162

Autor: Juan Antonio Salvador Carmona.

Nava del Rey (Valladolid).

1740 - Madrid. 1805

Cronología: 1768

Técnica:

Talla dulce.

Aguafuerte y buril

Dimensiones:

Estampa: 450mm x 640mm

Donación de la Escuela
Nacional de Artes Gráficas
(Calcografía Nacional).
Ingresa con fecha 20/07/1915.

Una fábrica de tapices.
Hilanderas

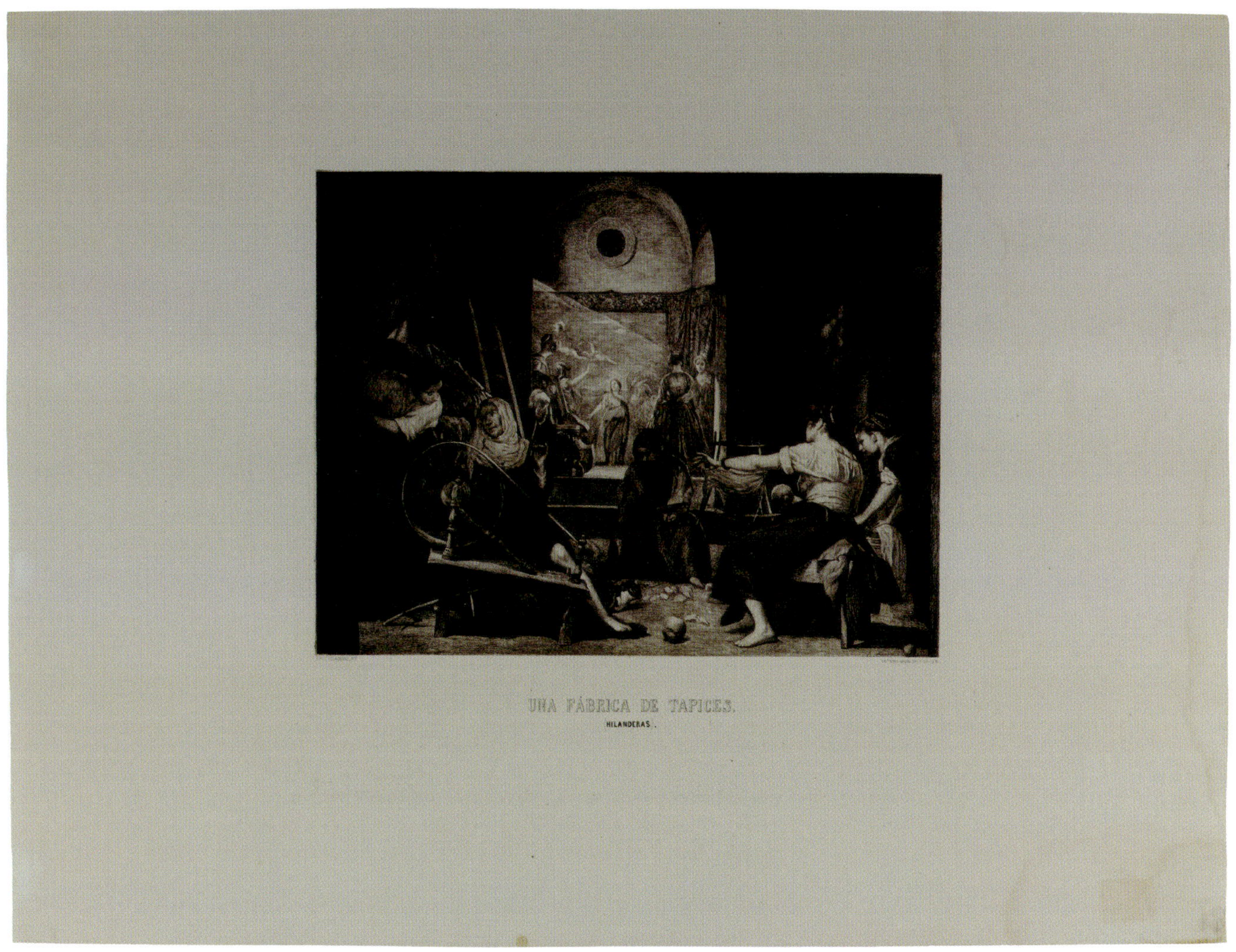

Inventario: CE/BA00184
Autor: Bartolomé Maura Montaner.
Palma de Mallorca (Islas
Baleares), 1844 - Madrid, 1926
Cronología: 1870
Técnica: Aguafuerte y buril
Dimensiones:
Estampa:
600mm x 800mm

Donación de la Escuela
Nacional de Artes Gráficas
(Calcografía Nacional).
Ingresa con fecha 20/07/1915

Tal para cual.
Serie Caprichos, estampa 5.

Inventario: CE/BA00232
Autor: Francisco de Goya y Lucientes.
Fuendetodos (Zaragoza), 1746 - Burdeos (Francia), 1828
Cronología: 1797-1799
Técnica: Aguafuerte, aguatinta y punta seca.
Dimensiones:
Estampa:
300mm x 220mm

Donación de la Escuela Nacional de Artes Gráficas (Calcografía Nacional). Ingresa con fecha 20/07/1915.

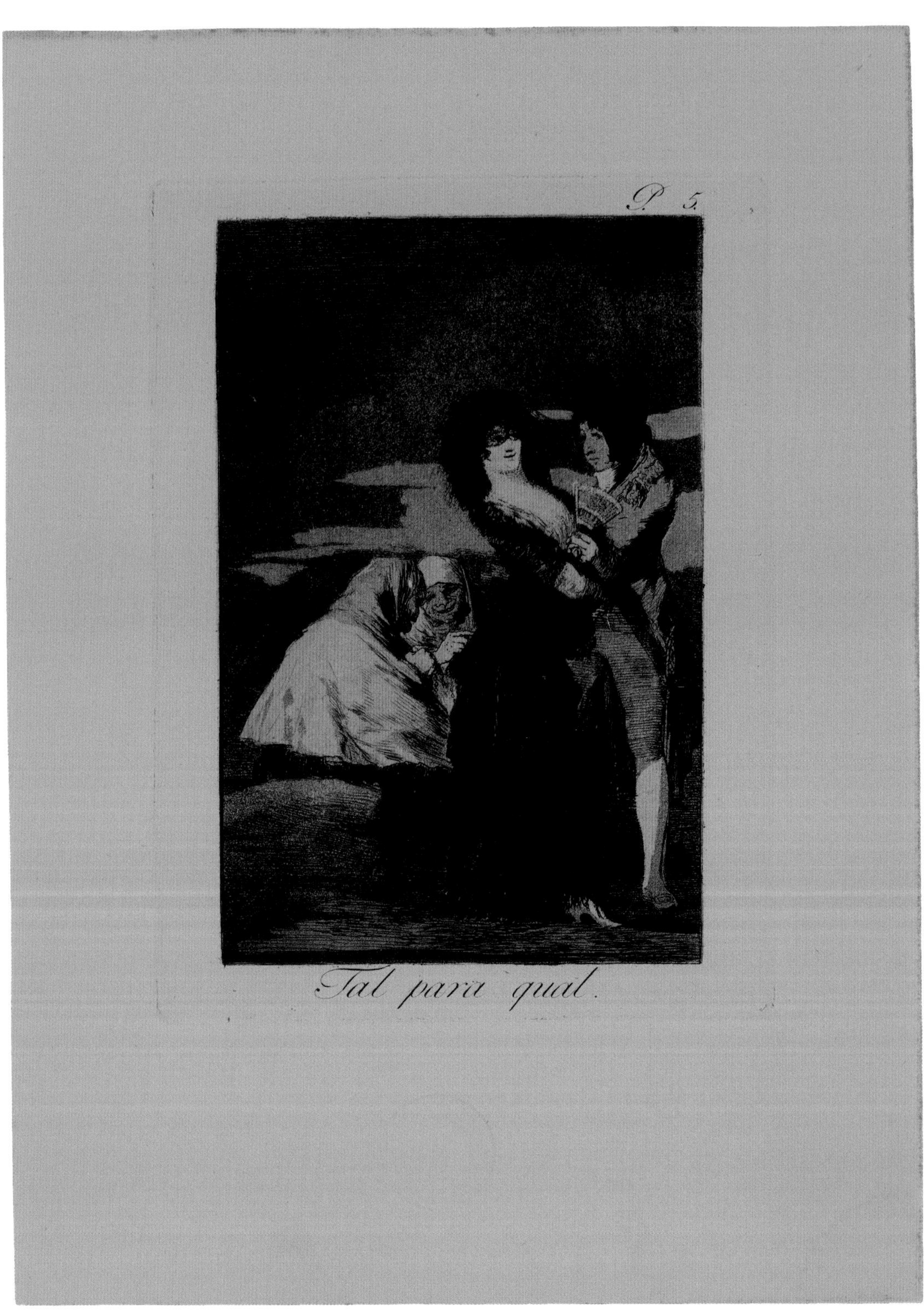

Pobrecitas!
Serie Caprichos, estampa 22.

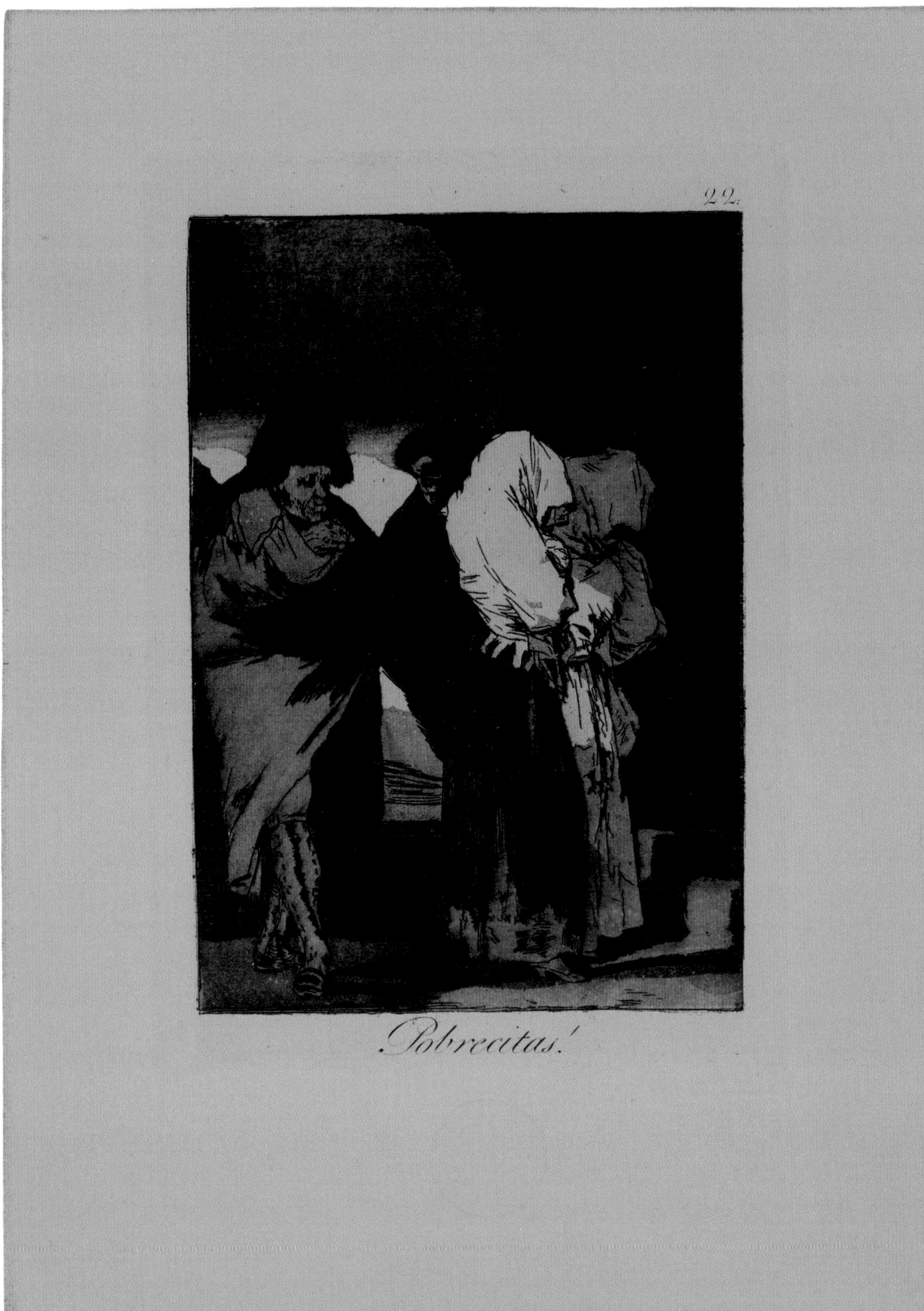

Inventario: CE/BA00249
Autor: Francisco de Goya y Lucientes.
Fuendetodos (Zaragoza), 1746 - Burdeos (Francia), 1828
Cronología: 1797-1799
Técnica: Aguafuerte, Aguatinta bruñida
Dimensiones:
Estampa.
300mm x 220mm

Donación de la Escuela Nacional de Artes Gráficas (Calcografía Nacional).
Ingresa con fecha 20/07/1915

Si quebró el Cantaro
Serie Caprichos, estampa.

Inventario: CE/BA00252
Autor: Francisco de Goya y Lucientes.
Fuendetodos (Zaragoza), 1746
Burdeos (Francia), 1828
Cronología: 1797-1799
Técnica: Aguafuerte,
aguatinta y punta seca.
Dimensiones:
Estampa:
300mm x 220mm

Donación de la Escuela
Nacional de Artes Gráficas
(Calcografía Nacional).
Ingresa con fecha 20/07/1915

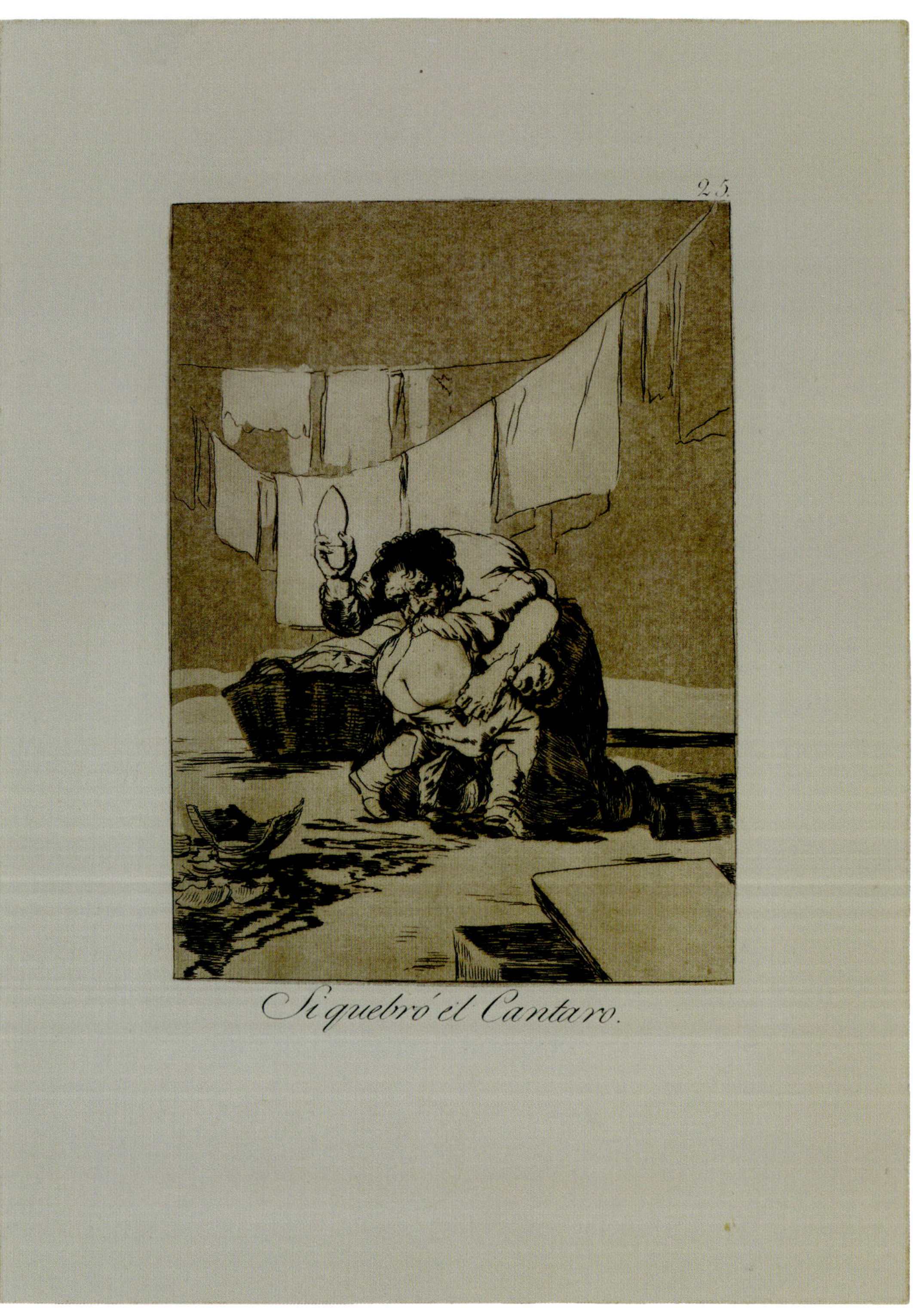

Chitón
Serie Caprichos, estampa 28.

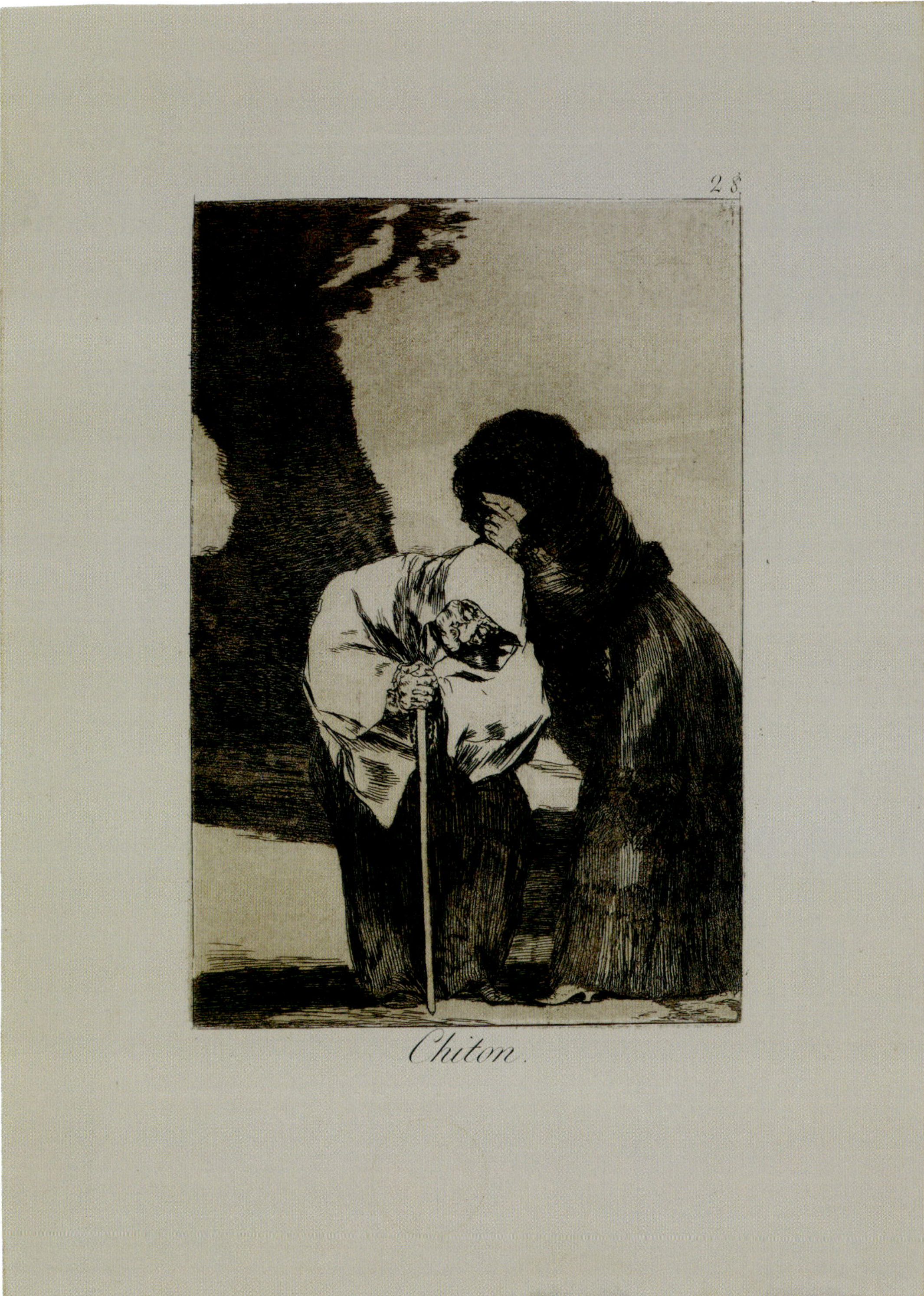

Inventario: CE/BA00255
Autor: Francisco de Goya y Lucientes.
Fuendetodos (Zaragoza), 1746 - Burdeos (Francia), 1828
Cronología: 1797-1799
Técnica: Aguafuerte. Aguatinta y escoplo
Dimensiones:
Estampa:
300mm x220 mm

Donación de la Escuela Nacional de Artes Gráficas (Calcografía Nacional). Ingresa con fecha 20/07/1915

Devota profesión
Serie Caprichos, estampa 70.

Inventario: CE/BA00297

Autor: Francisco de Goya y Lucientes.

Fuendetodos (Zaragoza), 1746
Burdeos (Francia), 1828

Cronología: 1797-1799

Técnica: Aguafuerte, aguatinta y punta seca.

Dimensiones:

Estampa:
300mm x 220mm

Donación de la Escuela
Nacional de Artes Gráficas
(Calcografía Nacional).
Ingresa con fecha 20/07/1915.

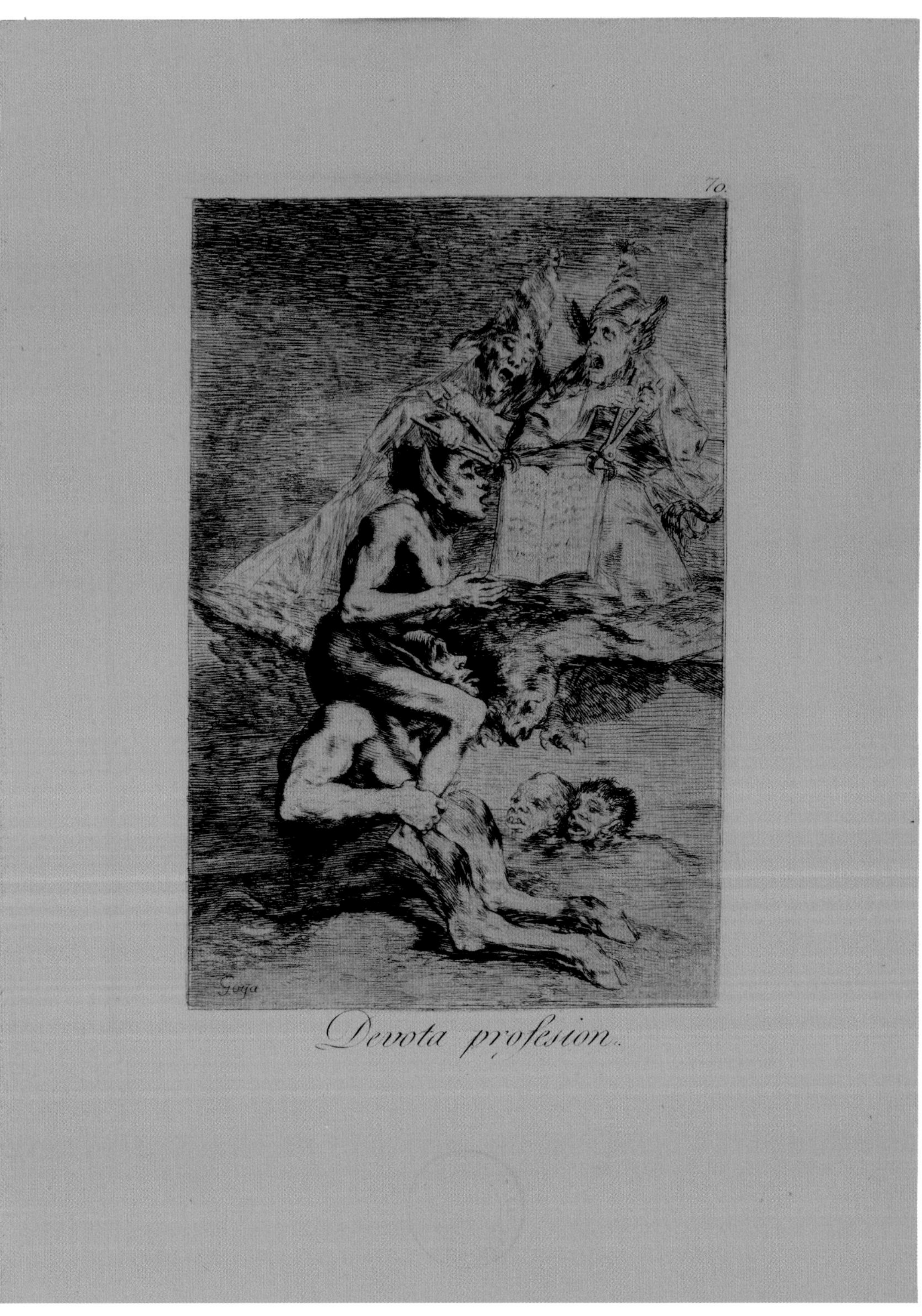

Paisaje
(Sendero hacia la casa y paisano)

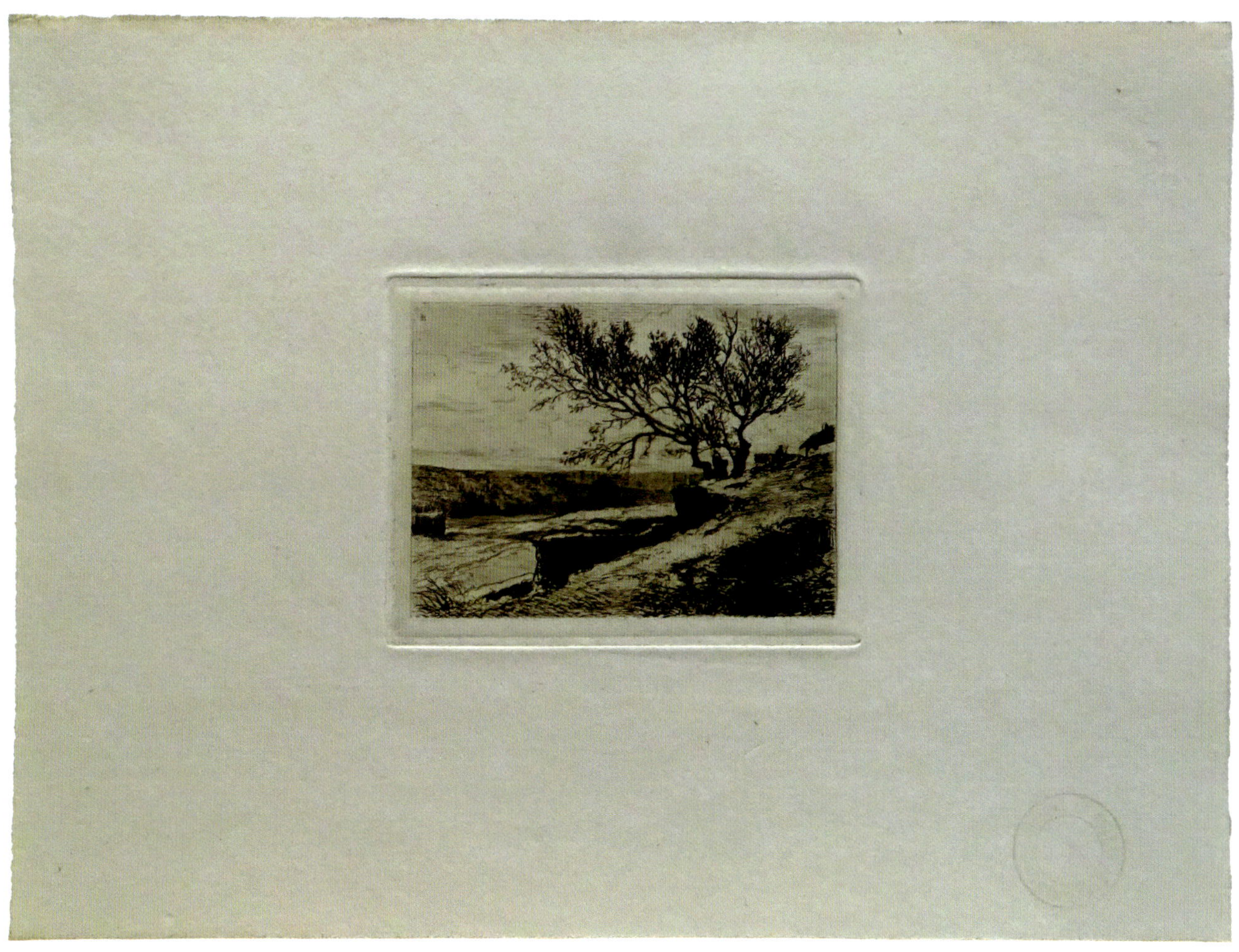

Inventario: CE/BA00317

Autor: Carlos de Haes.
Bruselas, 1826 - Madrid, 1898

Cronología: Hacia 1862

Técnica: Aguafuerte

Dimensiones:
Estampa
220mm x 300mm

Donación de la Escuela
Nacional de Artes Gráficas
(Calcografía Nacional)
Ingresa con fecha 20/07/1915

Ruinas

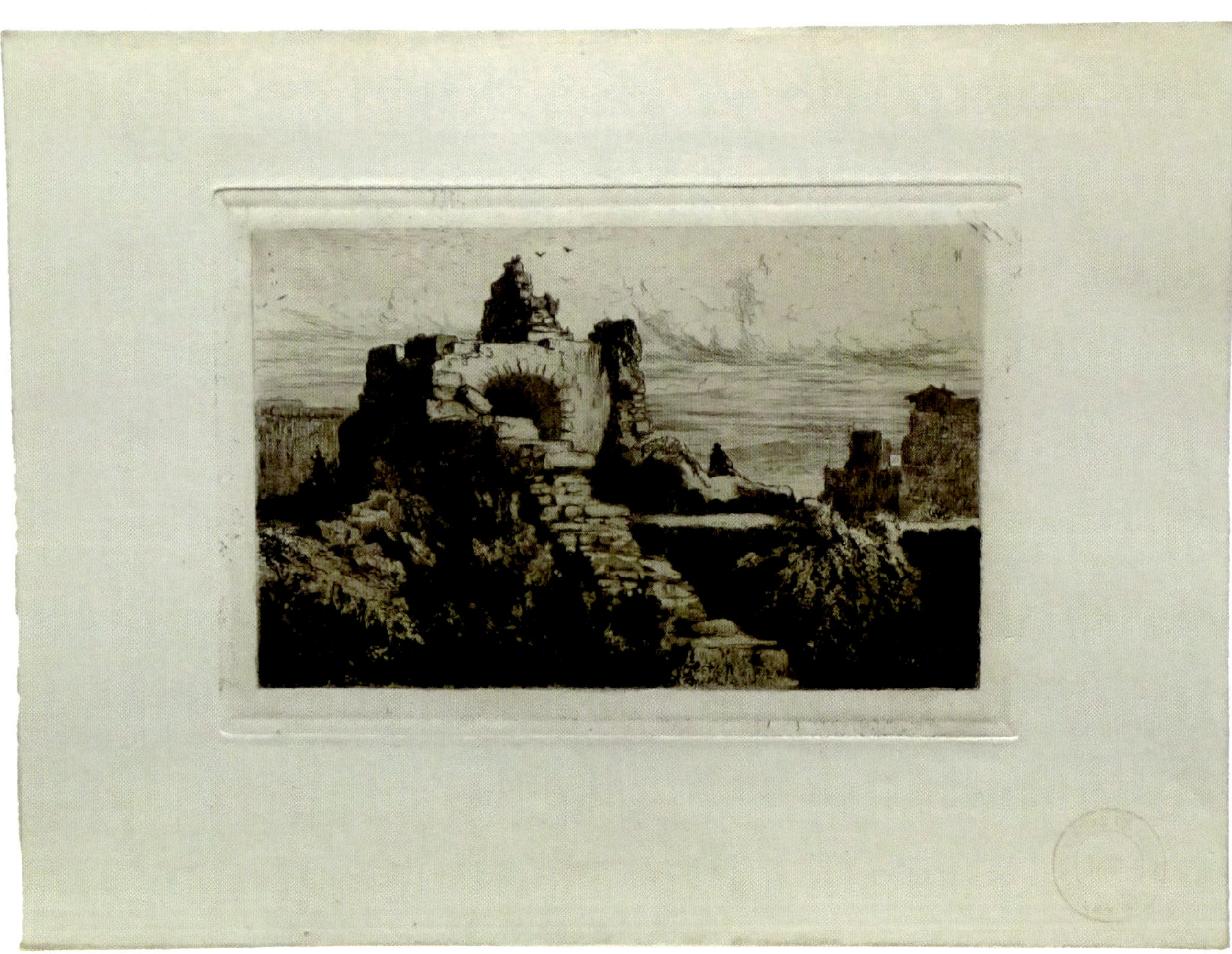

Inventario: CE/BA00327

Autor: Carlos de Haes.
Bruselas. 1826 - Madrid. 1898

Cronología: Hacia 1862

Técnica: Aguafuerte y tinta

Dimensiones:
Estampa:
220mm x 300mm

Donación de la Escuela
Nacional de Artes Gráficas
(Calcografía Nacional).
Ingresa con fecha 20/07/1915.

Paisaje de Elche

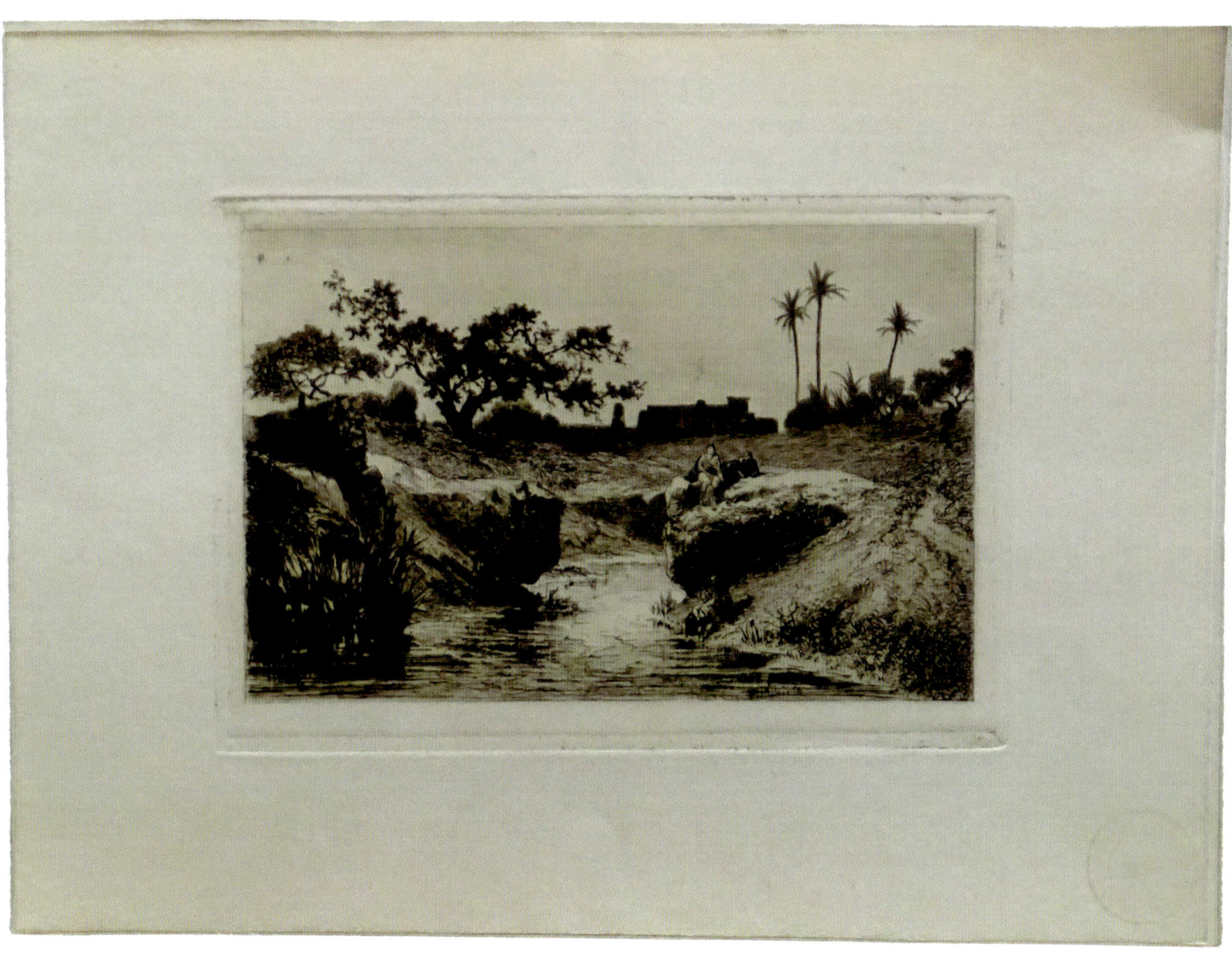

Inventario: CE/BA00335
Autor: Carlos de Haes.
Bruselas, 1826 - Madrid, 1898
Cronología: Hacia 1862
Técnica: Aguafuerte
Dimensiones:
Estampa
220mm x 300mm

Donación de la Escuela
Nacional de Artes Gráficas
(Calcografía Nacional).
Ingresa con fecha 20/07/1915

Vieja muralla
(Barcas en seco y ruinas al fondo)

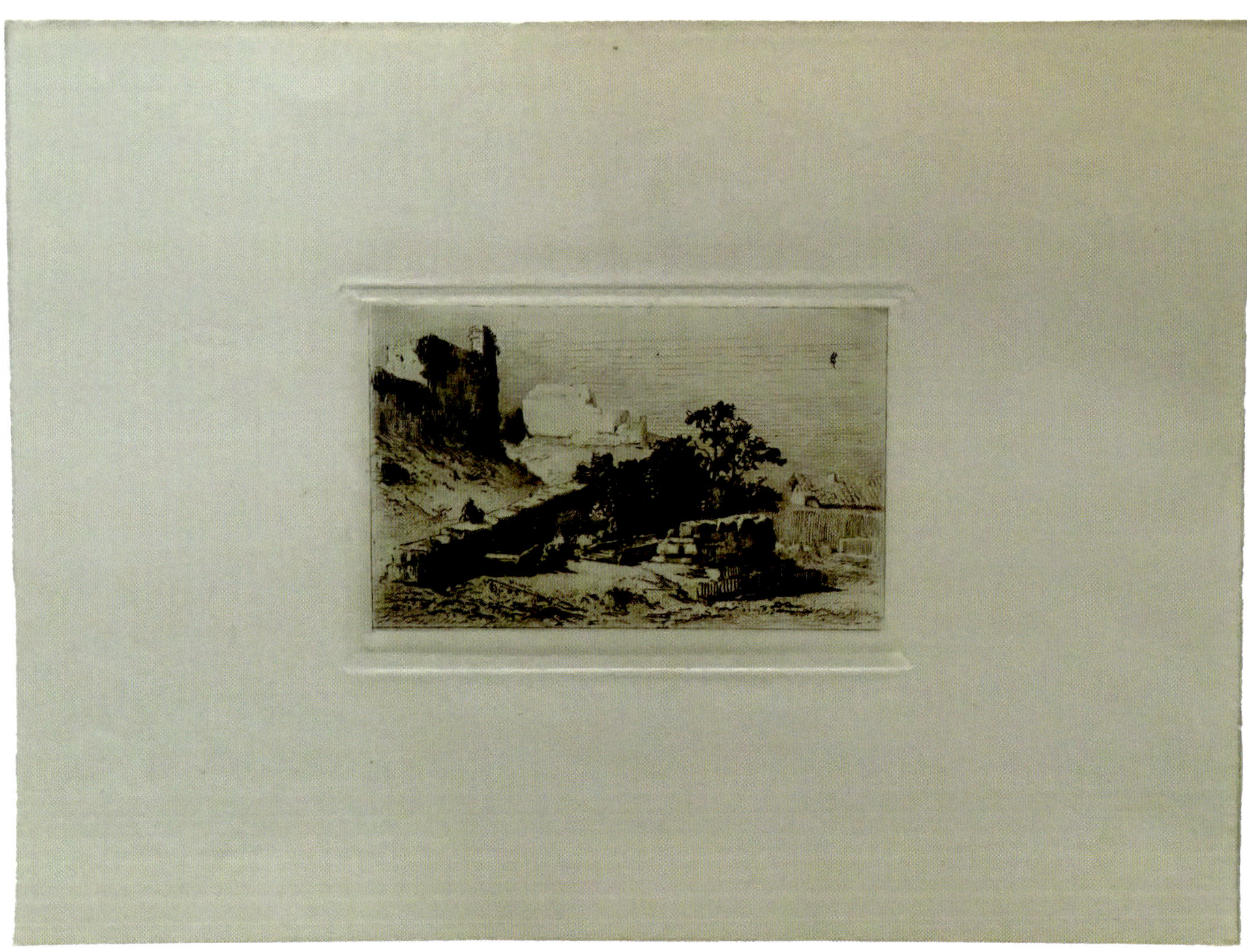

Inventario: CE/BA00348

Autor: Carlos de Haes.
Bruselas, 1826 - Madrid, 1898

Cronología: Hacia 1862

Técnica: Aguafuerte y ruleta

Dimensiones:
Estampa:
220mm x 300mm

Donación de la Escuela
Nacional de Artes Gráficas
(Calcografía Nacional).
Ingresa con fecha 20/07/1915

Máscara (Arlequín)

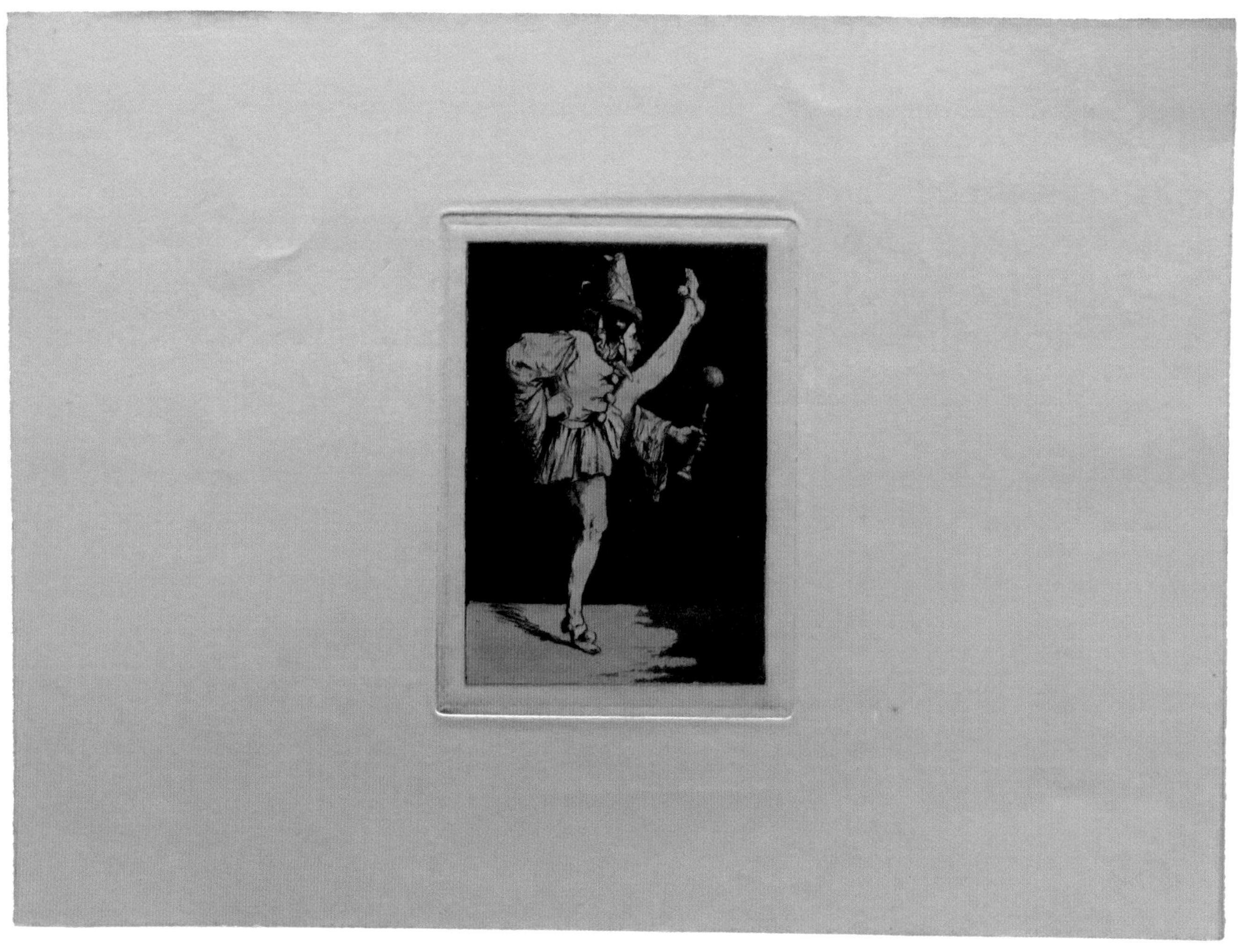

Inventario: CE/BA00354
Autor: Carlos de Haes.
Bruselas, 1826 - Madrid, 1898
Cronología: Hacia 1862
Técnica: Aguafuerte y aguatinta
Dimensiones:
Estampa
220mm x 300mm

Donación de la Escuela
Nacional de Artes Gráficas
(Calcografía Nacional)
Ingresa con fecha 20/07/1915

Torre de Belem de Lisboa

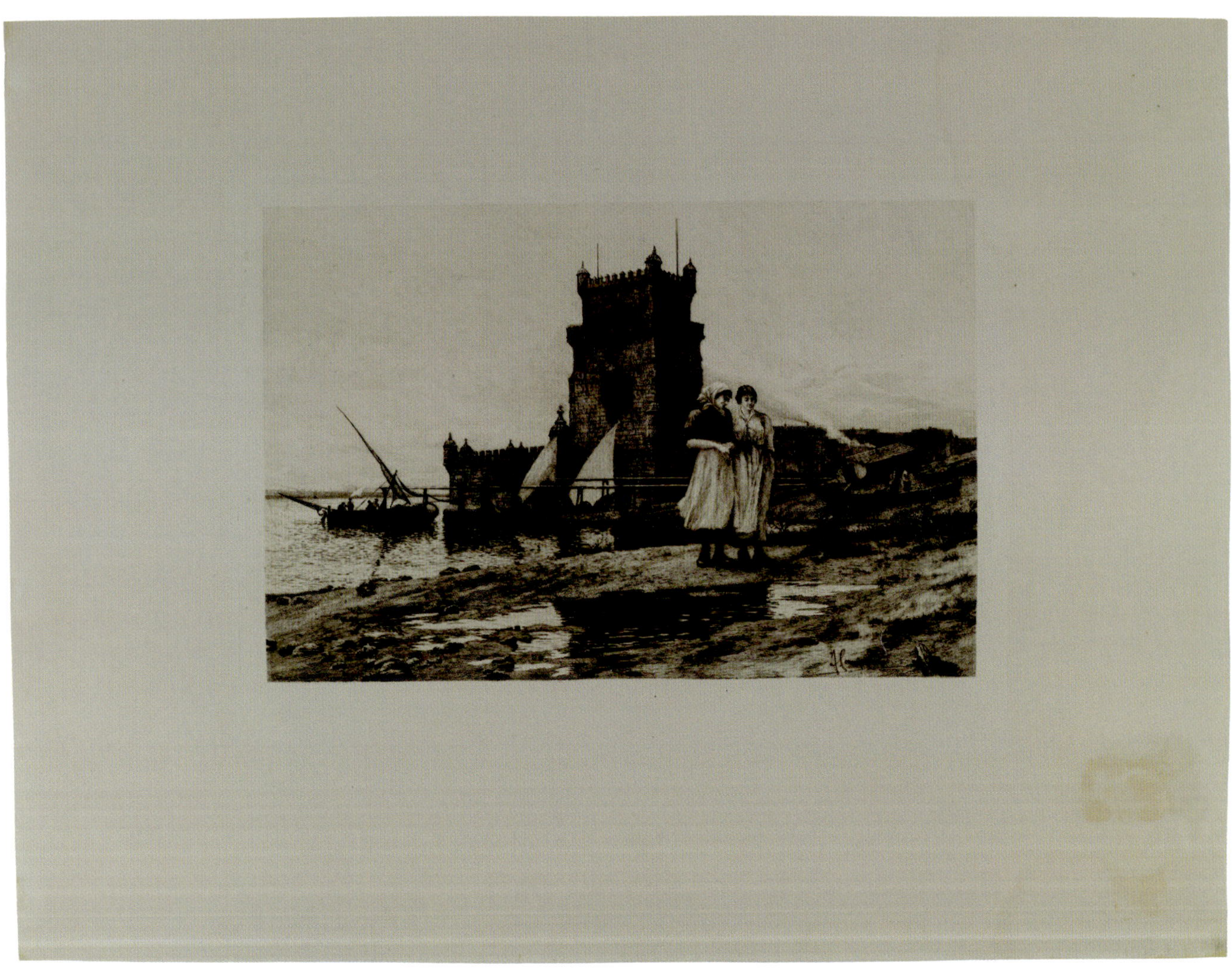

Inventario: CE/BA00373

Autor: Tomás Campuzano y Aguirre.
Santander, 1857 - Becerril de la Sierra
(Madrid), 1934?

Cronología: 1917

Técnica: Pastel

Dimensiones:

Estampa:

600mm x 800mm

Donación de la Escuela
Nacional de Artes Gráficas
(Calcografía Nacional)
Ingresa con fecha 20/07/1915

Autorretrato

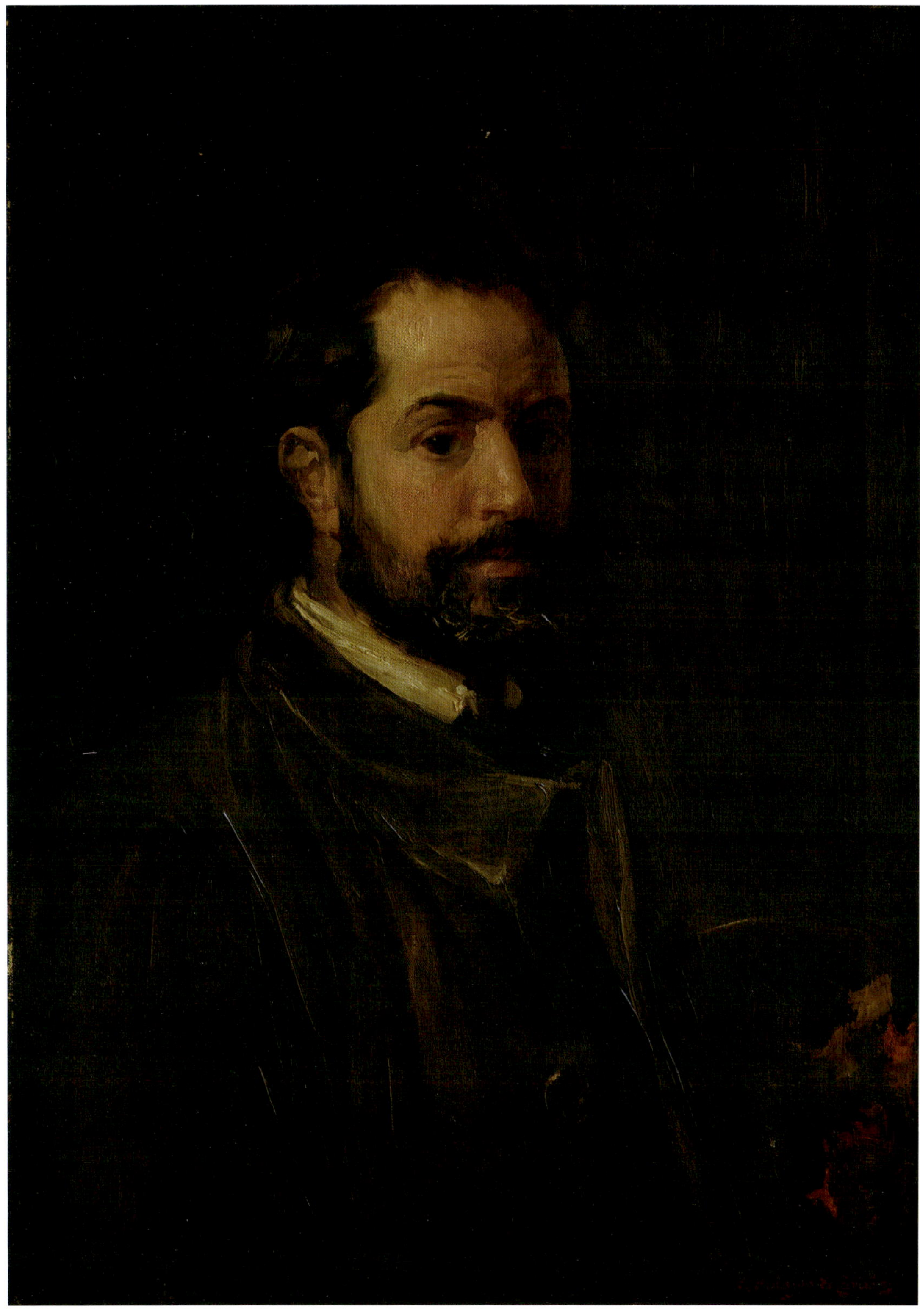

Inventario: CE/BA00054
Autor: Rafael Hidalgo de Caviedes y Gutiérrez de Caviedes,
Quesada (Jaén), 1864-
Madrid, 1950
Cronología: 1905
Técnica: Óleo sobre lienzo
Dimensiones: 78cm x 57cm

Donación de Rafael Hidalgo de Caviedes y Gutiérrez de Caviedes el 16/10/1915

Últimos momentos de Cervantes

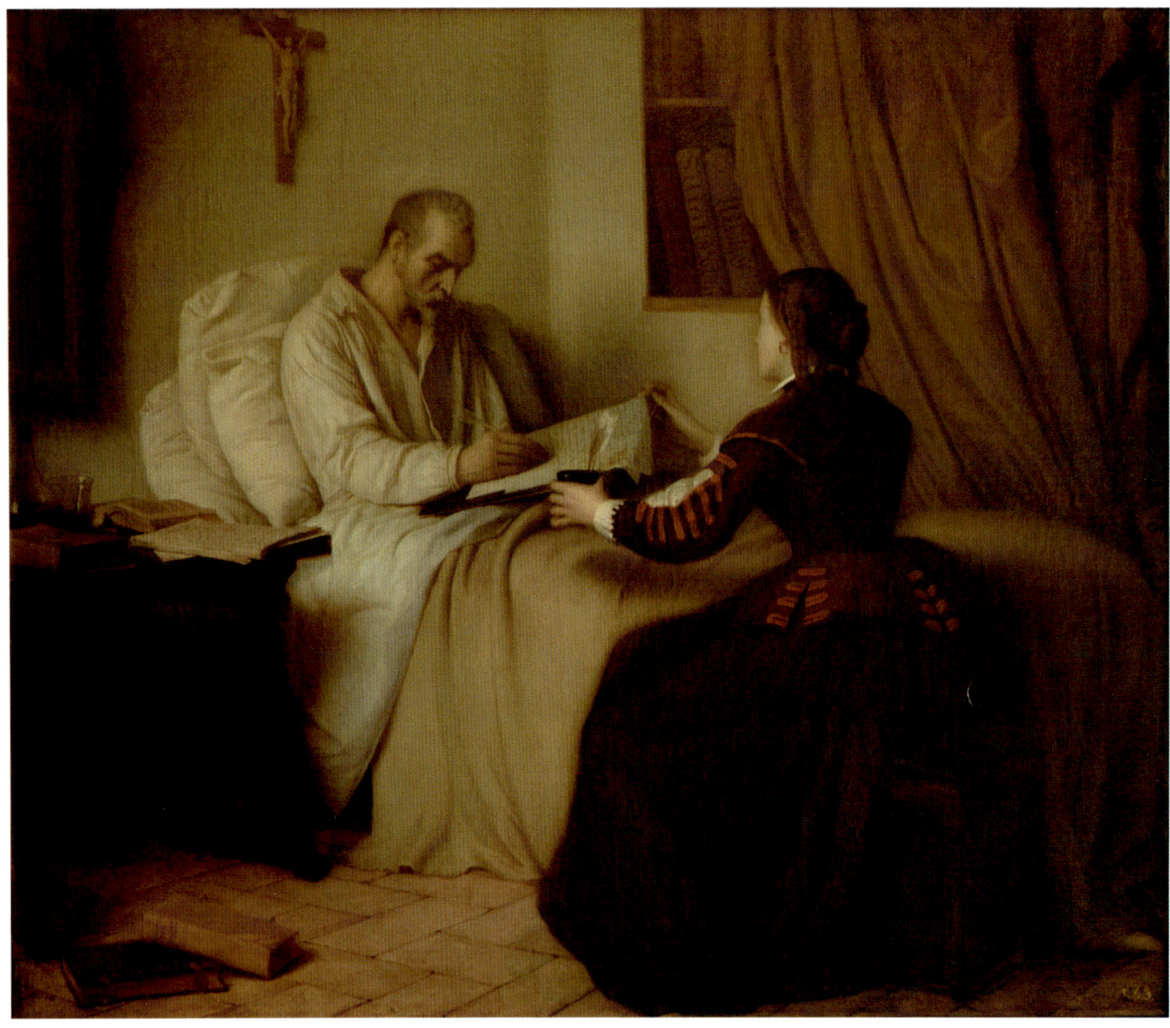

Inventario: DE/BA00009

Autor: Víctor Manzano y Mejorada

Madrid, 1831 – 1865

Cronología: 1856

Técnica: Óleo sobre lienzo

Dimensiones: 97cm x 115cm

Procede de las adquisiciones
del Museo de la Trinidad en 1859.

Depósito del Museo Nacional
del Prado.

La cena de Emaús

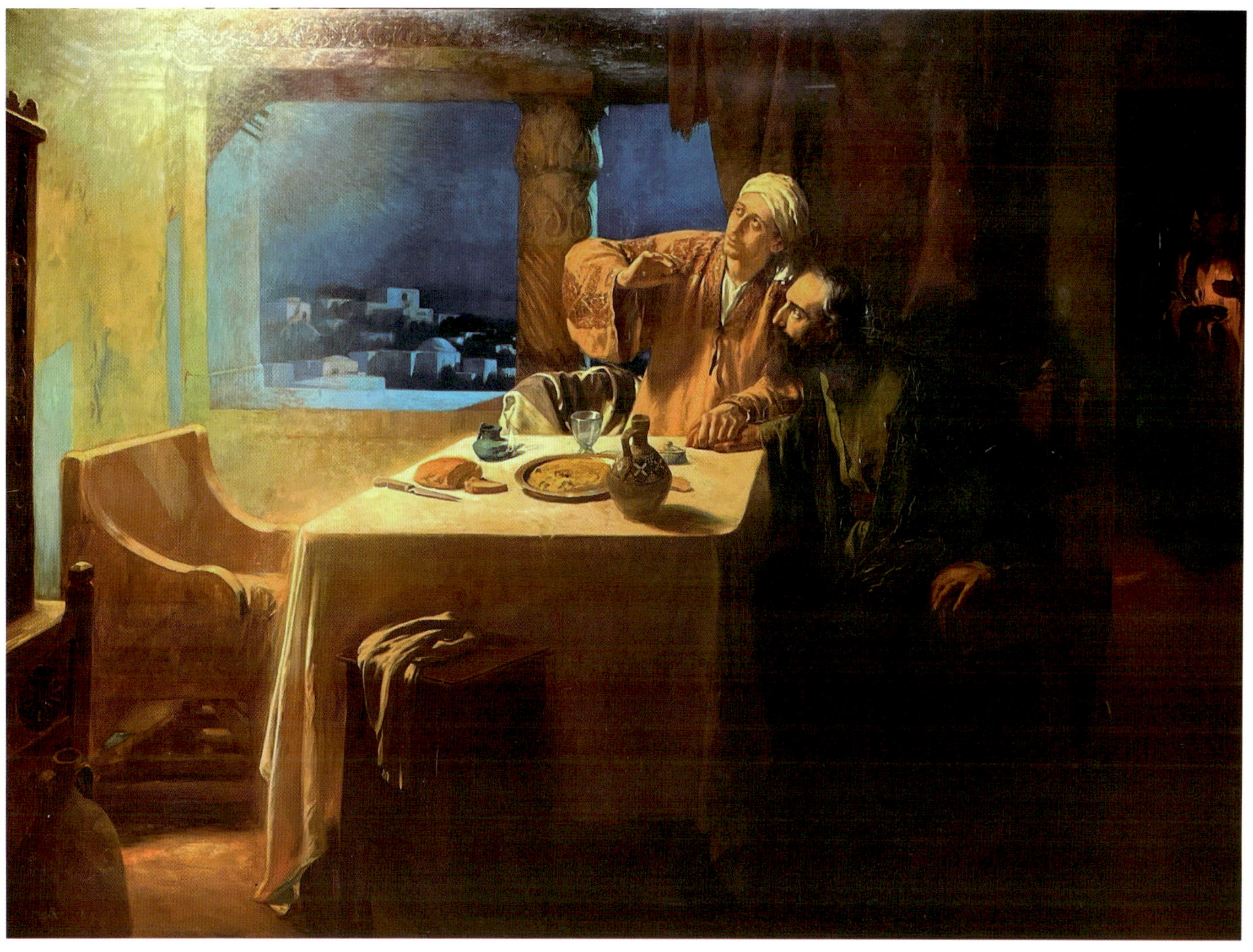

Inventario: DE/BA00021

Autor: Joaquín Bárbara y Salza

Llodio (Álava), 1867 - Madrid, 1931

Cronología: Hacia 1900

Técnica: Óleo sobre lienzo

Dimensiones: 210cm x 284cm

La obra se expone en 1901 en la Exposición Nacional de pintura.

Depósito del Museo Nacional del Prado.

Gíra de campo

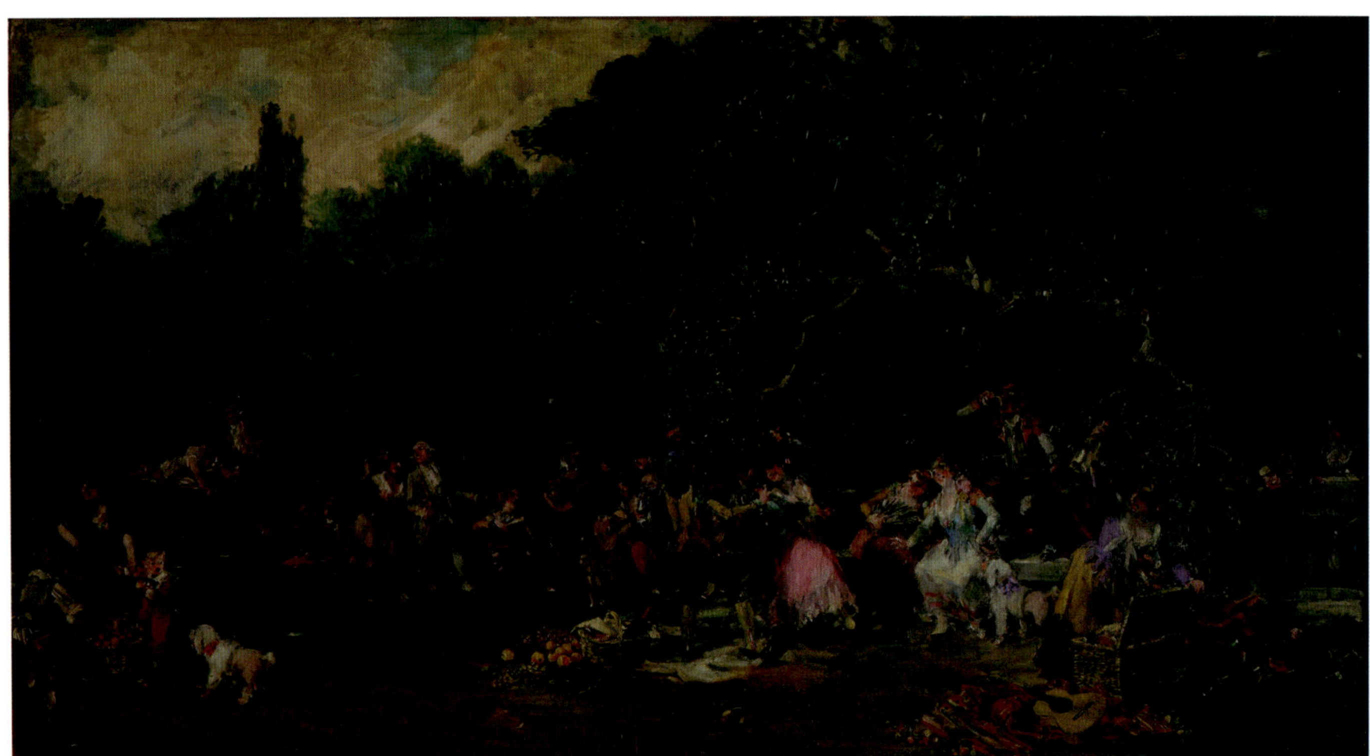

Inventario: DE/BA00023

Autor: Francisco Domingo Marqués

Valencia, 1842 - Madrid, 1920.

Cronología: Hacia 1900

Técnica: Óleo sobre lienzo

Dimensiones: 69,3cm x 130,2cm

Adquirido al autor en 1915.

Depósito del Museo Nacional
del Prado.

Primavera en la costa azul

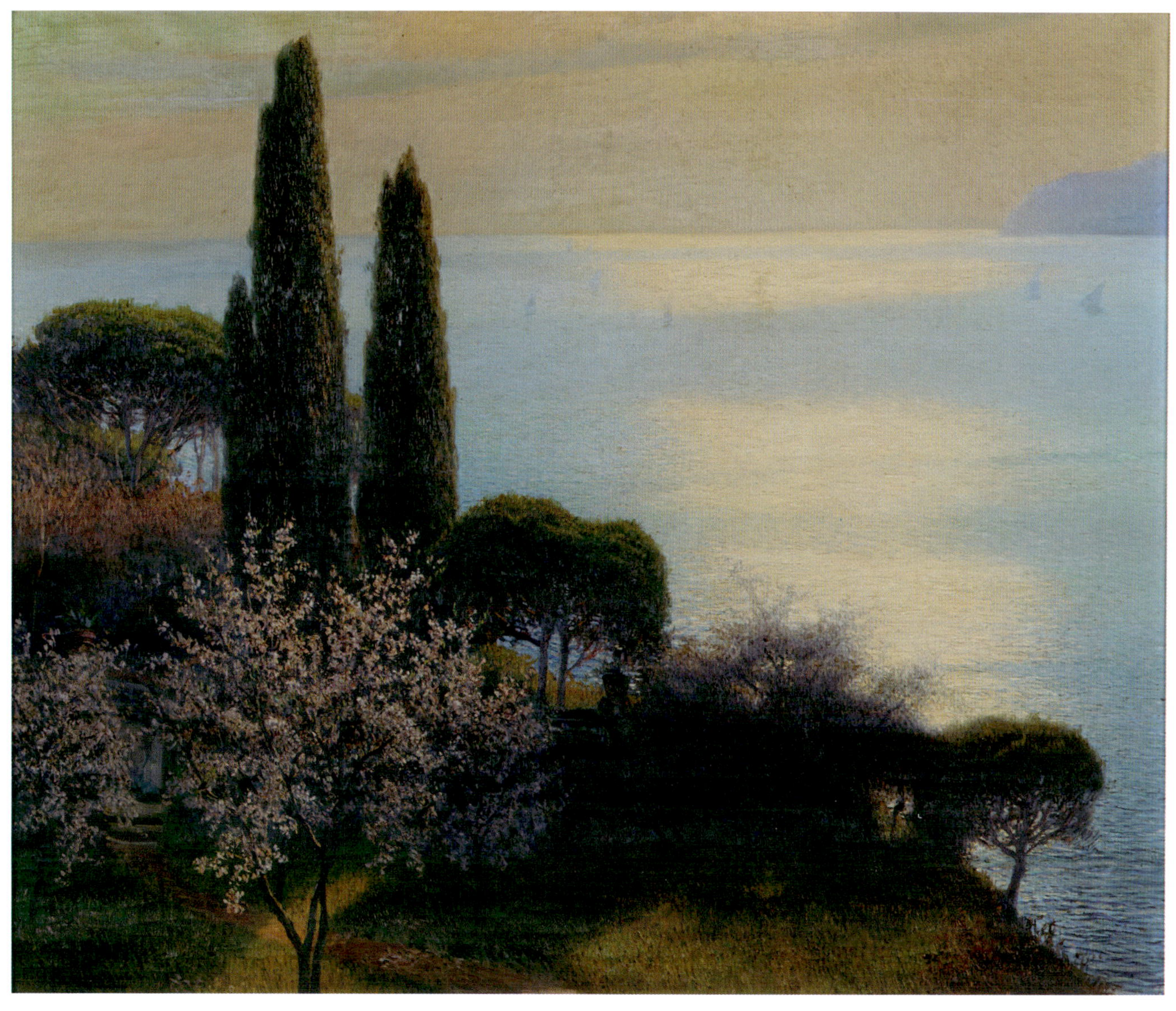

Inventario: DE/BA00024

Autor: José Nogué Massó.
Santa Coloma de Queralt
(Tarragona), 1880 – Huelva, 1973

Cronología: Hacia 1922

Técnica: Óleo sobre lienzo

Dimensiones: 115cm x 138,5cm

Participó en la Exposición
Nacional de Bellas Artes de
1922 (n. 382) en la que obtuvo la
segunda medalla.

Adquirido al autor con destino
al Museo de Arte Moderno en
1922.

Depósito del Museo Nacional
del Prado.

Contrastes

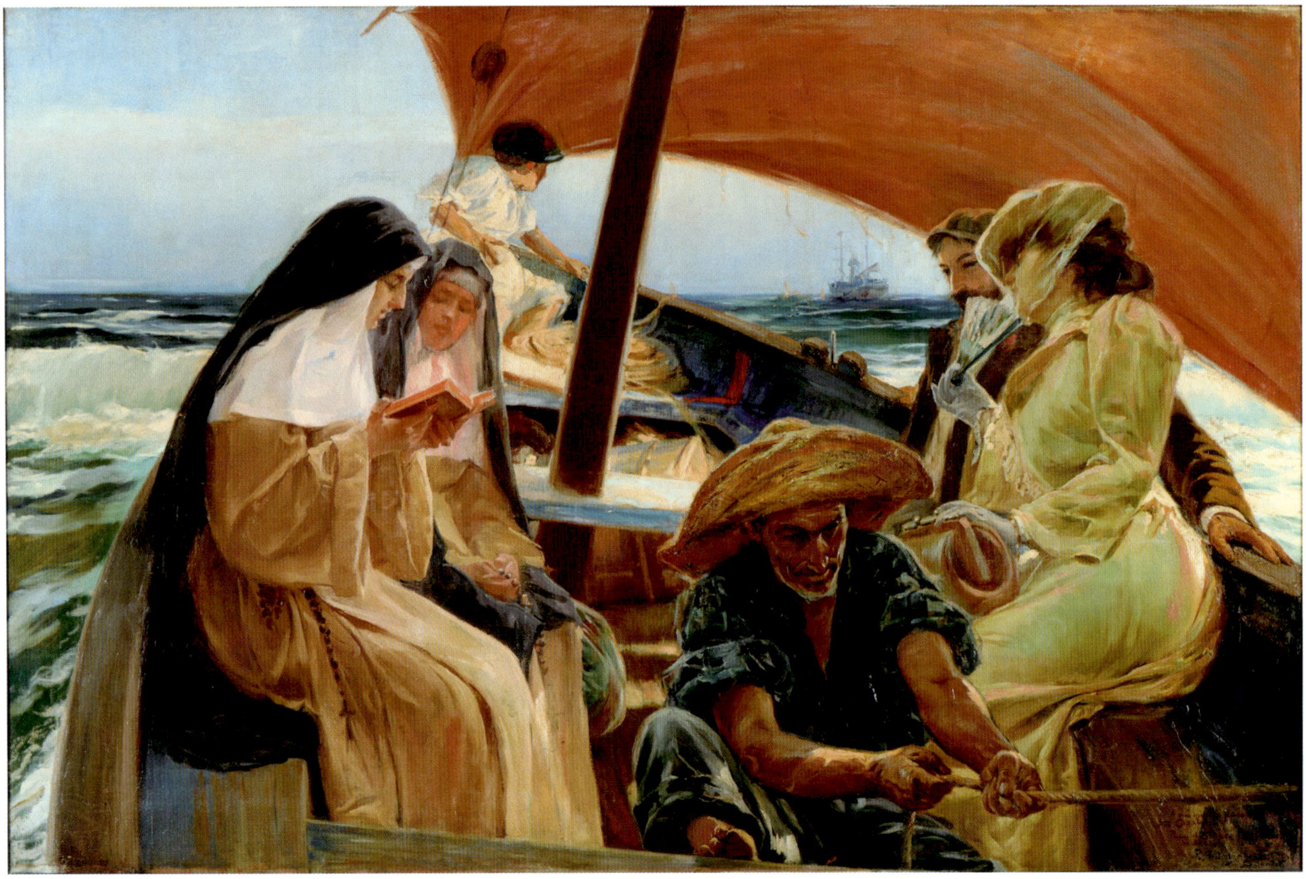

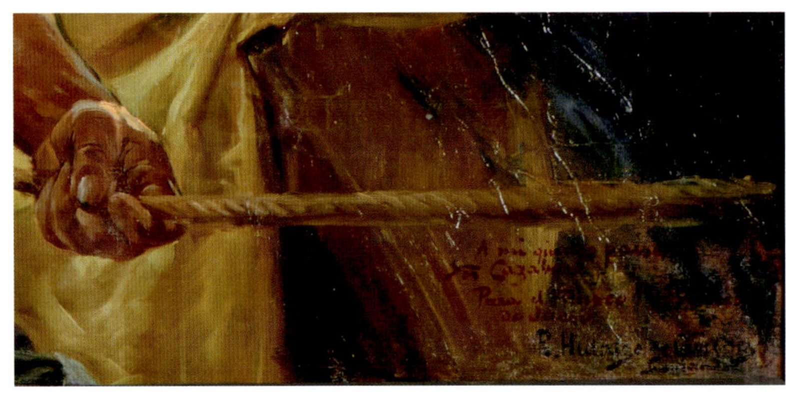

Inventario: CE/BA00039

Autor: Rafael Hidalgo de Caviedes y Gutiérrez de Caviedes

Quesada (Jaén), 1864 - Madrid, 1950

Cronología: 1907

Técnica: Óleo sobre lienzo

Dimensiones: 150cm x 236cm

La obra ingresa del taller del autor, en el año 1915.

Inocencio X (Copia de Velázquez)

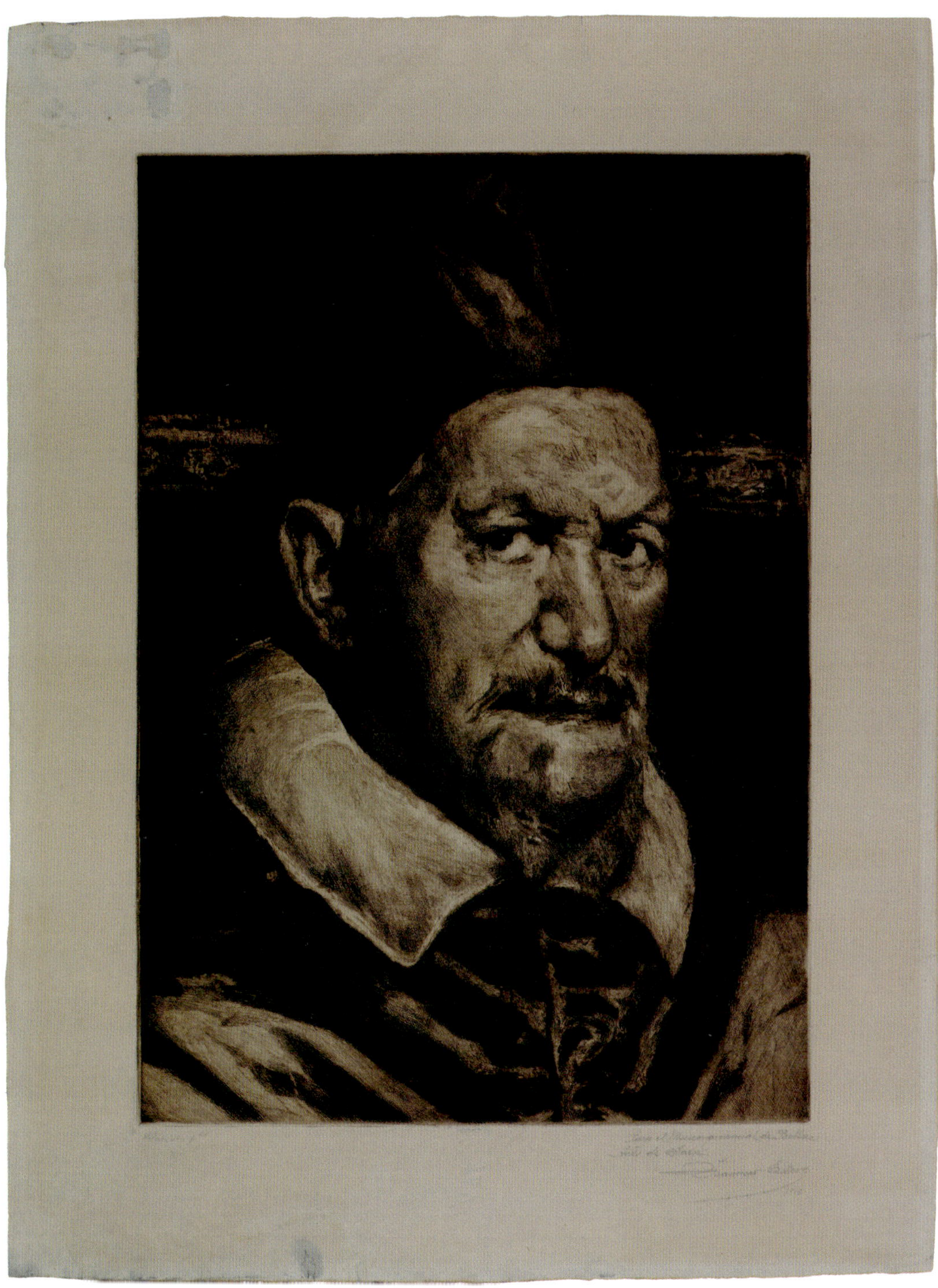

Inventario: CE/BA00138
Autor: Francisco Esteve y Botey
San Martin de Provensals
(Barcelona), 1884 - Madrid, 1955
Cronología: 1916
Técnica: Grabado al aguafuerte
Dimensiones:
Estampa:
563 mm x 428 mm

Donación del autor "Para el
Museo Provincial de Bellas
Artes de Jaén. Francisco Esteve.
1916"
Fecha ingreso 03/05/1916

Atardecer en la Puerta del Sol

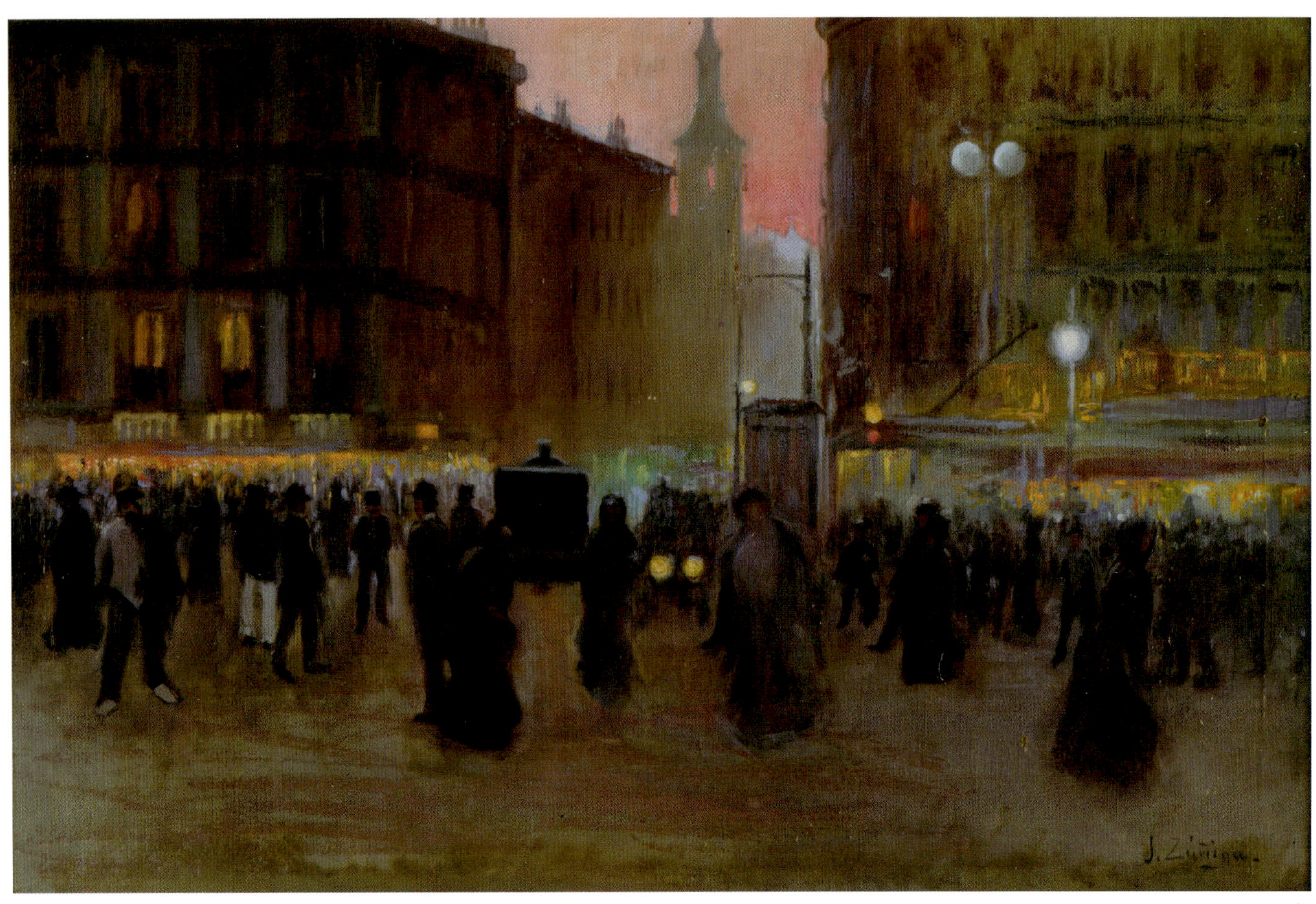

Inventario: CE/BA00071

Autor: osé Pablo García de Zuñiga Calzada

Sevilla, 1890 – Castellar (Jaén), 1965

Cronología: 1917

Técnica: Óleo sobre lienzo

Dimensiones: 52,5cm x 79,3cm

Donación de José Pablo García de Zúñiga
y de la Calzada, de Sevilla el 20/03/1917

San Jerónimo

Inventario: CE/BA00072
Autor: Anónimo
Cronología: Siglo XVII
Técnica: Óleo sobre lienzo.
Dimensiones: 170cm x 142cm

Donación de Manuela Rubio
Huertas el 06/05/1917

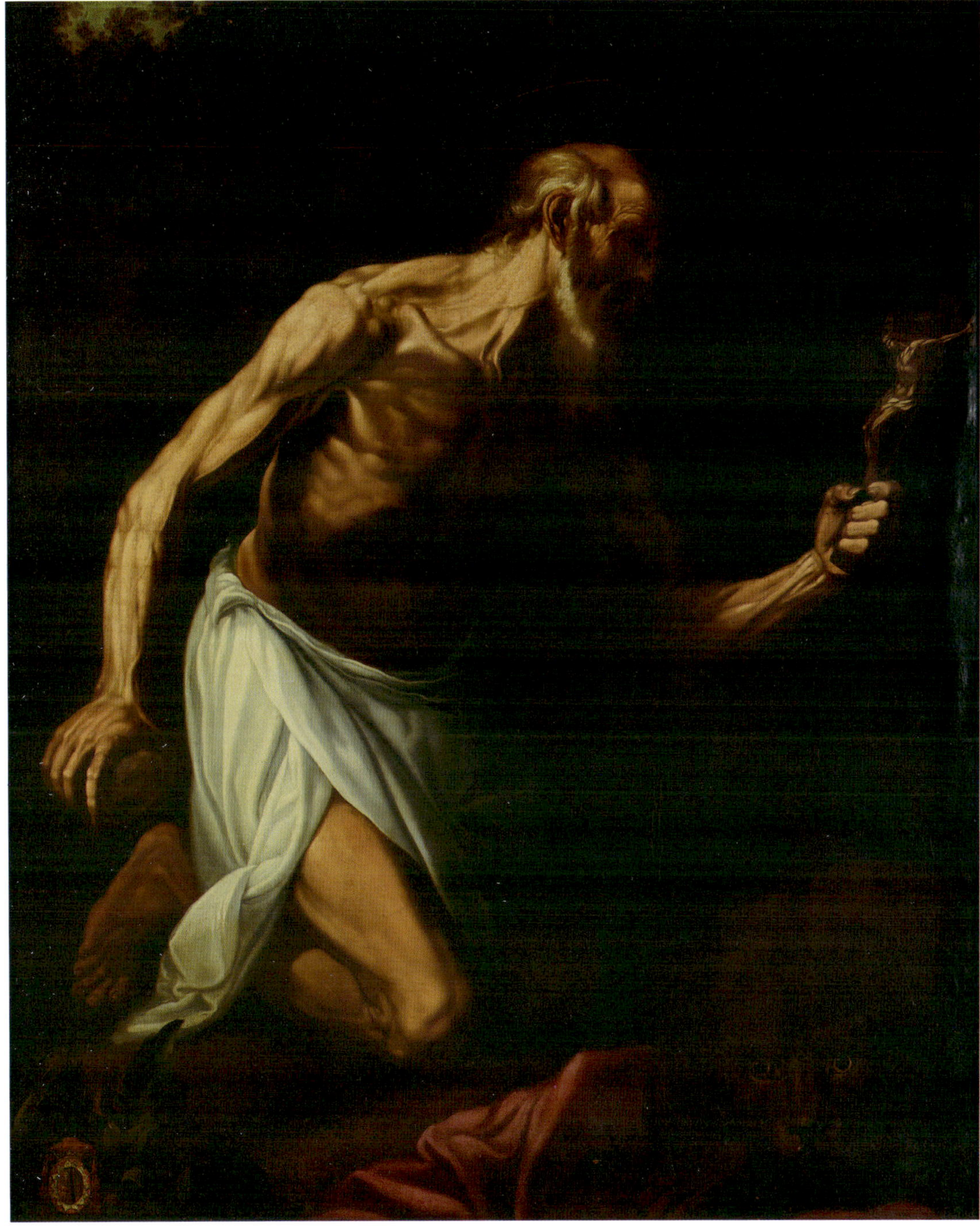

Paisaje de Peña Cubilla

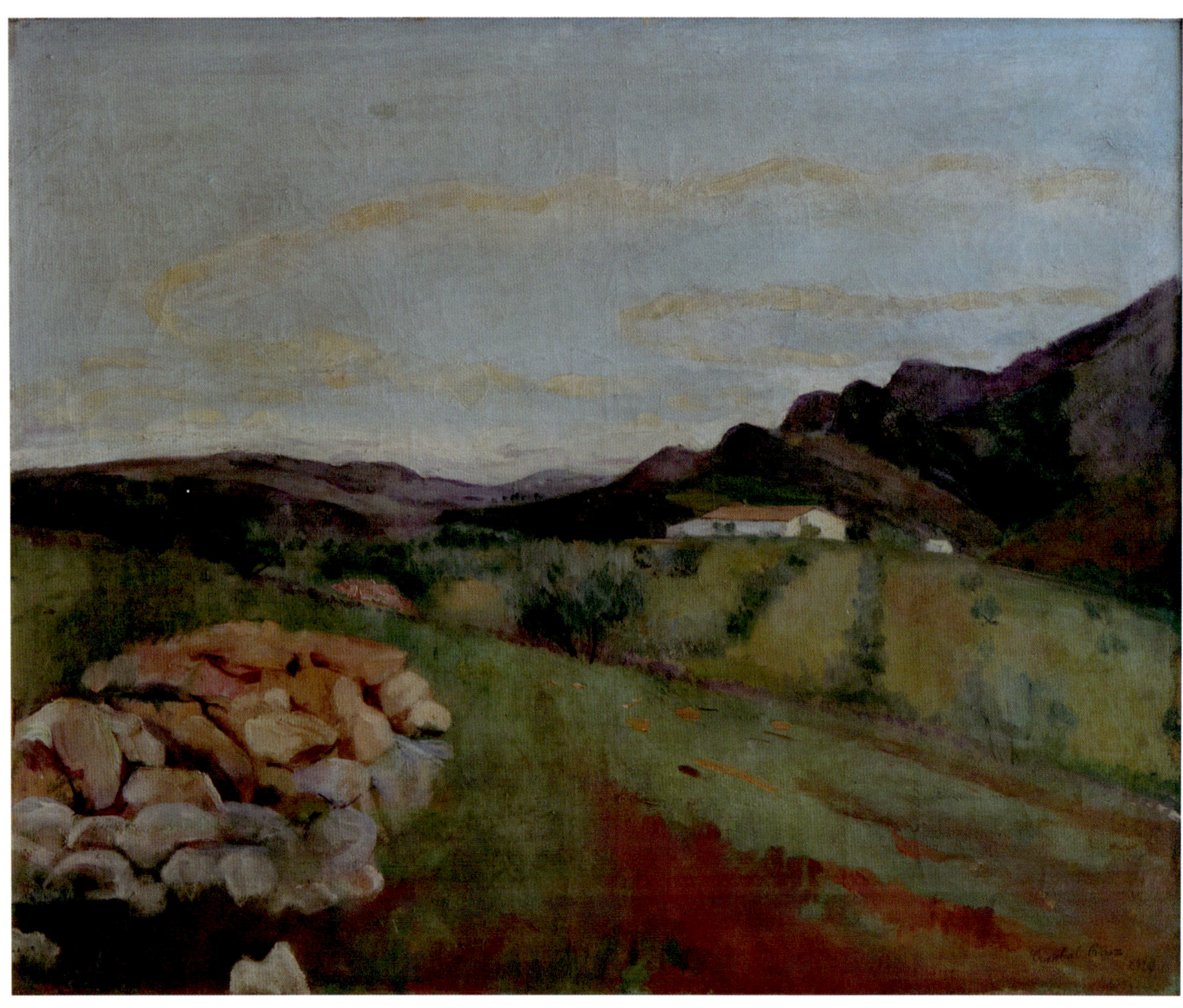

Inventario: CE/BA00074
Autor: Cristóbal Ruiz Pulido.
Villacarrillo (Jaén), 1881 - México, 1962
Cronología: 1914
Técnica: Óleo sobre lienzo
Dimensiones: 81cm x 100cm

Donación de Cristóbal Ruiz Pulido
el 28/08/1917

Rincón de Santa Clara

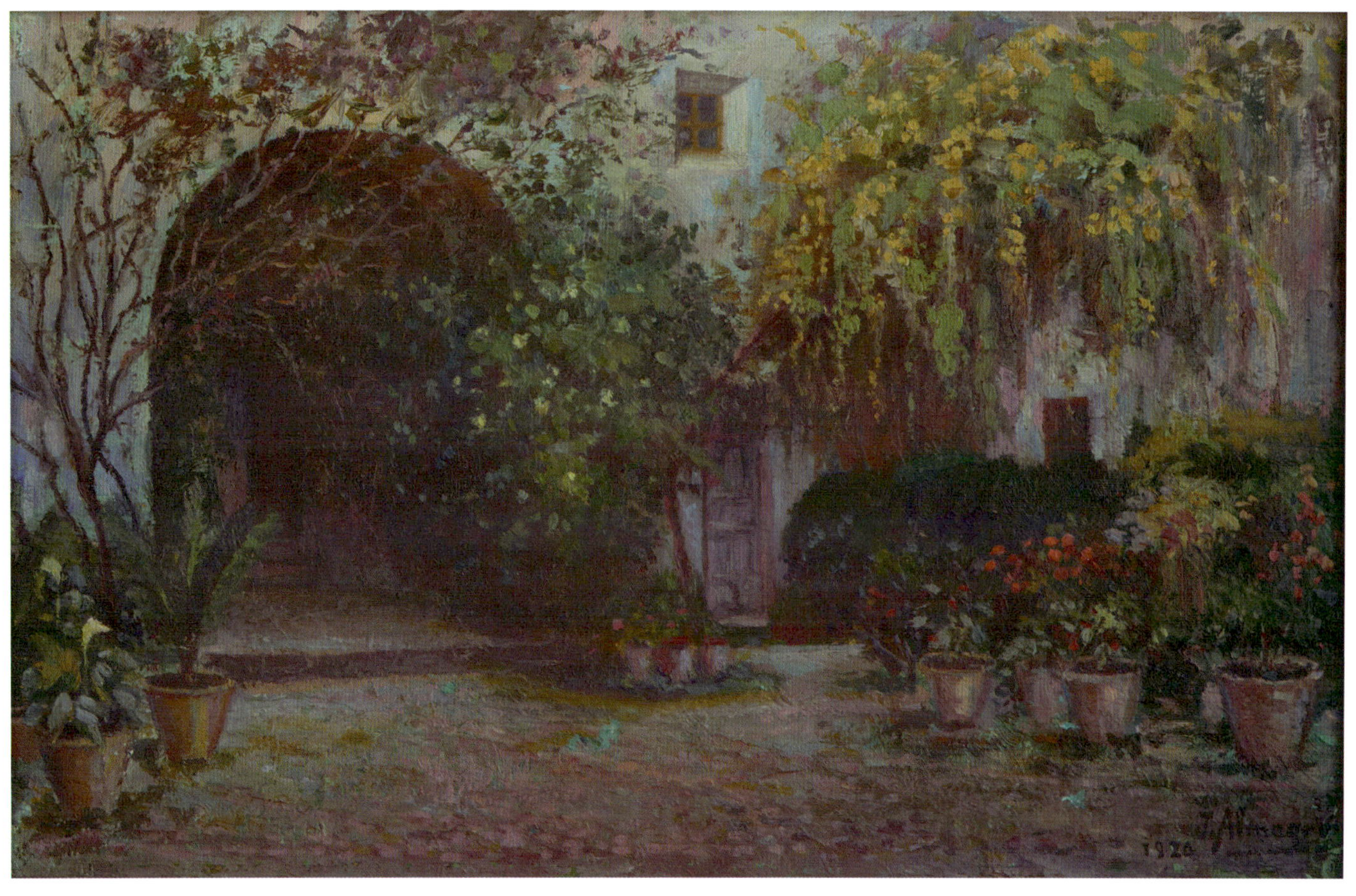

Inventario: CE/BA00077
Autor: Juan Almagro López.
Pegalajar (Jaén), 1886 - Jaén, 1965
Cronología: 1920
Técnica: Óleo sobre lienzo
Dimensiones: 33cm x 51,5cm

Donación de Juan Almagro
López, ingresa el 01/05/1919.

Una tahona

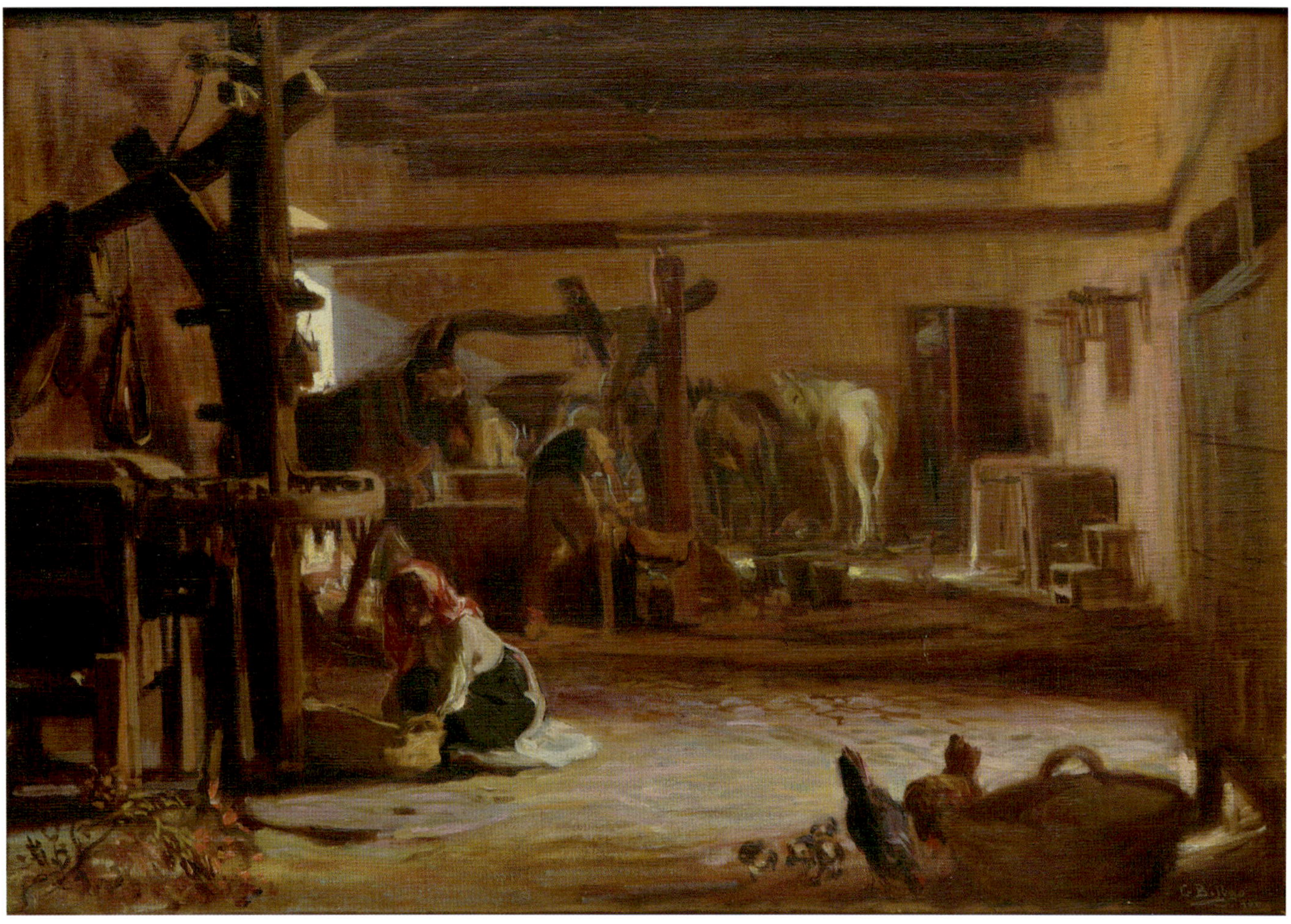

Inventario: CE/BA00083

Autor: Gonzalo Bilbao Martínez

Sevilla, 1860 - Madrid, 1938

Cronología: 1906

Técnica: Óleo sobre lienzo

Dimensiones: 64,5cm x 92,7cm

Donación de Gonzalo Bilbao Martínez,
el 05/10/1923

Retrato del poeta Bernardo López

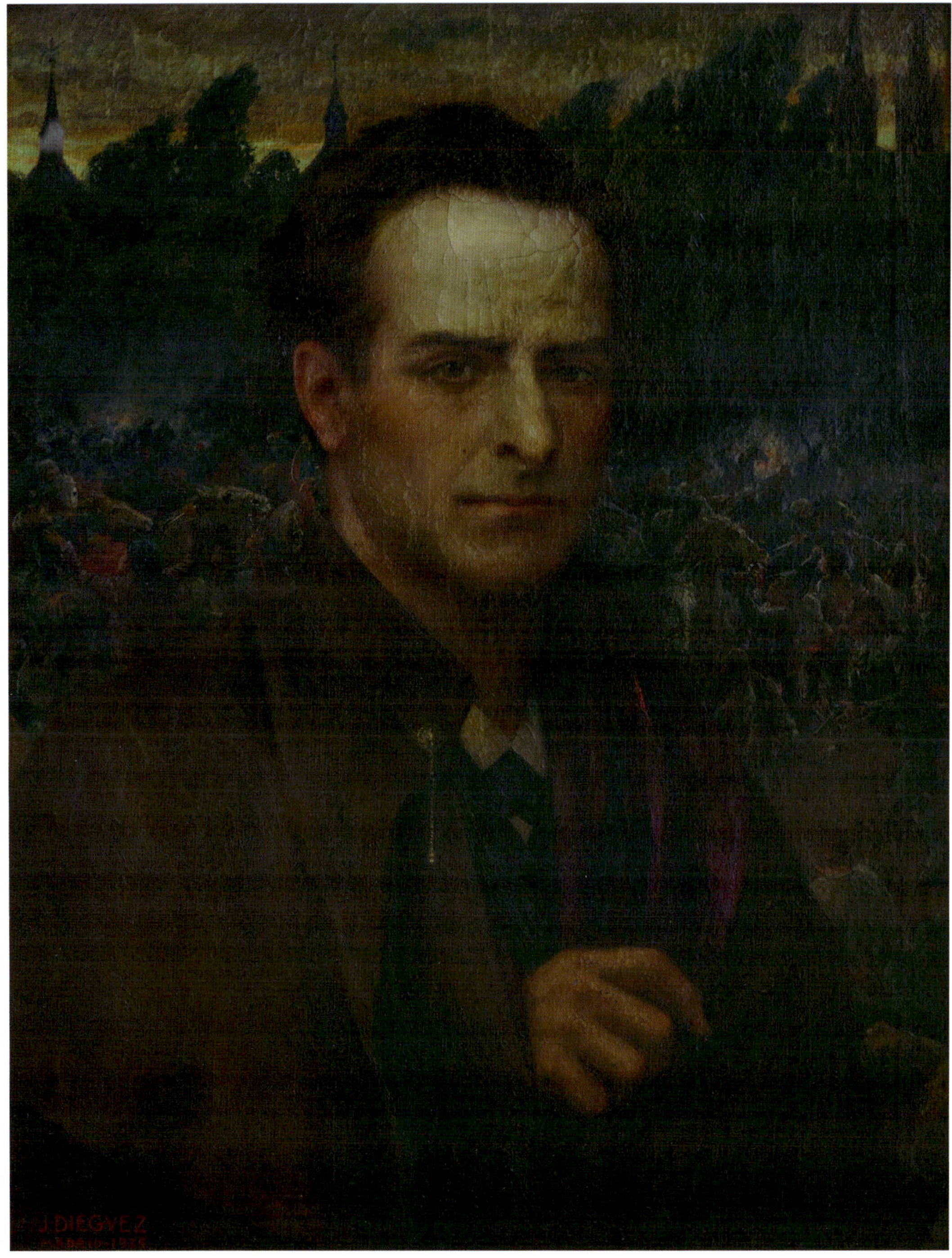

Inventario: CE/BA00088
Autor: Joaquín Diéguez Díaz.
Jaén, 1860 - Madrid, 1931
Cronología: 1925
Técnica: Óleo sobre lienzo
Dimensiones: 77,4cm x 60,5cm

Donación de Joaquín Diéguez
Díaz, ingresa el 20/04/1926.

Autorretrato

Inventario: DJ/BA00680
Autor: José Nogué Massó.
Santa Coloma de Queralt
(Tarragona), 1880 - Huelva, 1973
Cronología: 1905
Técnica: Dibujo a pastel
Dimensiones: 60cm x 45cm

Donado por José Nogué
Vallejo (Hijo del autor) en 1988

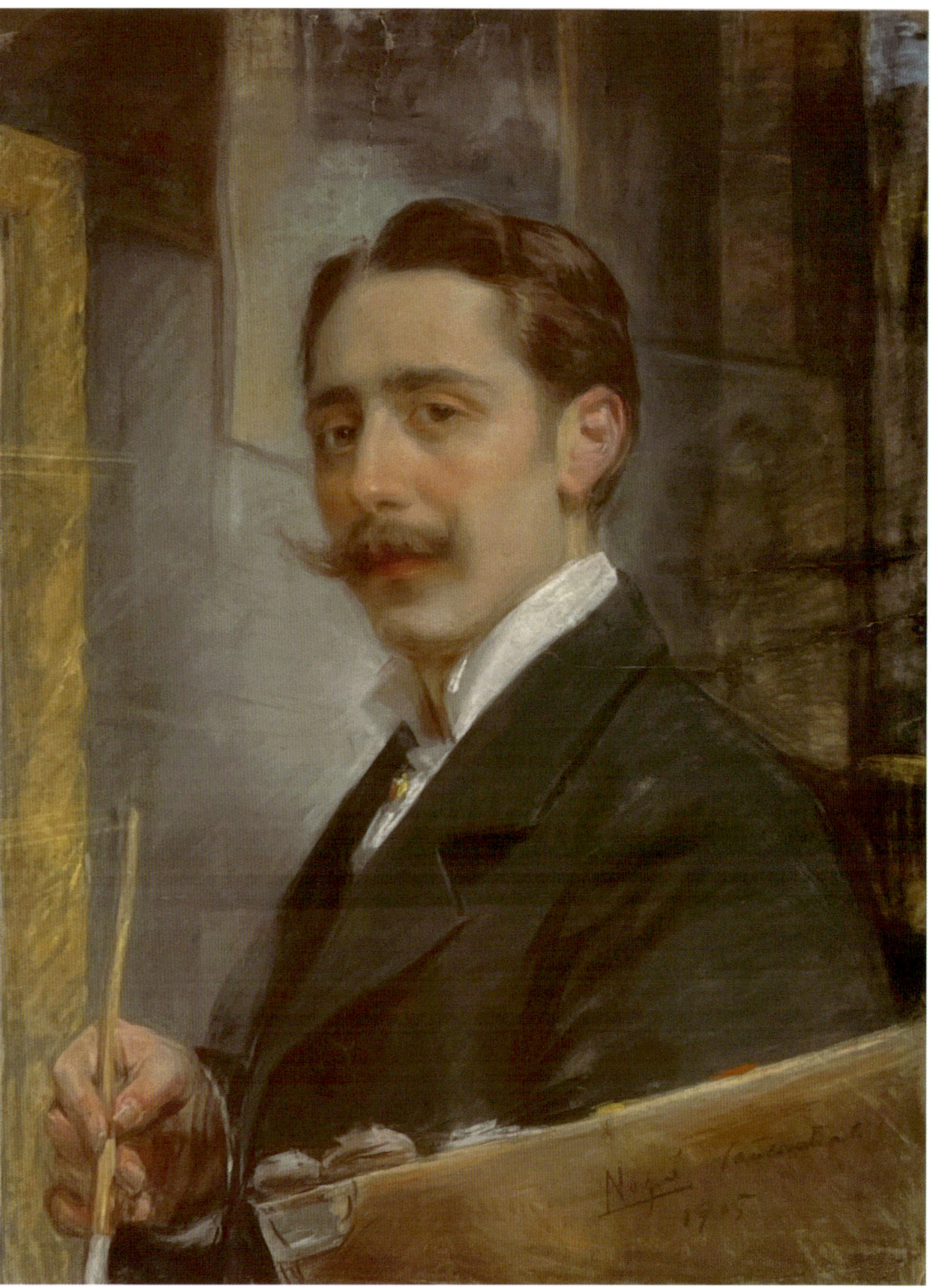

Retrato de Don Alfonso XIII de Borbón

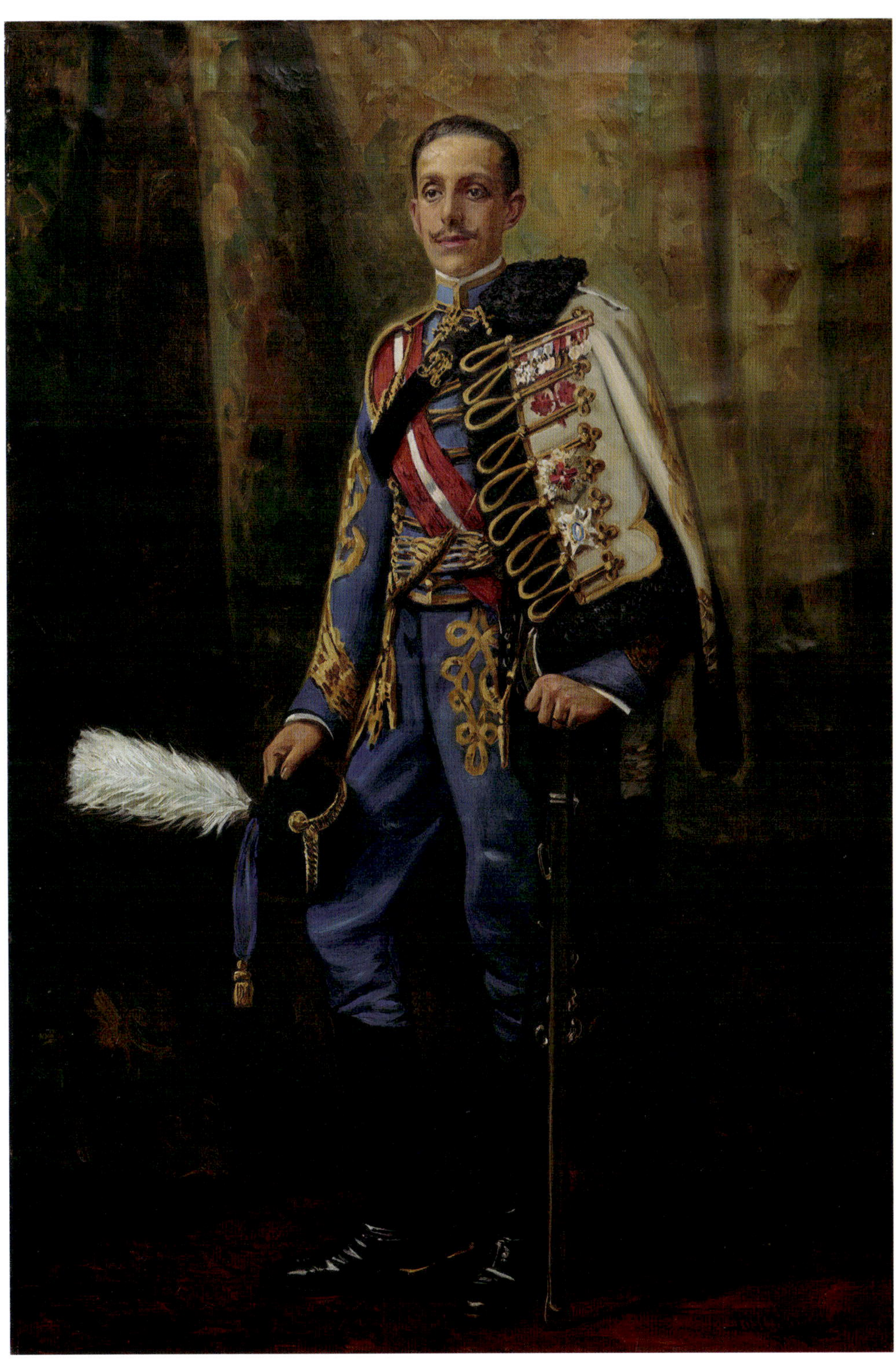

Inventario: DO/BA00032
Autor: José Nogué Massó.
Santa Coloma de Queralt
(Tarragona), 1880 - Huelva, 1973
Cronología: 1926
Técnica: Óleo sobre lienzo
Dimensiones: 191cm x 134cm

Depósito de la Diputación
Provincial de Jaén en 1931

Retrato de Don Pedro Ximénez Mazzuco

Inventario: CE/BA00122

Autor: Pedro Rodríguez de la Torre.
Jaén, 1847 - Zaragoza, 1915

Cronología: 1870

Técnica: Óleo sobre lienzo.

Dimensiones: 45,5cm x 35,4cm

Depositado en el Museo de Bellas
Artes por un particular el 28/02/1931

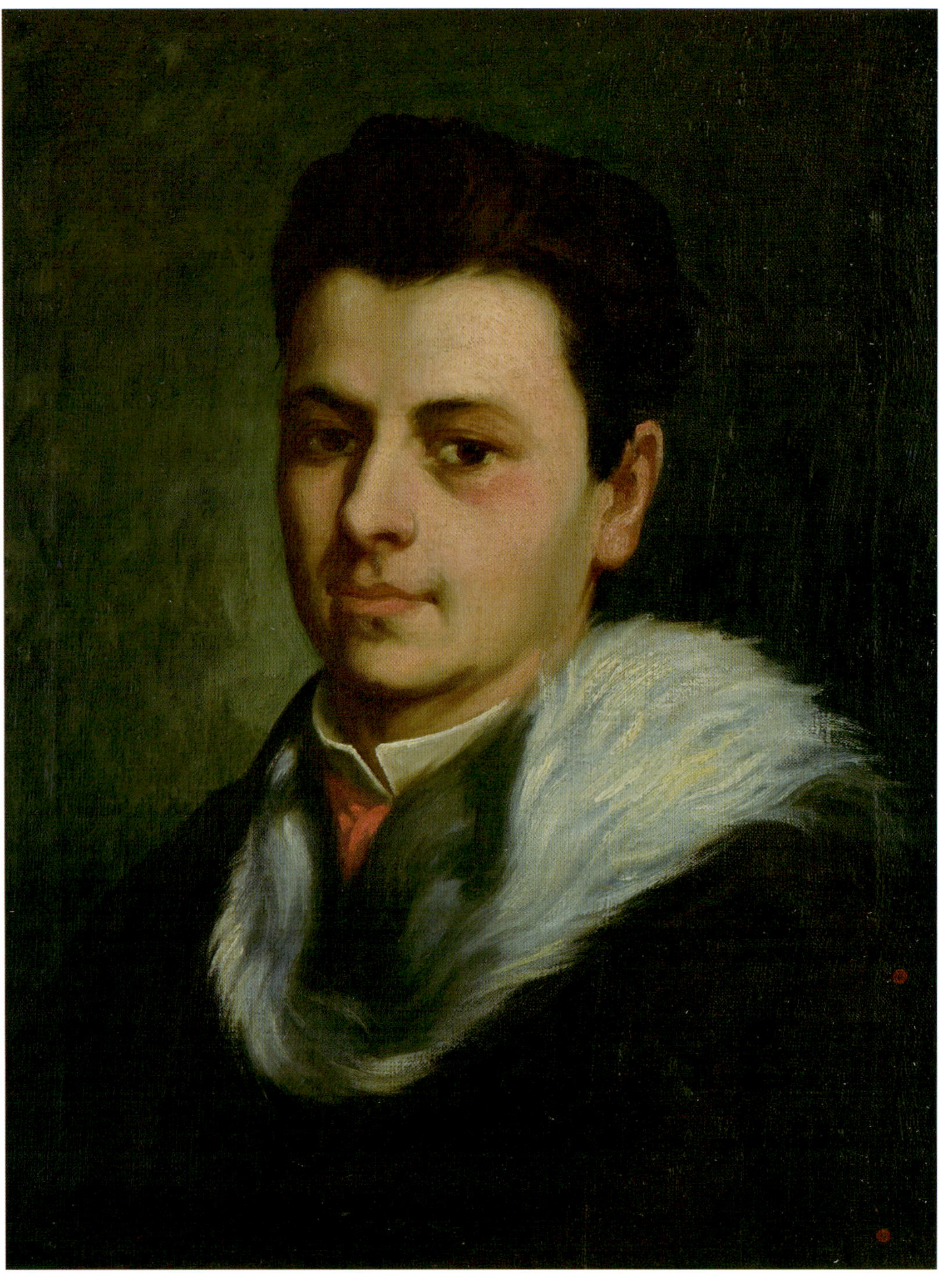

Vista de Segovia

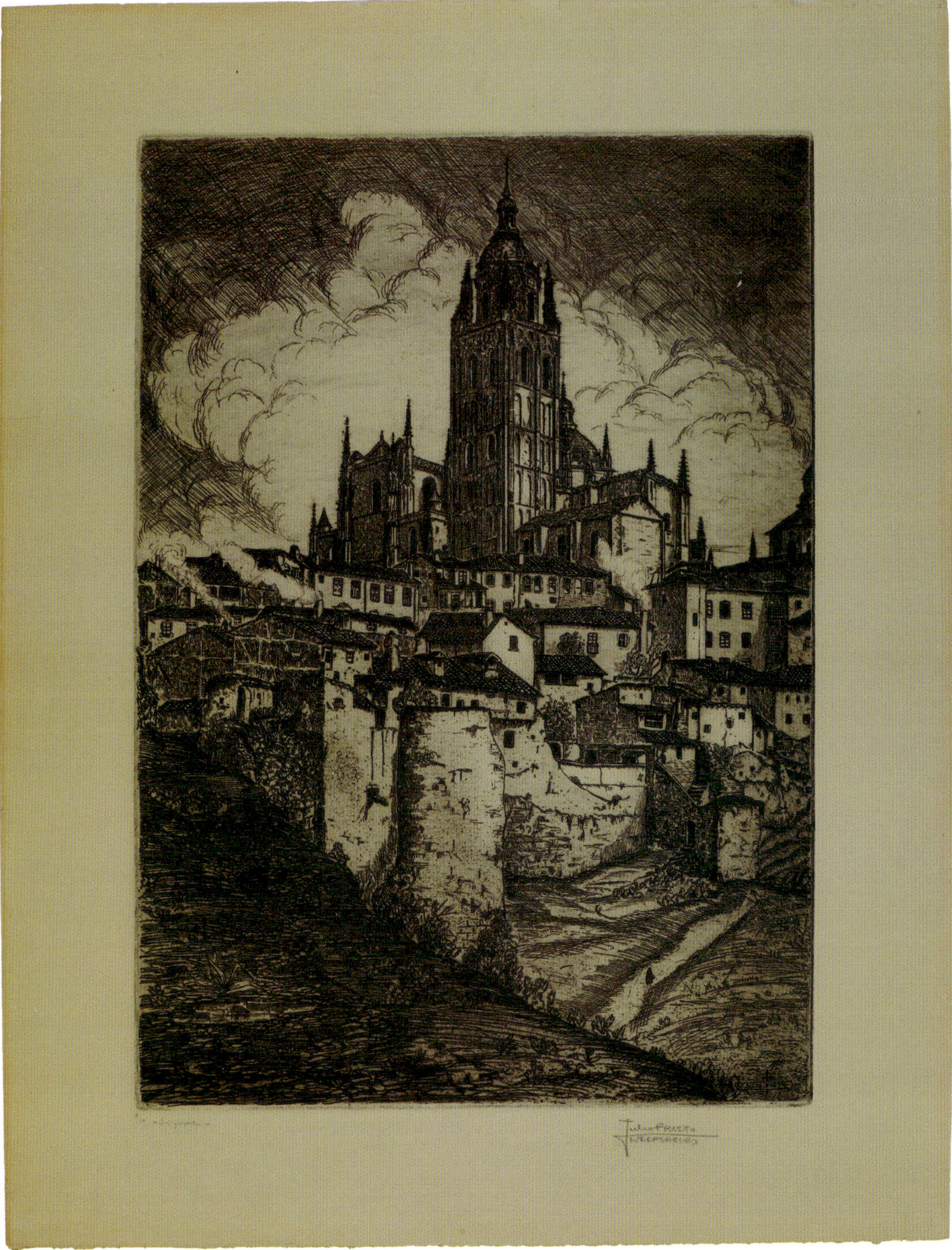

Inventario: CE/BA00149

Autor: Julio Prieto Nespereira.
Orense, 1896 -Madrid, 1991

Cronología: 1930

Técnica: Grabado al aguafuerte.

Dimensiones:

Estampa.

570 mm x 445 mm

Donación del autor.

(D. José Martínez Puerta, director del Museo en ese momento, da cuenta en sesión con fecha 06/09/1932 de la cesión de varias obras de artistas medallados, entre ellas esta).

Vista de Mallorca

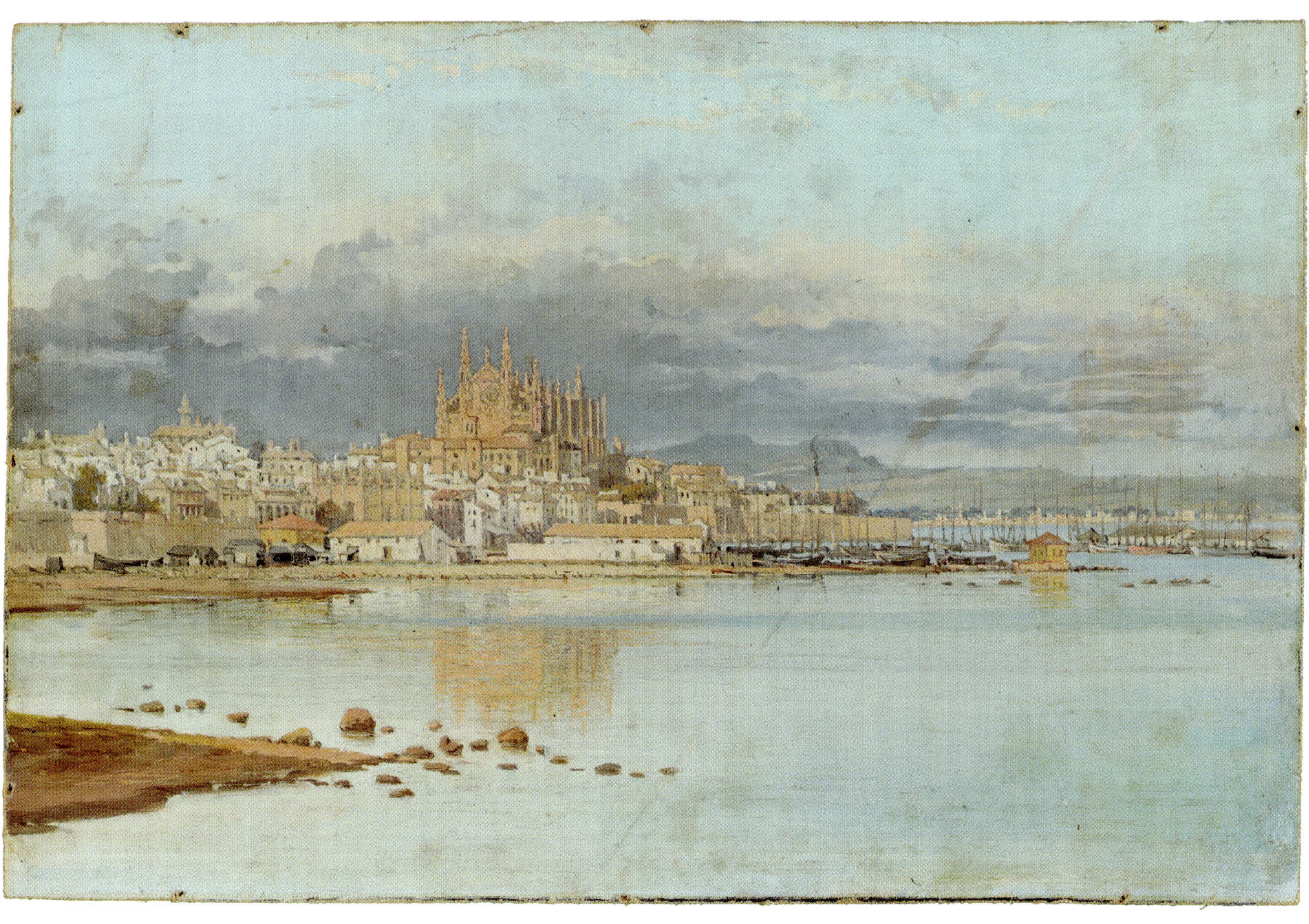

Inventario: CE/BA00112

Autor: Pedro Rodríguez de la Torre.

Jaén, 1847 – Zaragoza, 1915

Cronología: 1894|cal-1915|cal

Técnica: Óleo sobre tabla

Dimensiones: 21,2cm x 32cm

Donación de José Nogué Massó,
ingresa el 04/05/1935.

Niño con abejarruco

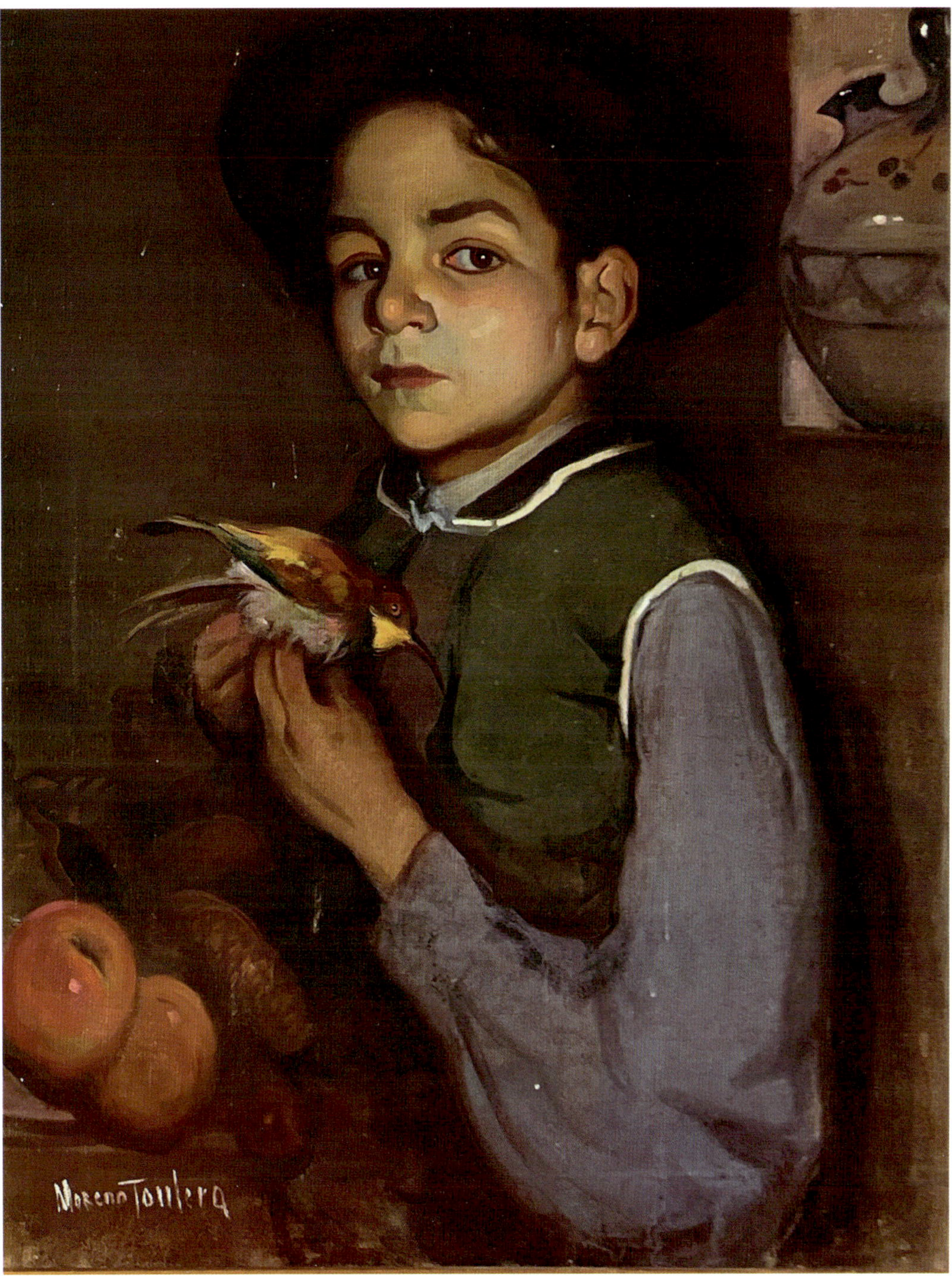

Inventario: CE/BA00108
Autor: José Moreno Taulera.
Granada, 1926 – 1950.
Cronología: Hacia 1941
Técnica: Óleo sobre lienzo.
Dimensiones: 64cm x 54cm

Donación de Moreno Taulera,
ingresa en 1941

Retrato de Isaac Usano Massot

Inventario: CE/BA00591

Autor: José Martínez Puerta.
Guadix, 1900 – Granada, 1967.

Cronología: S. XX

Técnica: Dibujo a pastel

Dimensiones: 47,5cm x 36,5cm

Isaac Usano Massot
(Madrid, 1909 - ¿1960).

Director del museo de Jaén
desde 1934 hasta 1939.

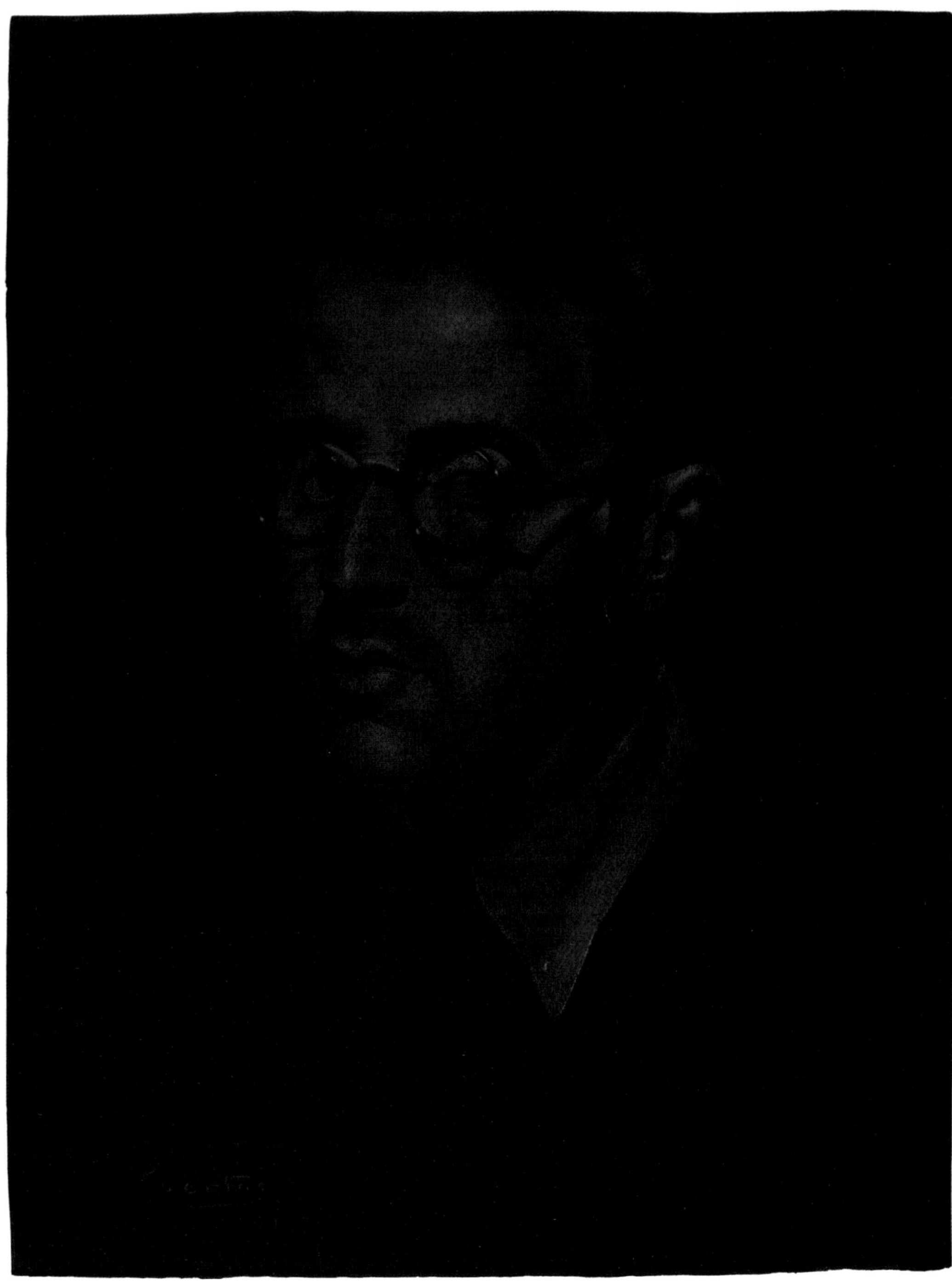

Proyecto Museo de Jaén.
Casa del director. Fachada Este

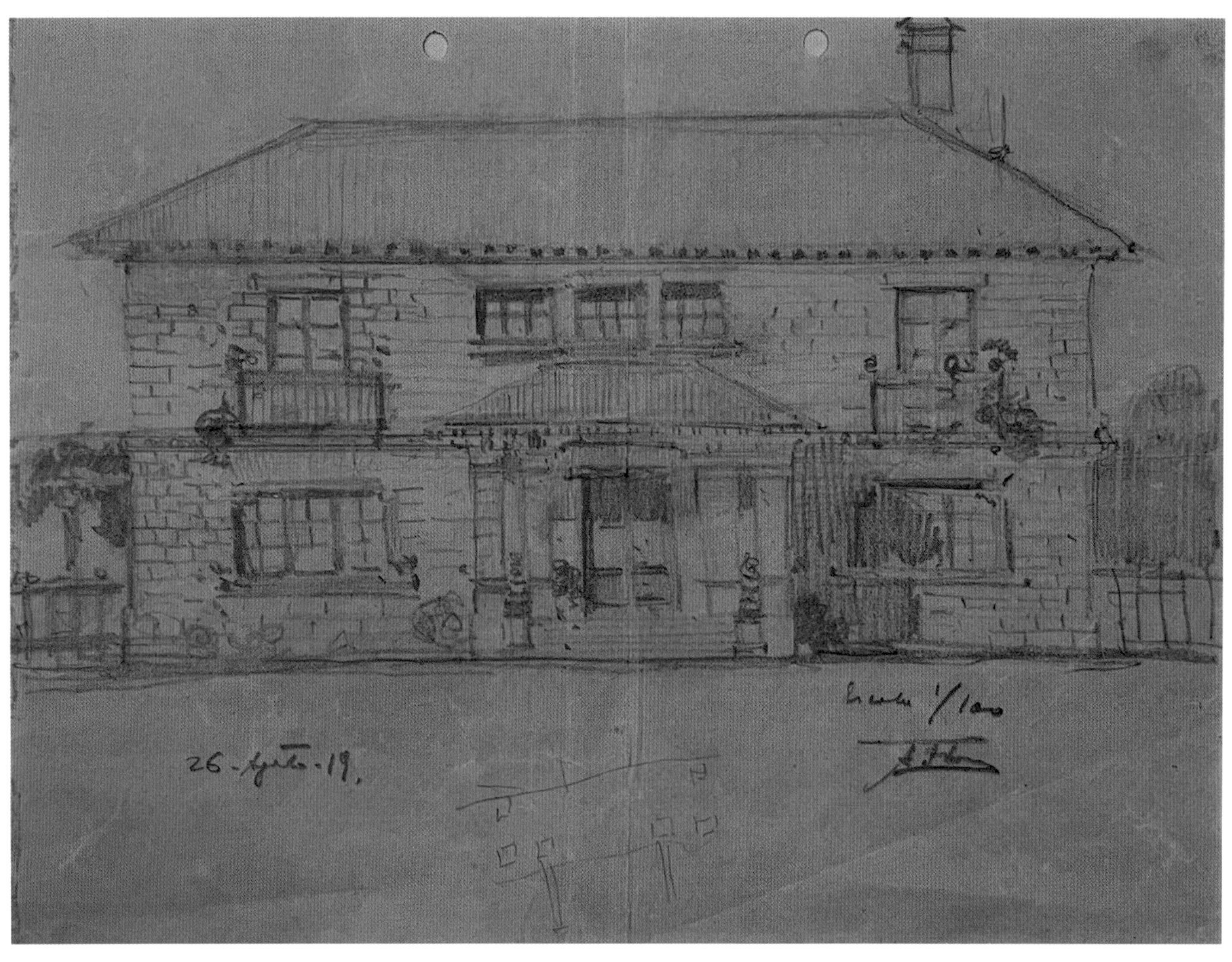

Inventario: CE/BA00137/01
Autor: Antonio Flórez Urdapilleta.
Vigo, 1877 - Madrid, 1941
Cronología: 1919
Técnica: Dibujo a grafito
Dimensiones:
Dibujo
200mm x 270mm

Depositado en 1953

Proyecto Museo de Jaén.
Casa del director.

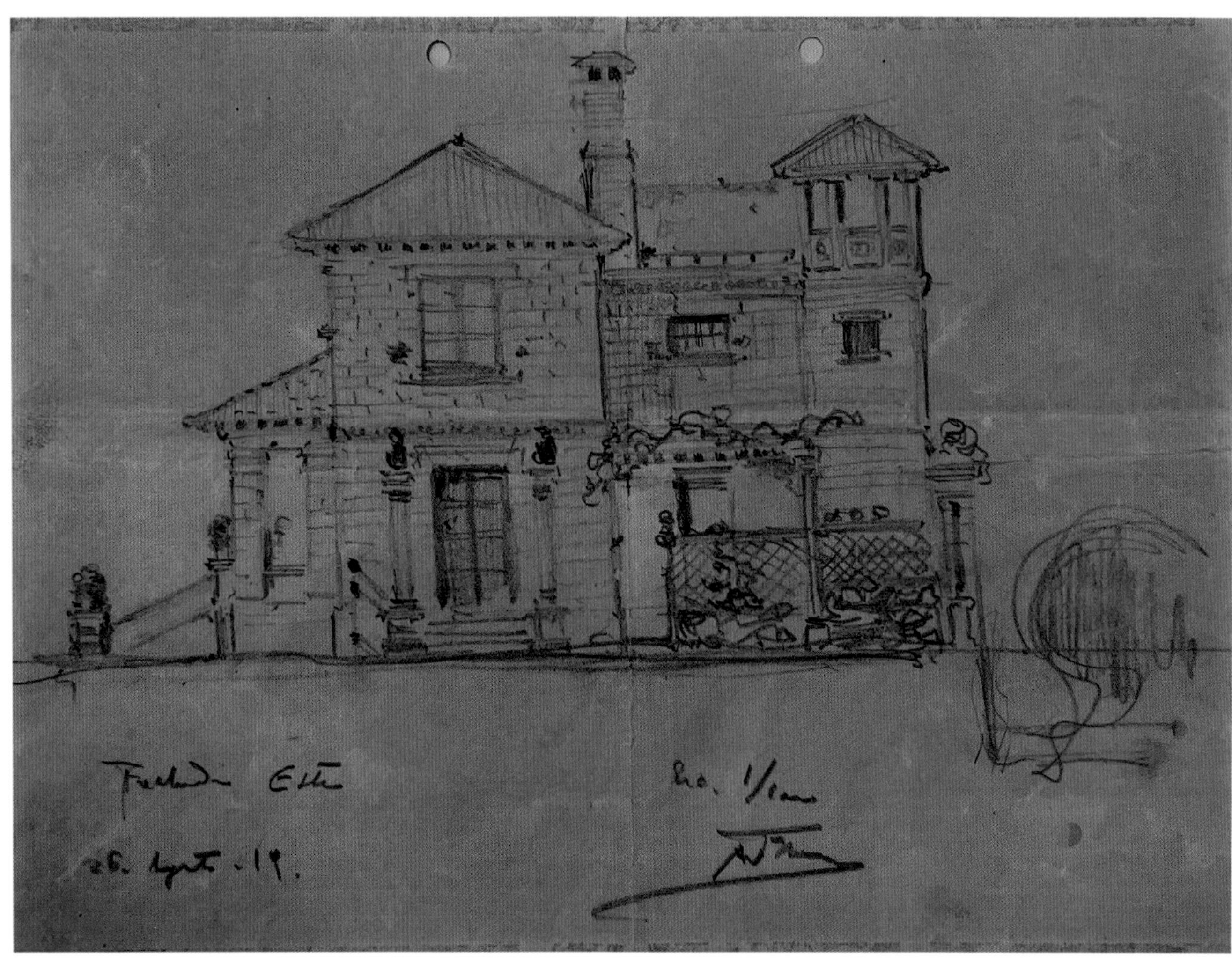

Inventario: CE/BA00137/02

Autor: Antonio Flórez Urdapilleta.

Vigo, 1877 - Madrid, 1941

Cronología: 1919

Técnica: Dibujo a grafito

Dimensiones:

Dibujo:

200mm x 270mm

Depositado en 1953

Retrato de Don Gratiniano Nieto Gallo.

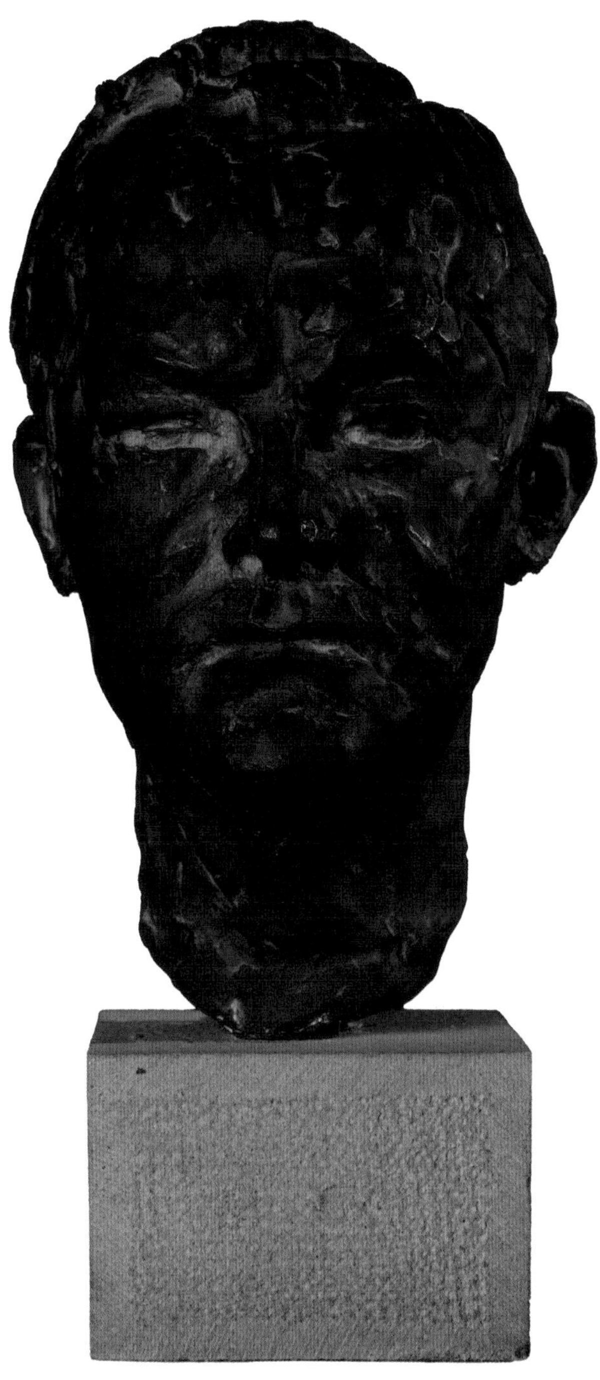

Inventario: CE/BA00559

Autor: Damián Rodríguez Callejón.
Jaén, 1913 – 1982

Cronología: S. XX

Técnica: Vaciado en bronce

Dimensiones:
33cm x 256cmx20

Don Gratiniano Nieto Gallo
La Aguilera (Burgos), 1917- Yecla
(Murcia), 1986.

Arqueólogo, historiador del arte
y político, director general de
Bellas Artes entre 1961 y 1968

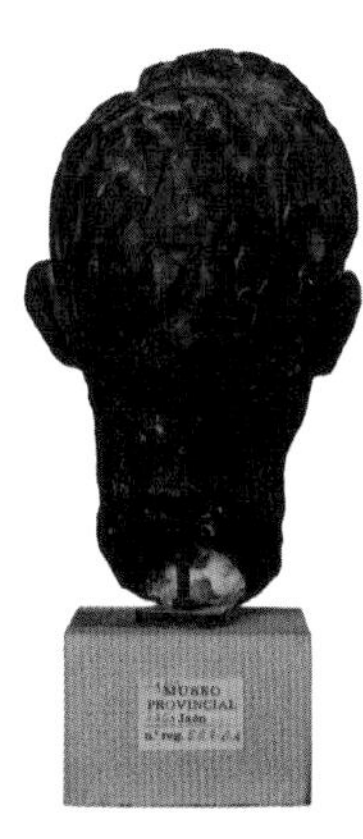

Vista trasera de la obra.

Retrato de Don Inocente Fé Jiménez

Inventario: CE/BA00561
Autor: Damián Rodríguez Callejón.
Jaén, 1913 – 1982
Cronología: S. XX
Técnica: Vaciado en bronce.
Dimensiones: 29cm x 24cm

Don Inocencio Fe Jiménez Jaén,
1880-1968.

Alcalde de Jaén entre 1922 y 1924, y
Presidente de la Junta de Patronato
del Museo en los años 60.

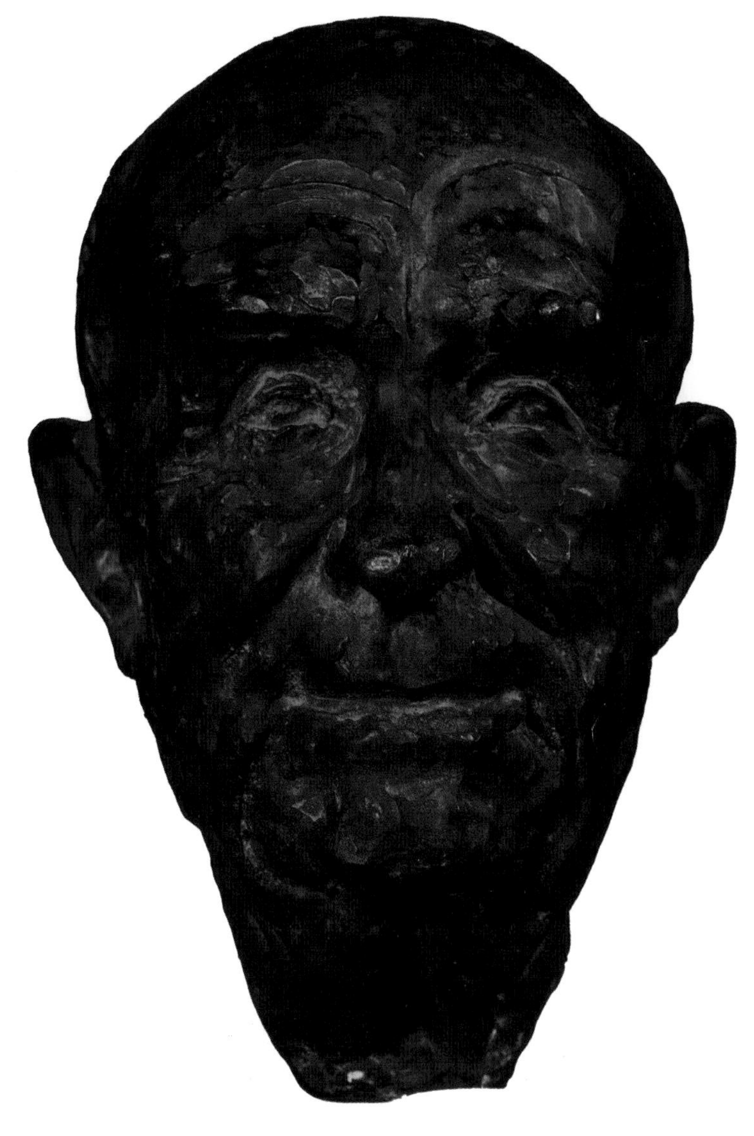

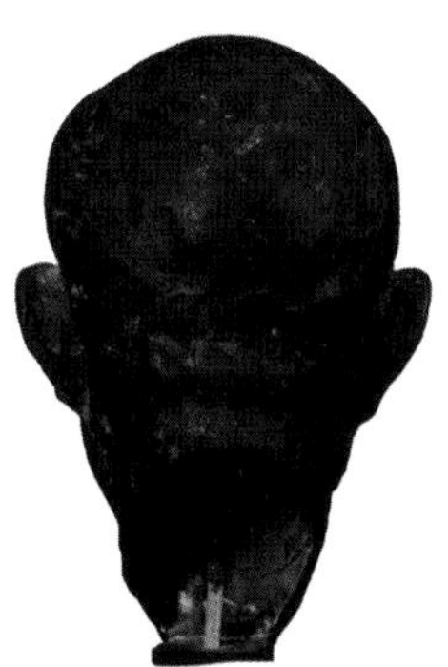
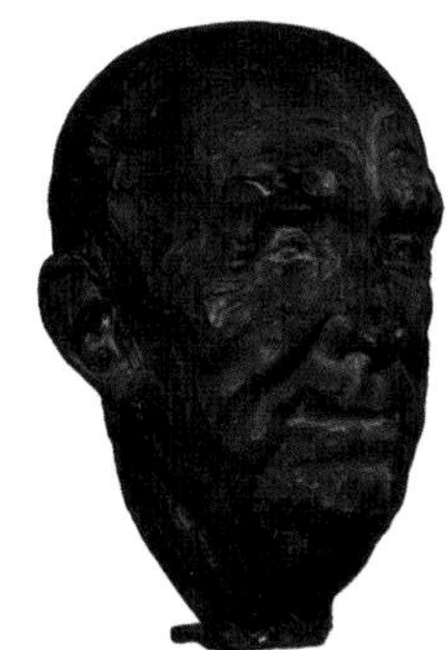
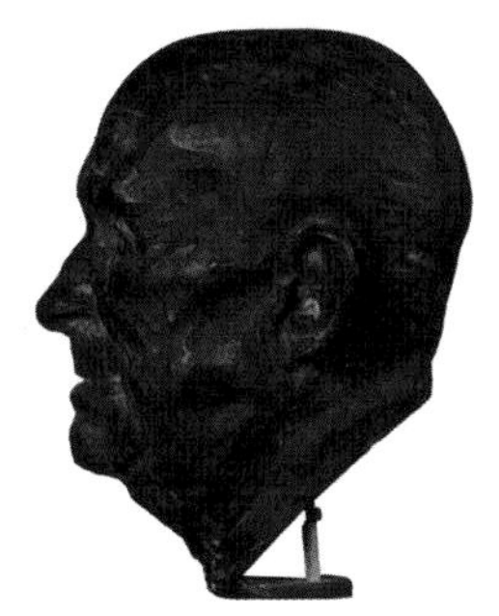
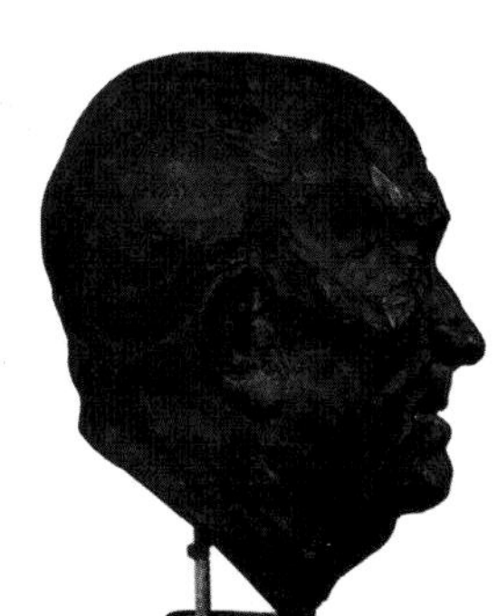

Balsamario

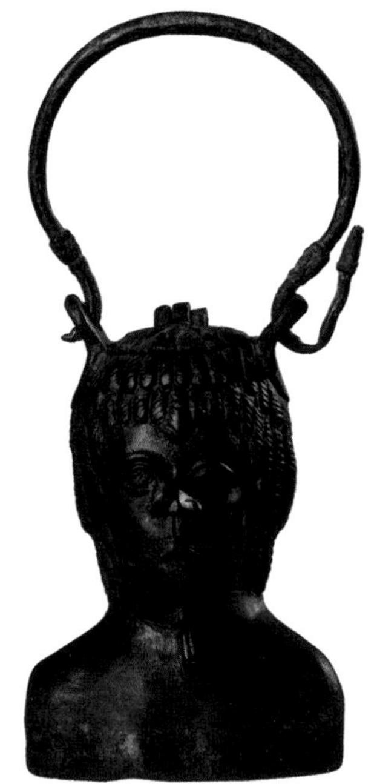

Inventario: CE/DA01238
Procedencia: Hallada en Santo Tomé (Jaén) en 1956.
Cronología:
Alto Imperio Romano (Siglo II-III)
Técnica: Vaciado en bronce
Dimensiones: 11.4cm x 7.9cm

Eje mayor - 18.6 cm;
Grosor máximo - 6.1cm

Hallado en el interior de un sarcófago de plomo.

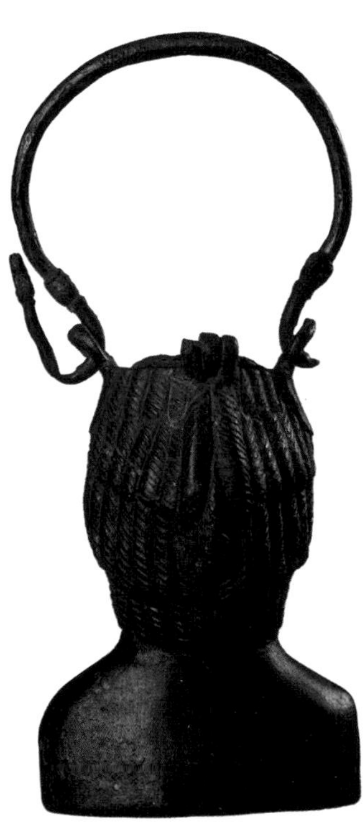

Ídolo antrompomorfo

Inventario: CE/DA02835
Procedencia: Zona Arqueológica de Marroquíes Altos (Jaén).
Cronología: Calcolítico Final 2000(ac)-1800(ac)
Técnica: Marfil
Dimensiones: 12,4cm x 2,75cm
Grosor máximo - 1,65 cm;
Grosor mínimo - 0,65 cm;
Peso - 32,2 gr.

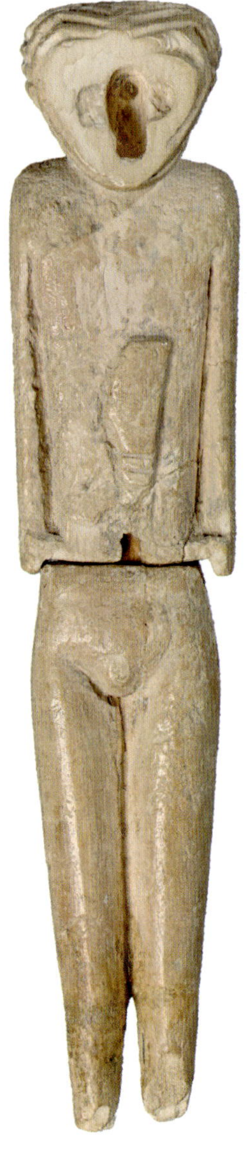

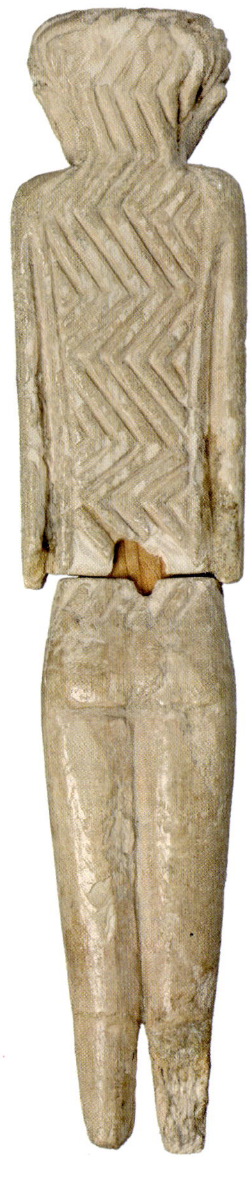

Hoja de puñal

Inventario: CE/DA02930
Procedencia:
Zona Arqueológica de
Marroquíes Altos en Jaén
(Jaén).
Cronología: Calcolítico Final
2000[ac]-1800[ac]
Técnica: Cobre arsenicado
Dimensiones: 15cm x 2,8cm
Grosor máximo - 0.1 cm;
Peso - 40 gr

110 Años

Museo de Bellas Artes de Jaén

Museo de Jaén

Noviembre 2024 - Abril 2025

TD-10